KB197993

근대적 통치성을 넘어서: 문화적 측면

근대적 통치성을 넘어서: 문화적 측면

이동수 편

ⓘ 인간사랑

서문

　근대는 이상국가의 건설, 정의와 진리의 실현, 도덕 정치의 발현과 같은 선함에 근거한 정치적 목적 대신, 보다 현실적인 문제들 예컨대, 이해관계의 조정, 권력의 균형 등과 같은 정치적 목표를 추구해 왔다. 이는 보다 가치중립적이며 과학주의적인 정치관을 형성하고, 법과 제도의 수립을 중요한 정치적 행위로 간주하는 풍토를 만들었다. 하지만 이익과 권력 추구의 욕망을 조정하고 균형있게 만드는 일은 결코 쉬운 일이 아니다. 또한 이러한 조정과 균형은 합리성에 근거해야 하는데, 사회엔 여전히 비합리적이거나 감정적인 요소들이 팽배함으로써 근대적 정치관 역시 그 한계를 노정하고 있다.

　이러한 상황에서 우리는 근대적 정치관을 재고해 볼 필요성을 느낀다. 다만 이는 근대 이전의 전근대적 정치관으로의 복귀를 의미하지 않는다. 오히려 더욱 복잡하고 다양해진 사회적 환경 속에서 정치가 할 수 있는 일이 무엇인가를 좀 더 깊이 성찰해야 함을 의미한다. 이러한 성찰의 첫걸음은 아마도 문화적 측면에서부터 이루어져야 할 것 같다. 하드웨어를 바꾸기 전에 소프트웨어의 적실성을 따져보아야 하기 때문이다.

이 책은 이러한 문제의식 아래, 근대적 통치성에 내포된 철학, 정신, 문화 등의 문제와 한계를 살펴보고자 하였다. 먼저 1장 "탈근대적 정치의 가능성"에서는 근대 정치관의 전제가 잘못되었을지 모른다는 의심을 제기한다. 이 장은 포스트모더니스트인 질 들뢰즈(Gilles Deleuze)와 펠릭스 가타리(Felix Guattari)의 '차이의 철학'과 '민주주의의 역설'을 주장한 샹탈 무페(Chantal Mouffe)의 정치관을 함께 검토해, 근대성과 근대적 정치관의 잘못된 가정에 대해 비판적으로 살핀다. 또한 전근대에서 탈근대적 요소를 발견하는 2장 "『史記: 列傳』을 통해 본 사마천의 역사기술의 특징"에서는 사마천의 저작이 단순히 전통적인 도덕적 역사관에 입각한 것이 아니라 개별 인간의 모습과 인간사 모두 다양하고 복잡하며 심지어 모순적이기까지 하다는 점을 잘 드러내어 보여준다. 한편, 3장 "정의롭지 않은 법은 없다': 홉스의 국가와 법"에서는 근대의 시조격인 토마스 홉스(Thomas Hobbes)의 법 개념을 논구하면서, 근대의 법이 전통을 부인하는 것이 아니라 한편으로는 전근대적 요소인 도덕을 포함하며 다른 한편 탈근대적 요소인 시민의 다양성 측면을 모두 고려하고 있다고 보면서 근대성을 옹호한다. 또한 4장 "현대 자유주의의 위기와 지평" 역시 근대성의 산물인 자유주의가 위기에 빠져 있음을 직시하면서도, 다만 자유주의가 그 자체 다양한 변용에 열려 있고 본질적으로 논쟁적인 개념이기 때문에 재해석될 수 있다며 근대성의 연속을 주장한다.

한편, 5장 "다층적 통치성: 자기통치와 타인통치의 접점을 중심으로"에서는 포스트모더니스트인 미셸 푸코(Michel Foucault)의 통치성 개념을 다시 상기시키면서, 통치성이란 그 자체 여러 층위를 갖는 다층적 개념으로서 국가가 인구 및 개인을 관리하는 것뿐만 아니라 개인들 간의 관계, 나아가 개인들이 자기 자신과의 관계 형성에서도 권력이 작동하고 있기 때문에 정치는 이런 타인통치 및 자기통치의 문제까지 고려해야 한다고 주장한다. 6장 "소셜미디어와 다층적 참여 시민"에서도 탈근대사회는 소셜미디어의 증가로 인해 예전과 달리 '참여의 다층화 혹은 다층적 정치참여'가 생기기 때문에, 법과 제도 수립에 있어서 보다 복합적인 고려가 필요하다고 주장한다. 또한 7장 "'제국의 통합성' 관념의 균열과 우경화된 이민정치: 영국의 사례"에서는 영국이 오늘날 근대 제국의 성격을 잃어버리면서, 국가는 담당자들의 이념상 차이에도 불구하고 우경화된 이민정책을 채택하고 인종주의를 강화하는 등 점차 후퇴하고 있다고 비판한다. 그 연장선상에서 8장 "다문화주의에서 민주주의로"에서는 전 지구적으로 다문화주의가 이념적으로 확대되고 있는 반면 실제에 있어서는 주류 문화권의 지배가 여전히 득세하고 있다고 비판하면서, 다문화주의가 성공하려면 공존과 연대라는 민주주의의 가치가 더욱 강화되어야 한다고 역설한다. 이상과 같은 일련의 글들은 모두 오늘날 근대적 통치성이 직면하고 있는 문제점에 대한 비판, 혹은 이를 해결하기 위한 대안의 제시 등을 다루고 있다.

이 책은 2022년도부터 2025년까지 진행하는 〈한국연구재단〉 인문사회연구소 지원사업 "다층적 통치성(governmentality)과 넥스트 데모크라시: 폴리스, 국가 그리고 그 너머"의 2단계 사업(NRF-2022S1A-5C2A02093466)의 일환으로 출판하게 되었다. 각 장들은 프로젝트에 참여하는 분들이 담당해 주셨다. 매달 열리는 세미나와 콜로키움 및 포럼에 참석해 좋은 발표와 열띤 토론을 해주신 연구자들에게 진심으로 고마움을 느낀다. 그리고 이 책의 출판을 지원해 준 〈한국연구재단〉과 사명의

식을 갖고 출판을 기꺼이 수락해 준 도서출판 인간사랑 관계자들, 그리고 책 교정에 도움을 준 〈공공거버넌스연구소〉 조교들에게 깊은 감사의 말씀을 전한다.

2024년 12월

경희대 공공거버넌스연구소장 이동수

차 례

1장 탈근대적 정치의 가능성[*]

이동수

I. 서론

근대성(modernity)의 정치학은 정치를 "상충하는 이해관계의 권위적 혹은 합리적 조정"이라 정의한다. 정치란 개인적 혹은 집단적 차원의 차이에서 발생하는 이해관계적 갈등과 충돌을 사회적 혹은 공적으로 관리하고 조정하는 일이라는 것이다. 그리고 여기서 발생하는 문제들은 국가 혹은 정부로 대변되는 공적 기제들이 법이나 제도 혹은 공권력을 통

---

[*] 이 글은 필자의 논문(이동수 2008; 2010; 이동수·정화열 2012)을 제목의 취지에 맞게 재구성한 글이다. 특히 이 글의 I, II는 이동수·정화열(2012)의 1, 2절을, III은 이동수(2010)의 3절을, IV는 이동수(2008)의 3절을 활용하였다.

해 해결해야 한다고 결론짓는다. 따라서 근대 정치학의 주요 분석 대상은 정부, 의회, 정당, 군, 경찰, 법원, 권력분립 등과 같은 것에 놓여 있다.

필자 역시 정치란 "서로 다른 사람들이 사회 내에서 함께 살 수 있도록 하는 행위들의 총합"이라고 생각한다. 그런데 여기서 필자의 관점은 근대성의 정치학과 조금 다르다. 필자가 보기에, 개인들 혹은 집단들 간의 차이는 이해관계에서의 차이에 있을 뿐만 아니라, 본질적인 면에서의 차이와 연관이 깊다. 즉 사회 내에 존재하는 '현상적인 차이'에 국한된 것이 아니라, 인간의 '존재론적 차이'를 전제하고 정치문제를 풀어야 한다는 것이다. 이 말이 전제하는 바는 사회란 사람들의 이해관계나 의견의 통일이나 조정만 있으면 잘 굴러갈 수 있는 곳이 아니며, 여러 사람이 함께 살다 보면 인간의 복합성과 다양성에서 비롯되는 상존하면서도 해결 불가능한 차이들이 발생하기 마련이라는 것이다.

따라서 정치세계를 서로 다른 타인들이 함께 살아가는 공간으로 만들기 위해서는 '차이의 통일'이나 '차이의 조정'만으로는 부족하며, 인간의 근본적인 '차이에 대한 이해' 혹은 '차이에 대한 인정'이 필요하다. 즉 근본적인 차이 문제가 해결되지 않더라도 서로 함께 살 수 있도록 설득해 주는 근거가 필요한 것이다. 이 점이 본 필자는 '소통정치'의 차원이라고 생각한다. 여기서 '소통정치'란 서로 간의 차이를 전제하고, 왜 차이가 나는지, 내 입장의 차이는 무엇인지, 또 상대방은 이 차이에 대해 어떻게 생각하는지 등에 관해 서로 소통함으로써 설사 차이를 없애지 못하더라도 차이가 있는 상대방을 인정하는 정치를 의미한다.

이때 주의할 것은 '소통정치'는 '합의(consensus)'를 목적으로 삼지 않는다는 점이다. 합의를 추구할 때 흔히 시시비비를 따지거나 이데올로기적 갈등이 생기면 합의는 깨지기 쉬우며 단순히 이해관계를 조정하려 할 땐 일시적인 타협으로 끝나는 경우가 많다. 이와 달리 '소통정치'의 목표는 오히려 '불일치(dissensus)'에 대한 이해이다. 서로 합의하지 못하더라도 혹은 서로 합의할 수 없다손 치더라도 차이를 주장하는 상대방을 이해함으로써, 서로 다른 사람들이 한 공간에서 함께 살아갈 수 있도록 해주는 공존과 상생이 '소통정치'의 목표다. 요컨대 '소통정치'는 '차이에 대한 이해' 혹은 '차이가 있는 타인에 대한 인정'을 추구한다.

현대사회와 같이 고도로 복잡한 곳에서는 이런 '소통정치'가 더욱 중요해진다. 비교적 단순한 요소들로 구성된 근대적 세계에서는 법과 제도를 통한 조정의 정치가 어느 정도 위력을 발휘할 수 있었다. 하지만 차이와 다양성으로 특징지어진 오늘날에는 '소통정치'가 없다면 정치세계는 그 자체 성립 불가능하다. 공약 불가능한 차이들을 강제적으로 조정하려면 폭력적이지 않을 수 없고, 이는 문명화된 인간사회를 부정하는 결과를 초래하기 때문이다. 그런데 이런 '소통정치'가 가능해지려면 인간, 사회 그리고 민주주의에 대한 몇 가지 정치철학적 전제가 필요하다. 예컨대 인간의 존재론적 차이, 정주민의 상태에서 벗어나 탈주하고자 하는 유목민적(nomadic) 성격, 사회에 있어서 보편성이나 수직성 혹은 수평성 대신 횡단성(transversality)에 대한 이해, 땅 밑 줄기 같은 리좀(rhizome) 조직의 구성, 그리고 민주적 사회의 핵심은 개별자들이 동질적인 것에 통합되는 것이 아니라 서로 경쟁하면서 '구성적 타자(constitutive outside)'를 이루는 것이라는 인식 등이 필요한 것이다.

이 글은 이러한 문제의식 아래 근대성의 정치를 넘어서는 탈근대적 정치의 가능성을 살펴보는 것을 목적으로 한다. 글의 전개상 먼저 근본

적인 차이에 대해 설명하면서 인간을 유목적 존재로 파악하는 질 들뢰즈
(Gilles Deleuze)의 논의에서 시작하여, 사회의 구성 원리를 수직성이나 수
평성이 아니라 횡단성에 기초한 리좀적 조직을 강조하는 펠릭스 가타리
(Felix Guattari)의 논의, 그리고 현대 민주사회의 구성이 서로 공약 불가능
한 자유와 평등이라는 가치의 충돌 속에서 상대방을 적(enemy)이 아니라
넘어서야 할 역경(adversary)의 경쟁상대로 인식하면서 선의의 경쟁을 하
는 것이 오히려 민주적 상태를 보존한다는 역설(paradox)을 보여준 샹탈
무페(Chantal Mouffe)의 논의로 이어질 것이다. 그리고 마지막으로 결론
을 맺고자 한다.

II. 차이와 유목민: 들뢰즈

들뢰즈[1]는 모든 존재의 속성을 차이 그 자체(difference in itself)로 파

1　들뢰즈의 사상은 혼자 작업하던 시기와 실천적 정신의학자 가타리(F. Guattari)와
　함께 작업하던 시기로 크게 구별된다. 하지만 그의 문제의식은 두 시기에 걸쳐 계속
　연결되며, 둘이 함께 작업한 『앙티-오이디푸스(*Anti-Oedipus*)』와 『천 개의 고원(*A
　Thousand Plateaus*)』 등에서 보다 실천적으로 구체화된다고 볼 수 있다. 둘의 공동
　저작의 내용 중 어느 부분이 누구의 것이라고 단정하는 것은 피해야 하나, 편의상 그
　들의 단독 저작과 연관되는 부분에 대해서는 개별적인 것으로 간주해 나누어 다루고
　자 한다. 예컨대 니체와 스피노자에 관한 논의나 차이 및 유목민에 대한 논의는 들뢰
　즈 고유의 것으로, 몰(mole)과 분자(molecule)의 관계 및 횡단성 등에 관해서는 가타
　리 고유의 것으로 간주할 것이다.

악한다. 여기서 차이 그 자체란 여러 현상적인 존재자들 차원의 차이들(differences)을 의미하는 것이 아니라, 본질적인 존재의 차원에서 존재 그 자체가 차이로 존재한다는 것을 의미한다. 이는 마치 마르틴 하이데거(Martin Heidegger)의 존재론을 연상시킨다. 하이데거가『존재와 시간(Being and Time)』에서 존재론적(ontological) 차원의 존재(Being)와 존재자적(ontic) 차원의 존재자들(beings)로 나누고 존재의 본질은 모든 가능성으로서의 무(nothing)라고 설명하듯이(Heidegger 1962), 들뢰즈 또한 현상적 차이들의 존재론적 본질은 어느 하나로 고정되거나 동일성으로 존재하는 것이 아니라 차이의 원리로 존재하며, 따라서 존재한다기보다는 생성하는 형태라고 주장한다. 즉 본질적 의미의 존재는 생성을 가능하게 하는 차이 그 자체라는 것이다. 따라서 들뢰즈는 하이데거의 존재(Being)를 생성(Becoming)으로 대체하고 그 속성을 유사한 것으로 상정한다.

미셸 푸코(Michel Foucault)는 이러한 들뢰즈의 존재론을 '차이의 해방'을 가져온 철학이라고 평가한다(Foucault 1977). 즉 지금까지 형이상학의 역사에서 주류를 이루어왔던 플라톤류의 일자(the One) 본질론을 전복시켜, 다양성을 생성시키는 차이의 본질론을 주장한다는 것이다. 그런데 들뢰즈가 차이의 본질론을 주장하게 된 이유는 다양성을 수용하고 생성시키는 힘으로서의 차이를 긍정적으로 바라보기 때문이다. 즉 차이란 제거되어야 할 대상이 아니라, 그들 사이의 상호작용을 통해 새로운 것을 생성하고 창조하는 긍정의 힘이다.

이런 '차이의 철학'에 입각해 들뢰즈는 스피노자(Spinoza)와 니체(Nietzsche)를 재해석한다. 먼저 들뢰즈에 의하면, 니체의 '생성의 철학'도 근본적으로는 차이를 본질적인 것으로 보았다. 니체에서 흔히 '권력에의 의지'로 잘못 표현되는 '힘의 의지(will to power)'는 단순히 주체에 의해 이루어지는 의식적인 결정이나 주체가 권력을 추구하는 의지를 뜻하는 것이 아니다. '힘의 의지'는 주체와 전혀 상관없이 존재자들을 생성하는 본질적인 힘에 관한 것이며, 이때 생성하는 힘은 어떤 고정된 본질이나 정체성에 안주하려 하지 않고 힘 안에 있는 의지가 발동해 무엇인가를 항상 생성하고자 함을 의미한다. 요컨대 '힘의 의지'는 "이런 힘들을 발생하게 하는 동시에 이 힘들 간의 관계를 결정해 주는 요소"(Deleuze and Guattari 1983, 50)이며, 언제나 힘들 간의 관계를 맺으면서 그에 따라 "힘과 그 생성물들 속에서 차이가 발생하게 하는"(Deleuze and Guattari 1983, 7) 요소이다.

그리하여 '힘의 의지'를 긍정한다는 것은 본질적으로 차이를 생성하는 상태를 유지한다는 것을 의미한다. 따라서 니체에게 있어서 '힘의 의지'는 존재자들보다 선행한다. 이는 존재자들을 서로 차이 나게 해주고 그 차이 나는 상태가 반복(지속)되게 해주는 기능을 하는 '힘의 의지'가 있어 서로 차이 나는 존재자들이 존재한다는 것을 의미하며, 따라서 존재의 본질은 '힘의 의지'라는 것이다. 그리고 이 '힘의 의지'의 본질이 바로 차이 그 자체인 것이다.

한편 스피노자의 경우엔 모든 것의 본질을 신(God)에 돌리면서 '존재의 일의성(univocity of Being)'을 강조한다. 그러나 들뢰즈가 보기에, 스피노자가 말하는 '존재의 일의성'은 '존재의 일자성(oneness of Being)'을 의미하는 것은 아니다. 스피노자는 존재하는 모든 것은 신 안에 있으며, 신 없이는 아무것도 존재할 수 없고 파악할 수도 없다고 말한다. 이는 다양한 의미의 존재자들은 동일한 하나의 존재 혹은 실체의 서로 다른 이름일 뿐이라고 말하는 것처럼 들린다. 하지만 여기서 스피노자가 말하는 실체는 동일성을 담보해 주는 초월적 존재가 아니라, 존재자들이 차이를 지니며 생성되는 상태 그 자체를 가리킨다.

따라서 들뢰즈는 스피노자가 제시하는 '신'이라는 말속에 담겨있는 실체는 초월성(transcendence)에 입각한 유일한 실체 혹은 일자로서의 실체가 아니라, 다양한 양태들의 결합으로 이루어진 내재성(immanence)의 장으로서의 실체를 의미한다고 본다. 모든 환상 중 제일 앞에 있는 것은 초월성에 대한 환상이며(Deleuze and Guattari 1994, 49), 신의 실체는 내재성 속에서 어떤 통일체를 지향하지 않고 개체화된 다양한 것들의 다양체를 지향한다는 것이다. 즉 신은 모든 것의 근본이 되는 초월적 일자가 아니라 모든 것을 포괄하는 존재자들의 내재적 다양체라는 것이다. 이는 신을 초월성이 아니라 내재성의 차원에서 파악하는 것이며, 존재도 초월적인 것이 아니라 내재적인 것으로 간주함으로써 차이 그 자체로 존재한다는 것을 의미한다.

이러한 존재의 내재적 본질은 수목(tree)의 뿌리와는 다른 뿌리줄기인 리좀(rhizome)과 같다고 할 수 있다. 그리고 수목이 아니라 리좀에서만 차이의 생성이 가능해진다. 들뢰즈는『천 개의 고원(A Thousand Plateaus)』에서 리좀에 대해 자세히 다룬다. 먼저 리좀은 하나의 질서로 고정시키는 수목의 뿌리와는 달리 항상 다른 것과의 접속을 시도한다. 이러한 리좀의 원리로서의 접속은 줄기들의 모든 점이 열려있어서 다른 줄기가 접속할 수 있다는 특성, 그리고 다른 줄기의 어디라도 달라붙어 접속할 수 있지만 접속한 줄기들이 어느 한 점으로 환원되지 않고 배타적 이항성도 나타나지 않는다는 특성을 지닌다. 그렇기 때문에 이런 접속에서는 접속되는 항이 달라지거나 접속의 지점이 달라지면 접속으로 인해 생산되는 결과도 역시 달라진다. 이로부터 생산되는 것이 바로 다양성이다. 즉 리좀은 "끊임없이 세워지고 부서지는 모델에 관한 것이고, 끊임없이 연장되고 파괴되며 다시 세워지는 과정"(Deleuze and Guattari 1987, 20)으로 존재한다.

그런데 근대성은 이런 차이 그 자체를 억압하고 그것을 동일성으로 규정하여 표상적 차이들을 조정하고 편재하려는 시도를 통해 생성의 힘을 억압해 왔다. 정치세계에서도 근대국가 체제는 정치공동체를 국민국가로 경계 짓고 차이들을 억압함으로써 이런 생성의 힘을 약화시켜 왔다. 즉 근대성과 근대국가는 영토화(territorialization)를 통해 생성의 욕망과 힘을 규격화하고 제도화시켜 고정시킴으로써 사회의 안정과 질서를 추구한다. 이때 형이상학의 임무는 차이를 일자성으로 환원시키는 것이며, 근대국가의 임무는 지배력이 미치는 공간에 홈을 파서 그 속에 모든 것을 고정시키는 일이다. 특히 국가체제 아래 제도화된 배치에 순응하는 사람들은 안정감을 갖고 순종하면서 살아가게 되는데, 들뢰즈는 이들을 정주민(sedentary)이라 부른다. 정주민이란 편집증적으로 제도권에 고착된 삶의 방식에 안주하는 사람으로서, 제도권적 사고방식, 가치관, 생활방식에 안주하여 이로부터 벗어나려 하지 않으며, 생성의 욕망과 힘을 져버린 사람을 지칭한다.

하지만 아무리 안정되고 강건한 영토라 하더라도 거기엔 영토를 무너뜨리고 그곳으로부터 벗어나기 위한 단서가 되는 여백이 반드시 존재한다. 들뢰즈는 이 여백을 '탈주의 선(line of flight)'이라 부르며, 이 선을 따라 탈영토화(deterritorialization) 현상들이 나타난다고 본다. 그리고 영토화를 거부하고 '탈주의 선'을 따라 끊임없이 탈영토화를 시도하는 사람이 바로 유목민(nomad)이다. 즉 유목민이란 국가에 의해 강제적으로 부여되어 따르기를 강요하는 규격화된 배치, 보편적이라는 이름으로 시도되는 획일화를 거부하고 새로운 배치, 새로운 욕망을 끊임없이 추구하는 사람이다. 유목민은 국가장치에 의해 설정된 공간 안에서 정주민으로 살아가기를 거부하며, '탈주의 선'을 따라 지금까지와는 다른 형태의 삶을 찾아 이동한다(Deleuze and Guattari 1987, 383-384).

유목민은 고착화된 홈을 거부한다. 이런 점에서 유목민은 '탈기관체(body without organs)'라 부르기도 한다. 여기서 기관(organ)이란 어떤 유기체나 구조에 소속된 채 특정 기능을 반복적으로 수행하는 기계를 말하며, 이와 달리 '탈기관체'는 특정 기능을 반복적으로 수행하기를 거부하는 질료, 다시 말해 특정 욕망에서 다른 욕망으로의 변환이 지속적으로 이루어지는 유동적인 질료를 말한다. 그리하여 유목민은 다수자(지배자)의 삶의 방식에 안주하지 않고 그의 삶의 방식과는 다른 삶의 방식을 끊임없이 분열증적으로 추구하면서 창의적이고 생산적이며 유연하게 살아가고자 하는 사고방식, 가치관, 태도, 행동양식을 옹호한다. 유목민의 목적은 고정된 관점이나 판단의 자리로부터 사유를 해방시켜 어떤 바탕이나 본거지를 넘어 이동하며 새로운 영토를 창조하는 데 있다(목영해 2010, 58).

이런 유목민의 '창조의 자유' 속에서 인간은 비로소 주체화된다. 일부 포스트모더니스트들은 '주체의 죽음'을 선언하기도 하고 푸코처럼 주체를 단지 '권력의 효과'라고 폄하하기도 하지만, 들뢰즈는 주체를 부정하지 않으며 주체의 구성이나 주체화 과정을 독특하게 설명한다. 물론 다른 포스트모더니스트들처럼 주체중심적인 사유, 즉 의미나 사건의 원천으로서의 '인간적인' 주체나 '신적인' 초월적 주체는 모두 거부한다. 하지만 전통적인 주체 개념을 비판하면서도 과정으로서의 주체 즉 주체화 과정의 긍정적인 역할은 인정한다. 들뢰즈에게 중요한 것은 긍정적인 '주체화 과정(subjectification)'을 부정적인 예속화(subjection)로 타락시키는 권력의 압력을 구별해 구성적 주체의 탈주가능성에 주목하는 것이다.

따라서 세계의 생성은 유목민들의 '주체화 과정'을 통해 이루어진다. 국가와 체제, 기존의 질서는 우리에게 정주민이 되기를 강요하지만, 존재론적으로 내재된 '탈주의 선'을 쫓아 유목민은 또 다른 생성의 가능성을 찾아 이동한다. 이런 의미에서 모든 존재의 이동과 탈주를 가로막는 것들은 존재의 주체적 삶을 위협하는 요소다. 근대적 국민국가는 이러한 이동을 정체성 파괴의 위험 요인으로 판단해 가로막는데, 이때 인간들 사이에 지배(domination)가 생긴다. 즉 지배자들은 이동을 가로막기 위해 공권력의 이름으로 폭력을 사용해 피지배자들에게 정착을 강요한다. 이때 인간은 주체화되는 것이 아니라 예속화된다.

하지만 그 결과는 참담하다. 인간들 사이의 지배는 일국 내의 유목민을 억압하는 데 사용될 뿐만 아니라, 이제 경계를 가진 국민국가들 사이의 지배관계를 놓고 다시금 국가 간 전쟁으로 치닫는다. 그 결과 자신의 경계를 지키고 질서를 유지하기 위한 노력이 국가 간의 전쟁을 통해 그 기초부터 흔들어버린다. 차이를 인정하지 않고 자유로운 이동과 생성을 방해한 대가는 오히려 사회의 파괴로 이어지는 것이다. 그런 점에서 들뢰즈는 사회 내에 유목민적 사고의 필요성을 역설한다. 한 사회가 건강하게 유지되려면 차이에 대한 인식과 자유로운 이동을 터주는 유목민적 사고를 적극적으로 반영하는 것이 절대 필요하다는 것이다.

자유로운 유목민의 조직은 정주민의 조직과도 차이가 있다. 들뢰즈는 사회의 종류를 원시사회, 국가사회, 유목사회로 나누고, 그 특징은 각각 혈통적(lineal), 영토적(territorial), 번호적(numbering) 조직에 기초한다고 본다. 원시사회는 단일적 혈통에 의존하는 사회이며, 국가사회란 정주민이 영토라는 폐쇄되고 주름진 공간 속에서 삶을 영위하는 사회이다. 반면 유목민은 사막이나 초원과 같이 개방되고 매끄러운 공간에 흩어져 횡단한다. 그리하여 유목민은 자신의 혈통이나 영토에 얽매이지 않고, 즉 자기 자신에 얽매이지 않고 개방된 공간으로 나아가 탈영토화를 진행한다. 이 속에서만 차이와 생성이 유지되고, 사회 속에서 '서로 다른 타인 간의 공존'을 추구하는 정치가 가능해진다.

III. 리좀과 횡단성: 가타리

사회과학에서 자연과학 개념인 횡단성을 처음 적용한 사람은 가타리이다. 물론 그의 연구 중 대부분은 들뢰즈와의 공동작업으로 이루어졌지만, 들뢰즈도 인정하고 있듯이 횡단성 개념을 정립한 것은 가타리이다(Deleuze 2000, 24). 그런데 가타리가 보기에, 근대적 집단이론은 집단과 조직에 대한 올바른 이해를 제공하고 있지 못 하다. 근대이론은 집단 내에 동질적인 정체성(identity)이 클수록 강한 집단이 될 수 있다고 생각하는 데 비해, 가타리는 한 집단이 유지되고 주체적인 역할을 하기 위해서는 그 집단 내에 횡단성이 있어야 한다고 본다. 또 근대이론은 한 집단을 유지하기 위해 수직성이나 수평성을 조직원리로 삼고 있는데, 횡단성은 이를 대체하는 것이다(Guattari 2004, 144-145).

먼저 가타리에 의하면, 횡단성은 보편성(universality)이나 수직성(ver-ticality) 및 수평성(horizontality)과는 근본적으로 다른 개념이다. 보편성은 '동일성의 논리(logic of identity)'를 전제하는데, 이는 보편적 이성으로 다양한 현상들을 동일화시키려는 의도를 갖고 있다. 보편성이 '동일성의 논리'를 작동시킬 수밖에 없는 이유는 이질적인 것들을 하나로 통합해 부를 때만 이질적 요소들이 사라지고 동일성과 연속성만 남게 되는 등질화 현상이 가능해지기 때문이다. 요컨대 보편성은 동일하지 않은 것을 동일한 것으로 환원시킬 때만 형성될 수 있는 것이다.

동일성이 존재한다고 상정하면 상이해 보이는 현상적 개별성을 동일한 기준에 따라 객관적으로 평가할 수 있고, 그럼으로써 개별자들 사이에 자연스럽게 우열관계 혹은 위계질서가 생기게 된다. 그리하여 보편성과 동일성에 기반하게 되면 일종의 수목 구조와 같이 위와 아래가 구분되며, 그것들 사이에 배타적으로 연결된 수직성이 생기기 마련이다.

그런데 이러한 수목 구조 속에서는 즉 하나의 집단 내에서의 위계질서 속에서는 명령-복종 관계만 형성되면 집단이 잘 유지될 것 같지만, 사실은 그렇지 않다. 왜냐하면 수목의 예에서 보는 바와 같이, 한 줄기와 연결된 가지들 사이에서만 위계질서가 성립되고, 그 수목의 다른 줄기에서 뻗어 나온 가지들과는 서로 연관성을 갖지 않기 때문에 전체 조직의 응집력은 오히려 약화된다. 즉 위계적 체계 내에서는 자신의 상급자만 인정하고 충성을 바칠 뿐이지 전체 조직의 통합이 이루어지는 것은 아니다.

그렇다고 해서 수직적인 위계성을 버리고 수평적인 조직을 만든다 손 치더라도 동일성에 기반한 수평성 사이에서는 어떤 유기성이나 통합력이 발휘되지 않고 여러 개체 사이의 파편화가 나타날 뿐이다. 즉 병렬적 다양성만 존재하고 그것들의 질적인 차이나 그런 차이에서 연유되는 어떤 상관관계는 배제된 채, 여러 동일성의 나열만 존재하게 된다. 이런 상태에서는 명목적인 평등만 있을 뿐, 차이와 다양성 간의 유기적 결합에서 나타나는 기능적 혹은 유기적 평등은 부재한다. 그 결과 집단의 통합은 요원해지고 그 집단은 제 기능을 다할 수 없게 된다.

이와 달리 한 집단에 필요한 것은 횡단성이다. 가타리에게 있어서 횡단성이란 개별자들이 전제된 상태에서 이 개별자들이 점차 타자를 인식하고 '횡단성 계수(coefficient of transversality)'를 늘려가면서 그 개별자가 타자와 함께 주체적 집단을 형성하는 것을 의미한다. 여기서 횡단성 계수란 말들에게 눈가리개를 하고 울타리가 쳐진 들판에 풀어놓았을 때, 그 눈가리개를 조절함으로써 말들 간의 충돌을 방지하고 서로 조화롭게 간격을 유지하면서 울타리 내에서 충돌 없이 살 수 있도록 하는 정도를 말한다. 즉 말들에게 씌운 눈가리개를 점차 열어주는 것이 횡단성 계수를 높이는 것과 같다는 것이다. 눈가리개를 열어주어야만 말들이 다른 말을 보면서 적절한 관계의 거리를 유지할 수 있으며, 횡단성이 있어야만 구성원들 사이에 적절한 관계의 거리가 유지될 수 있는 것이다. 이때 눈가리개를 여는 것은 타자를 열린 시각에서 인정하고 수용하는 것을 의미한다(Guattari 2004, 145).

여기서 알 수 있듯이 가타리는 먼저 개별자를 전제한다. 한 필의 말, 한 명의 사람이 출발점이 되는 것인데, 이 개별자가 타자를 인식할 수 없도록 눈이 가려진 맹목적인 상태에서는 아무리 보편성과 동일성을 강조하더라도 이들 간의 충돌은 피할 수 없다. 오히려 보편성이나 동일성이 아니라 타자성을 인정한 후 그들 간의 횡단성 계수를 높여주는 것이 개별자들 간의 통합을 가능케 하고 집단을 유지하는 첩경이다.

횡단성이 존재하는 집단을 설명하면서, 가타리는 유명한 쇼펜하우어의 고슴도치에 관한 우화를 예로 든다. 먼저 이 우화의 내용은 다음과 같다: 살을 에는 듯한 어느 겨울날, 일단의 고슴도치들이 추위를 견디고자 서로 몸을 껴안아 따뜻하게 하려고 했다. 그러나 자신들의 가시가 서로를 찔러서 너무 아파 그들은 다시 흩어졌다. 그러나 추위는 계속되었기 때문에 그들은 다시 한번 가까이 모였고 다시 한번 찔려서 아프다는 것을 알았다. 그들이 두 악(추위와 가시로 인한 아픔)에서 자신을 보호하기 위한 아주 적당한 거리를 발견하기까지 이렇게 모이고 흩어지는 일이 계속되었다. 가타리는 이 우화가 어떤 사람도 자신의 동료와 '너무 가까이' 있을 수는 없다는 것을 일깨우는 교훈을 준다고 본다. 인간은 모두 고슴도치와 같은 존재로서 타자에 나를 강요할 때 타자에게 상처를 입히며, 그렇다고 해서 타자와 떨어져 있으면 외로움을 느끼기 때문에 횡단성이 이루어지는 정도의 거리를 유지하면서 집단을 형성해야 한다는 것이다 (Guattari 2004, 145-146).

또한 가타리는 횡단성이 존재하는 구체적인 사회적 집단의 예로 정신병원[2]을 든다. 정신병원은 다른 어떤 조직보다 다양하면서도 복합적

2　가타리의 정신병원 분석엔 매우 흥미로운 점이 있다. 들뢰즈나 가타리는 모두 푸코의 업적을 높이 평가하고 있는데, 푸코의 중요한 주장은 근대 정신병원의 기원, 역

인 하위집단과 개별자들로 이루어져 있으며, 이런 요소들을 어떻게 결합시킬 수 있는지가 조직의 성패를 가늠한다. 정신병원은 행정가, 이사들, 재무담당자, 의사들, 간호사들, 보조간호사들, 환자들, 환자의 가족과 친구들 등 다양한 요소로 이루어져 있다. 여기서 하위집단들은 각자 다른 사회적 역할을 수행하고, 다른 기술과 지식, 다른 이해관계 및 관심을 갖고 있다. 이런 복합적인 조직이 잘 기능하기 위해서는 다른 집단들 사이의 어떤 조화로운 통합이 요구된다. 그런데 만약 수직성에 따라 조직을 운영한다면, 아래로부터의 압력을 받기 쉬우며, 수평성에 따른다면 중요한 결정을 쉽게 내리지 못하고 하위집단 간의 타협에만 의존하게 된다.

즉 조화로운 통합은 의사결정의 헤게모니를 단순히 하위자를 상급자에 종속시킨다고 해서 성취되는 것이 아니며, 그렇다고 해서 의사결정이 서로 정책과 스타일이 다른 수평적으로 나열된 집단들의 자율성에 따라서도 안 된다. 집단을 넘어서는 대각선 운동을 통해 얻어지는 횡단적 명령과 소통이 있어야 조화로운 통합이 가능하다. 이는 타자성과 각각의 진정성을 인정하면서 이루어진다. 그리고 그 과정을 따라 필요한 수정과 조정이 이루어진다. 하나의 헤게모니 집단에 의한 통합을 피하고 혼돈된 다원주의로부터 탈피하면서 일치 없는 수렴에 이르는 것이다. 요컨대 횡단성은 "순수한 수직성의 장애와 단순한 수평성의 장애를 모두

사, 기능 등을 연구하는 가운데 발견된 것들이다. 따라서 푸코를 기리는 가타리는 정신병원에 대한 연구를 통해 푸코의 방법론을 이어받는 것처럼 보이며, 다른 한편 같은 소재 속에서 푸코의 비관적 발견들 외에 다른 가능성을 찾음으로써 푸코를 넘어서고자 하는 면모도 보여준다.

극복하고자 하는” 것으로서, “상이한 수준들 사이에서 그리고 무엇보다도 상이한 방향 속에서 최대한의 소통이 이루어질 때 이루어지는”(Guattari 2004, 146) 것이다.

이런 횡단성을 가질 때에만 한 집단이 주체집단으로 될 수 있다. 위계적 질서로 이루어진 집단은 다른 조직과의 관계에서도 위계적인 관계를 유지하며, 결국 그 위계질서에 얽매이는 예속집단이 된다. 그것은 한 집단의 의지와 상관없이 위계질서 자체가 만들어내는 예속적 관계에 의해 그렇게 되는 것이다. 반면 횡단성이 존재하는 집단은 구조의 위계화에서 벗어나 자신을 집단의 이해를 넘어 열리게 하고, 그럼으로써 자유로운 주체집단이 된다(Guattari 2004, 139).

결국 횡단성을 갖는 조직은 수목과 같이 하나의 지점에 정착하거나 하나의 질서를 고정하는 조직이 아니라, 서로 연결되어 있으면서도 변화가능한 땅 밑 줄기 즉 리좀(根莖)과도 같은 조직이 된다. 리좀이란 원래 식물학에서 사용하는 용어로서 구근(biulbs)이나 덩이줄기(tubers)와 같은 것을 지칭하는 말이다. 예컨대 칸나와 같은 식물의 땅 밑 줄기처럼 도중에 덩어리를 만들면서 제멋대로 이동해가는 망상(網狀)조직을 뜻한다. 이런 조직은 또한 동물의 삶에서도 발견된다. 예컨대 들쥐들이 사는 굴도 일종의 리좀조직이다. 왜냐하면 들쥐들은 서식하고, 식량을 조달하며, 이동하고, 은신출몰하는 것과 같은 기능을 차질 없이 수행하기 위해, 자신의 굴을 사방으로 갈라지고 복잡하게 구성해 구근과 덩이줄기처럼 만들기 때문이다(Deleuze and Guattari 1987, 5-12).

이와 같은 리좀의 특징은 중심을 갖지 않는 상태에서 이질적인 선들이 상호교차하면서 다양한 방향으로 흐름을 바꾸어 나간다는 데 있다.

즉 리좀은 언제나 분리가능하고, 연결가능하며, 전환가능하고, 수정가능하다. "리좀의 어떤 지점도 다른 지점들과 연결될 수 있고, 연결되어야만 한다"(Deleuze and Guattari 1987, 7). 그리하여 리좀은 이종성(heterogeneity)과 다수성(multiplicity)조차도 연결하는(connect) 특성을 지닌다. 이러한 리좀조직 속에서 다원론과 일원론은 상호배치되는 것이 아니라 그 구별 자체가 없어진다.

한편, 횡단성은 유목적 사유와도 연관된다. 가타리에 의하면, "횡단성은 바로 한 전선에서 다른 전선으로 옮겨가는 유목주의(nomad-ism)"(Guattari 1998, 38)이다. 유목민은 한곳에 정착해 머무르는 정주민에 대치되는 개념으로서 탈영토화를 통해 이주하며 새로운 생성을 도모하는 특징을 지닌다. 국민국가 시대엔 대부분 보편성의 틀 내에서 정주민으로 살면서, 국가가 제공하는 안전, 경제, 질서 속에서 현실에 안주하는 삶을 산다. 하지만 이런 삶 속에서 정주민은 예속집단화될 뿐이며, 자기 자신 주체로 살아가는 것은 아니다. 이와 달리 유목민은 정주민의 삶을 탈피해 기존의 가치와 삶의 방식을 부정하고 불모지를 옮겨 다니면서 새로운 것을 창조하는 발을 내디딘다. 정주민은 영토라는 폐쇄되고 주름진 공간 속에서 삶을 영위하는 반면, 유목민은 사막이나 초원과 같이 개방되고 매끄러운 공간에 흩어져 횡단하는 것이다.

IV. 자유와 평등의 역설: 무페

앞에서 우리는 들뢰즈의 인간관 즉 존재론적 차이에서 발생하는 생성의 사유를 하는 유목민적 성격과 가타리의 사회관 즉 사회 구성에 있어서 보편성이나 수직성, 수평성과 다른 횡단성에 근거하는 리좀적 성격에 대해 살펴보았다. 그렇다면 탈근대적 입장에서 우리가 오늘날 최선의 정치체제로 간주하고 있는 민주사회는 어떤 모습으로 이해되는가? 근대 민주정은 전근대 소수의 주인이 다수의 피지배층 신민(臣民)을 지배하는 정치체로부터 다수의 피지배자를 주권자로 인정하고 국민(國民)으로 격상시켜 국민국가를 형성한 것으로부터 비롯된다. 따라서 근대 민주정은 국민 각자의 자유와 평등을 정치적 원칙으로 삼는다.

하지만 차이와 다원성이 전제되는 현대사회에서 모두의 자유와 평등은 평화롭게 혹은 조화롭게 달성될 수 있을까? 홉스(T. Hobbes)가 말한 것처럼, 오히려 '만인의 만인에 대한 투쟁상태'로 몰아가 사회적 혼란을 일으키는 것은 아닐까? 이에 대해 무페는 민주사회의 특징이 오히려 상반되는 두 가치인 자유와 평등의 긴장 및 역설 상태가 오히려 민주사회의 발전을 추동해 왔다고 주장한다. 즉 민주사회란 자유를 강조하는 자유주의와 평등을 강조하는 민주주의라는 두 개의 상이한 전통이 역사 속에서 상호 갈등하며 결합한 것으로서, 이 둘 사이의 긴장과 대립, 투쟁이 오히려 민주사회 수립을 위한 정치발전의 원동력이 되고 사회적 다원성을 담보해 주었다는 것이다. 이 절에서는 이러한 무페의 자유와 평등의 역설에 대해 알아보자.

먼저 무페가 보기에, 민주사회란 '인민의 지배'라는 측면에서 인민의 평등을 전제하지만, 다른 한편 자유주의적 관점에서 개인의 자유와 인권을 존중해야 한다. 그런데 이 둘은 상호 배치되는 성격을 갖고 있다. 개인의 자유를 존중하고 인권을 보장하는 것은 '법의 지배'를 통해 보다 잘 구현되기 때문에 '인민의 지배'와는 갈등을 겪기 마련이다. '인민의 지배'는 지배자와 피지배자 사이의 동일시를 추구하기 때문에 평등이 가장 중요한 가치이며, 이런 기준에 따라 인민이 요구하는 것들은 때로는 개인의 자유를 침해하기도 하고 또 때로는 '법의 지배'의 경계를 넘어 민주적 요구를 관철시키기도 한다. 그런데 민주주의가 성공할 수 있었던 이유는 이 두 관점이 서로 긴장을 이루면서 경쟁하고 타협하는 가운데 이 두 요소가 모두 보존되었기 때문이다(Mouffe 2000, 2-3).

하지만 민주사회에 대한 일반적인 모델들은 자유와 평등, 자유와 민주 사이의 긴장을 제대로 파악하고 있지 못하다. 무페는 먼저 합리주의 모델의 낙관성을 비판한다. 합리주의 모델(rationalist model)은 위의 긴장과 갈등이 근본적임을 이해하지 못하고, 이 갈등의 해소를 정치적 목표로 삼는다. 그러나 이 둘 사이의 근본적인 차이는 해소될 수 있는 것이 아니기 때문에, 진정한 해결은 불가능하다. 오히려 해결을 위해 어느 한쪽을 제거하는 방법을 모색하게 되고, 결국 이 제거를 합리적 합의라는 명목으로 정당화할 뿐이다. 즉 합리주의는 민주사회의 두 덕목인 자유와 평등 중 어느 한쪽의 손을 들어줌으로써, 궁극적으로는 방종한 자유주의나 자유를 억압하는 사회주의로 귀결되고 만다.

다른 한편, 차이를 인정하는 다원주의 모델(pluralist model)은 합리주의 모델보다는 훨씬 실제적이며 실용적이다. 그리고 사회적 불확실성과 변화가능성을 인정한다는 점과 이런 차이들 사이의 협상가능성을 열어 두다는 점에서, 보다 민주적 사회 달성에 접근할 수 있다. 하지만 기존의 다원주의 모델은 자유와 민주, 자유와 평등의 긴장을 합리성이나 공동체 문제 등을 통해 은폐시키려 한다. 이 경우 사회적 다원성은 서로 긴밀한 관계없이 그저 용인되는 다양성으로 존재할 뿐이며, 이때 공동체를 구성 하는 정체성은 사라지게 된다. 그저 다양한 것들의 병립된 상태만 유지 될 뿐이고, 이들 간의 평등이나 경쟁은 존재하지 않게 된다.

그런 점에서 정치를 단순히 합리적으로 해결할 수 있는 경쟁적인 이 익들 사이의 분배 활동으로 간주하면서 정치를 평등한 자유의 최적 상 태로 이해하는 롤즈(J. Rawls)는 자유주의적 합리주의자에 불과하며, 하 버마스(J. Habermas) 역시 자유와 평등의 긴장을 제대로 파악하지 못한 채 지나치게 낙관적인 합리적 합의를 지향하고 있을 뿐이다. 또한 자유와 평등의 근본적인 긴장을 이해하지 못하고 이 둘 사이의 대립을 피하고자 제3의 길을 찾는 기든스(A. Giddens) 역시 민주사회를 오해하고 있다. 무 페는 이들과 달리 자유와 평등, 자유와 민주의 근본적인 긴장과 대립이 오히려 민주사회 발전의 원동력이 된다고 본다. 진정한 민주사회는 차 이와 다원성 사이의 갈등과 긴장을 인정하고 노출할 때 오히려 달성 가 능하다. 왜냐하면 이럴 때만 그 요소들이 함께 확보되고 계속 지속될 수 있기 때문이다.

자유주의와 민주주의의 긴장과 갈등에 대해서는 이미 슈미트(C. Schmitt)가 날카롭게 지적한 바 있다. 일찍이 슈미트는 『의회민주주의의 위기(*The Crisis of Parliamentary Democracy*)』에서 민주주의의 조건은 이질성 (heterogeneity)에 있는 것이 아니라 동질성(homogeneity)에 있다고 보았으며, 이런 동질성에 대한 강조가 개인의 자유를 강조하는 자유주의와 모순되기 때문에 자유민주주의에 바탕을 둔 의회민주주의는 결국 필연적으로 붕괴할 것이라고 주장했다.

무페는 이러한 슈미트의 결론엔 찬성하지 않지만, 민주주의와 자유주의가 서로 배치되고 갈등한다는 슈미트의 통찰은 적실한 것으로 받아들인다. 그러면 슈미트의 논리를 먼저 추적해 보자. 슈미트에 의하면, 자유주의는 개인주의적 도덕 담론에 근거해 있는 반면, 민주주의는 정치적이고 실제적인 동질성에 기초한 정체성을 만들어내고자 한다. 그뿐만 아니라 자유주의적 평등은 '추상적 평등(abstract equality)'으로서 인류의 보편적 평등을 주장하는 반면, 민주주의적 평등은 '실체적 평등(substantive equality)'을 지칭하며 이는 평등하게 취급되기 위해 시민들이 공통적인 실체를 공유해야 한다는 것을 의미한다. 예컨대 17세기 영국의 경우엔 종교적 신념이 같다는 동질성이 있었기 때문에 민주주의가 발생할 수 있었으며, 19세기 유럽에서는 민족적 동질성을 바탕으로 했기 때문에 민주주의가 진전될 수 있었다는 것이다.

요컨대 자유주의는 추상적이고 보편적인 집합체인 인류(mankind)나 인간(humanity)의 평등을 주장함으로써 선언적 의미의 평등을 부르짖으며 개인의 자유와 인권을 강조하는 반면, 민주주의는 공동체 구성원으로서 구체적인 시민들의 실제적 평등을 구현하기 위해 개인의 자유와 권리를 제한하기도 한다. 그리하여 민주주의는 추상적 평등은 걷어치우고, 평등한 자들은 평등하며 평등하지 않은 자들은 평등하게 취급되어서는 안 된다는 원칙 아래, 정치적 이해관계와 경제문제, 권력관계 등에 있어서 실질적인 평등을 추구한다. 따라서 민주주의에서는 '인간'이나 '인류'

라는 추상적인 말보다 구체적인 '인민(people)'이 중심이 되며, 이 인민들의 실제적인 평등의 구현을 궁극적인 정치적 목표로 삼는다.

그런데 이와 같은 인민의 평등을 이루기 위해서는 이 인민들 사이에 동질성이 필요하다. 왜냐하면 "평등은 실체가 있을 때만, 그리고 바로 이런 측면에서 최소한 불평등의 가능성과 위험부담이 있는 경우에만 흥미를 끌고 정치적으로 가치 있는 것이 되기"(Schmitt 1985, 9) 때문이다. 즉 시민들이 평등하게 취급받기 위해서는 공통적인 실체를 공유해야만 한다는 것이다. 민주주의는 이러한 동질성을 전제로 하기 때문에 민주주의에서의 참여는 단순한 참여가 아니라 단일성을 위한 참여이어야 한다. 즉 개인들이 다양한 목소리를 내고 차이를 드러내는 이질성에의 참여가 아니라, 실질적인 인민의 평등을 이루기 위한 단일성에의 참여이어야 한다는 것이다.

이와 같은 민주주의적 지향점은 개인의 자유와 다양성을 강조하는 자유주의에서의 참여나 평등과는 거리가 있다. 따라서 슈미트는 근대사회가 민주주의를 점차 발전시킬수록 단일성을 추구하며, 이것이 근대사회의 또 다른 근간인 다양성을 추구하는 자유주의를 배척하게 된다고 보았다. 그리하여 자유주의와 민주주의가 교묘히 결탁된 근대 민주주의의 결실인 의회민주주의는 자기모순으로 인해 결국 소멸될 운명에 처해 있다는 것이다.

무페는 이러한 슈미트의 통찰력이 어느 정도 일리가 있다고 본다. 민주주의는 그 본질상 단일성을 추구하며, 자유주의는 선천적으로 다원성을 추구한다는 것이다. 하지만 무페는 이러한 자유주의와 민주주의의 배치는 '모순(contradiction)' 관계라기보다는 '역설(paradox)' 혹은 '긴장

(tension)' 관계라고 본다(Mouffe 2000, 9). 그리고 이러한 역설과 긴장이 있어야 자유와 민주의 두 요소가 함께 보존될 수 있으며, 그럼으로써 민주 사회가 가능하고 지속될 수 있다는 것이다. 만약 슈미트가 생각한 바와 같이, 둘 사이의 관계를 모순으로 파악하면, 슈미트의 결론처럼 의회민주주의 혹은 대의민주주의는 이미 사라졌어야 하며, 그 대체물로서는 기껏해야 슈미트가 지지했던 국가사회주의와 같은 극단적인 형태만 가능할 뿐이다.

한편, 무페는 자유와 민주의 대립을 일종의 데리다(J. Derrida)적 의미의 '구성적 타자(constitutive outside)'로 이해한다(Mouffe 2000, 12-13). 즉 서로 배치되는 자유와 민주는 결코 공약가능하거나 환원가능한 것이 아니고, 또한 변증법적 부정에 의해 궁극적으로 종합되거나 극복될 수 있는 것이 아니다. 오히려 상대방이 구체적이며 포섭되지 않는 나의 타자로 존재함으로써 나 자신의 존재성을 담지해준다. 즉 자유는 그와 배치되는 민주가 없으면 그 자체 존립할 수 없으며, 민주 역시 자유가 없이 존재할 수 없다. 요컨대 데리다식으로 말하자면, "그들" 없이는 "우리"도 존재하지 않는다는 것이다.

자유와 평등, 자유와 민주 사이에 긴장과 대립이 있는 것은 사실이지만, 그렇다고 해서 사회적 동의(agreement)가 없는 것은 아니다. 무페가 반대하는 것은 민주주의라는 명목 아래 동질성을 추구하면서 결국 민주적 상태를 말살하는 것인데, 이런 동질성을 대신하여 공동성(commonality)을 추구한다면 민주와 자유를 모두 잡을 수 있다는 것이다. 여기서 공동성이란 구체적이며 단일한 인민을 구성할 만큼 충분히 강력한 것이지만, 그 안에서 정당, 종교, 도덕, 문화적 다원주의가 허락되는 상태를 가리킨다. 일종의 적과 동침이 가능한 상태를 의미한다.

이때 무페는 구성원들의 합리적 합의나 민주적 가치에 대한 충성이 이를 담보해 준다고 생각하지 않는다. 후기 비트겐슈타인(L. Wittgenstein)이 지적한 것처럼 동의는 '이해(Einverstand)'가 아니라 '화창(和唱, Einstimmung)'으로서 공동체를 이루는 실제적인 양식에서 비롯되는 것이다(Mouffe 2000, 70). 즉 동의란 그동안 공유된 공간에서 살아오면서 이루어진 공동의 삶의 양식, 판단, 관행들이 복합적으로 조합되어 나타나는 절차와 원칙을 준수하는 것이다. 달리 말하면, 동의란 어느 공간에 태어나 삶을 살아가는 사람들이 그동안 그 공간의 역사 속에서 축적되어 온 삶의 방식과 전통을 의식적 혹은 무의식적으로 받아들이고 그에 따라 행동함으로써 사회 자체에 대해 갖는 동의를 의미한다. 따라서 우리가 한 사회에 동의하는 것은 그 사회가 추구하는 것이 옳기 때문이 아니며, 또 내가 타인들과 합의했기 때문이 아니라, 적어도 자유와 민주라는 대원칙을 받아들인 상태에서 이미 우리의 생활 속에서 공유하고 있는 삶의 양식과 판단을 받아들이는 태도에서 비롯되는 것이다.

즉 민주사회란 완전한 자유와 완전한 평등의 달성을 목표로 하면서 극단적인 자유주의나 공동체주의를 추구하는 사회가 아니며, 또 이 둘 사이의 긴장과 대립을 합리적으로 조정하고 타협하는 사회도 아니고, 오히려 환원되지 않는 두 개의 원칙을 경쟁적이고 갈등적으로 추구하면서도 실제 삶에서 그 틀 자체와 그 둘이 모두 중요한 원칙이라는 기본전제를 의심하지 않고 경쟁적으로 공유하는 사회인 것이다.

따라서 완전한 자유나 완전한 평등을 달성하는 것은 불가능할 뿐만 아니라 민주사회가 추구하는 궁극적인 목표도 아니다. 민주사회는 오히려 자유와 평등을 상호경쟁시킴으로써 민주적 상태를 유지한다. 그리고 이 경쟁이 유효하게 하려면 자신과 다른 상대방을 도저히 같은 하늘 밑에서 함께 살 수 없는 불구대천(不俱戴天)의 원수나 '적(enemy)'이 아니라, 사회적 갈등과 의견의 차이를 인정하고 제도와 전통의 범위 내에서 그리고 민주적 절차를 통해 자신이 넘어서야 할 '역경의 경쟁자(adversary)'로 간주하고 정당하게 경쟁해야 한다고 본다(Mouffe 1993, 14-15). 이럴 때만 민주적 다양성과 질서가 동시에 달성될 수 있다.

V. 결론

이상의 논의를 요약하면 다음과 같다. 첫째, 들뢰즈는 존재의 본질을 차이 그 자체로 간주하고 이에 따라 존재(Being)라는 말을 생성(Becoming)으로 대체한다. 차이들이 상호작용을 일으켜 새로운 것을 생성시키기 때문이다. 이것은 실재보다 실재를 탄생시키는 욕망이나 힘이 더 근본적임을 의미하며, 이 욕망이나 힘은 인간존재에 내재되어 있다. 따라서 국가나 제도, 형식 등은 영토화를 통해 자유로운 인간을 정주민으로 고착화시켜 지배하려 하지만, 유목민은 내재된 생성의 욕망과 힘의 작용으로 '탈주의 선'을 따라 탈영토화를 시도하고 새로운 차이를 또다시 발생시킨다.

둘째, 가타리는 근대 조직이론이 동질적인 정체성이 클수록 강한 집단이 된다고 생각하는데, 사실 보편성이나 수직성 및 수평성과 다른 횡단성이 있을 때만 강한 조직이 될 수 있다고 본다. 횡단성이란 개별자들이 전제된 상태에서 점차 타자를 인식하고 '횡단성 계수'를 늘려가면서 함께 주체적 집단을 형성하는 것으로서, 이것이 있어야 개별자들의 충돌을 방지하고 조화롭게 간격을 유지하면서 통합이 달성된다. 유목민들의 사회는 이런 횡단성을 갖고 있으며, 수목의 뿌리가 아니라 땅 밑 줄기 즉 리좀과 같이 이질적인 선들이 교차하며 다양한 방향으로 흐름을 바꾸고 이종성과 다양성을 연결시킴으로써 강한 조직을 형성한다.

셋째, 현대사회는 자유와 평등을 근간으로 삼는 민주사회를 지향한다. 그런데 무페는 이 둘이 상호 배치적인 성격을 갖고 있어서 자유를 강조하는 자유주의와 평등을 지향하는 민주주의 사이에 갈등이 존재한다고 본다. 하지만 이 갈등은 슈미트가 설파한 바처럼 서로 모순적이어서 궁극적으로 괴멸되는 것이 아니라, 역설과 긴장을 이루어 서로 경쟁하면서 양자가 모두 보존되는 '구성적 타자' 관계를 이룬다. 민주사회의 비결은 이 둘의 끝나지 않는 경쟁상태를 유지하는 것이다. 그리고 이때 중요한 것은 상대방을 도저히 용납할 수 없는 적이 아니라, 제도와 전통의 범위 내에서 그리고 민주적 절차를 통해 자신이 넘어서야 할 '역경의 경쟁자'로 보는 것이다.

이러한 논의의 핵심은 사회를 구성하는 각자의 차이와 다양성을 인정하되 이들을 어떻게 하나의 사회 내에서 아우를 수 있는가에 놓여 있다. 앞서 말했듯이, 정치란 '서로 다른 사람들이 사회 내에서 함께 살 수 있도록 하는 행위의 총합'이다. 인간은 존재론적으로 이미 서로 다르며 그러나 비슷하다. 한나 아렌트(Hannah Arendt)도 『인간의 조건(*The Human Condition*)』에서 이점에 주목하고 있다.

인간의 다양성은 그 행동과 말의 기본적 조건에 있어서 비슷함과 구분됨의 이중적 특성을 갖고 있다. 만약 사람들이 서로 비슷하지 않다면 서로 이해하지 못할 것이며, 자기 선조들을 알지 못한다. 또한 미래를 위해 계획을 세울 수도 없고, 후손들의 필요를 예상할 수도 없다. 반면 사람들이 서로 다르지 않다면, 과거와 현재 그리고 미래에 있어서 서로 다른 각각의 사람들에게 자신을 이해시키기 위해 말하거나 행동할 필요가 없어진다(Arendt 1958, 175-176).

이와 같은 인간의 조건을 상정한다면 우리는 차이와 다양성을 적극적으로 장려하고 또 이를 포용해 통합할 필요가 있다. 즉 들뢰즈가 말하는 비교될 수 없고 공약불가능한 것들을 상호 연결하여 종합하는 '이접적 종합(disjunctive synthesis)' 혹은 '종합적 이접(synthetic disjunction)'이 필요하다. 여기서 '이접적 종합'이란 "a or b or c or x or …"와 같이 각 요소가 차별화되면서도 긍정되는 포함적 형식을 의미하며, "if …, then …"이라는 '통접적 종합(conjunctive synthesis)'이나 "a and b and c and x and …"라는 '접속적 종합(connective synthesis)'과는 다르다. "either … or" 그 자체가 순수한 긍정이 되는 종합이 진정한 종합이며, 이 경우에만 한 집단이나 사회의 결속력이 더욱 강해진다(Deleuze 1990, 174).

이러한 '이접적 종합'이 가능하기 위해서는 가타리가 말했던 횡단성이 필요하다. 이는 각자 자신의 개별성을 보존하면서도 그 개별성들 간의 교차, 횡단, 소통을 통해 일련의 연대적, 집합적 공동성(commonality)을 이루는 것을 말한다. 즉 개별자들의 개체성을 유지하면서도 그 개체들 사이 소통가능성(communicability)을 높여 상호이해와 어떤 공감대를 형성해 다양성과 공동성을 동시에 획득해야 한다.

여기서 주의할 것은 공동성을 공통성(commonness)과 구별하는 것이다. 후자는 개별자들에 공통적으로 존재하는 성질을 가리키며, 전자는 서로 다르더라도 한 울타리 내에서 '우리'라는 공동운명체에 속해 있음을 인식하는 것을 일컫는다. 한국사회에 필요한 것이 바로 이런 공동성이다. 한국사회는 한편으로 개별성만 내세우거나 다른 한편 공통성을 강조함으로써 개인과 전체라는 이분법에 빠져 있다. 그리하여 상대방을 나와 같거나 다른 사람으로만 볼 뿐이며, 이 경우 상대방은 나의 동지(friend)이거나 혹은 나의 적(enemy)이 될 뿐이다. 그리하여 사회는 슈미트(C. Schmitt)가 말하는 '적과 동지의 관계'로 나뉘게 되는 것이다(Schmitt 1985).

하지만 공동성 속에서는 그럴 필요가 없다. 인간존재는 차이와 다양성의 특징을 갖고 있기 때문에, 나와 같은 사람은 없다. 나와 같은 생각을 가진 사람도 없다. 그리고 이것은 오히려 '생각하는 존재(Homo Sapiens)'로서의 인간의 특권이다. 이런 차이와 다양성을 지닌 존재들은 그 차이와 다양성의 상호작용을 통해 새로운 것을 창조할 수 있으며, 이것이 바로 인류사회 발전의 원동력이 된다. 다만 이런 차이와 다양성의 인간들이 한 사회 내에서 함께 살아야 하고, 또 함께 살아야만 상호작용을 통해 자신의 존재 이유를 확인하고 발전을 도모할 수 있기 때문에, 나와 다른 그 사람은 나의 동지이거나 적이 아니라 묘한 경쟁적 동반자와 같은 존재이다. 또한 그는 나에게 절대 필요한 사람이다. 왜냐하면 나의 자아 형성과 성숙, 그리고 발전은 바로 그 사람과의 횡단과 소통 속에서 이루어지기 때문이다.

바로 이 점이 인류사회가 정치라는 행위를 필요로 하는 이유가 아닌가 싶다. 정치란 차이나기 마련인 사람들이 함께 살고 있는 사회를 깨뜨리지 않고, 서로 소통하고 인정함으로써 시너지를 만들어낼 수 있게 하는 것이다. 앞서 말한 것처럼, 여기서 소통의 목적은 상대방과의 합의가 아니라 상대방의 차이에 대한 인정이며, 이때 비로소 사회는 공동성을 획득할 수 있다. 사회가 단순히 개인들의 집합체가 아니라 하나의 유기체로 될 수 있는 것도 바로 이런 소통을 통해 공동성을 가질 수 있기 때문이다.

이런 상황이 전제될 때 민주사회는 비로소 가능해진다. 자유와 평등이라는 상반되는 가치들이 경쟁하면서도 민주사회라는 공동성 내에서의 경쟁이라면 그 경쟁 속에서 양자는 온전히 보존할 수 있기 때문이다. 그런 점에서 오늘날 한국사회에서 벌어지는 자유와 평등을 주요 가치로 삼는 진영들의 다툼은 차이와 횡단성, 그리고 공동성을 모르고 벌이는 유아적 현상에 불과하다.

참고문헌

목영해. 2010. "들뢰즈의 유목주의와 그 교육적 함의."『교육철학』48집, 49-67.

이동수. 2008. "지구화 시대 시민과 시민권: 무페의 논의를 중심으로."『한국정치학회보』42집 2호, 5-22.

이동수. 2010. "지구시민의 정체성과 횡단성."『21세기정치학회보』20집 3호, 181-199.

이동수·정화열. 2012. "횡단성의 정치: 소통정치의 조건."『한국정치연구』21집 3호, 297-319.

Arendt, Hannah. 1958. *The Human Condition*. Chicago: The University of Chicago Press.

Deleuze, Gilles and Félix Guattari. 1983. *Anti-Oedipus: Capitalism and Schizophrenia*, translated by Robert Hurley, Mark Seem, and Helen R. Lane. Minneapolis: University of Minnesota Press.

Deleuze, Gilles and Félix Guattari. 1987. *A Thousand Plateaus: Capitalism and Schizophrenia*, translated by Brian Massumi. Minneapolis: University of Minnesota Press.

Deleuze, Gilles and Félix Guattari. 1994. *What Is Philosophy?*, translated by Hugh Tomlinson and Graham Burchell. New York: Columbia University Press.

Deleuze, Gilles. 1990. *The Logic of Sense*, translated by Mark Lester and Charles Stivale. New York: Columbia University Press.

Deleuze, Gilles. 2000. *Foucault*, translated by Seán Hand. Minneapolis: University of Minnesota Press.

Foucault, Michel. 1977. *Language, Counter-Memory, Practice: Selected Essays and Interviews*, edited by Donald F. Bouchard, translated by Donald F. Bouchard and Sherry Simon. Ithaca: Cornell University Press.

Guattari, Félix 저·윤수종 역. 1998.『분자혁명: 자유의 공간을 향한 욕망의 미시정치학』. 서울: 푸른숲.

Guattari, Felix 저·윤수종 역. 2004.『정신분석과 횡단성』. 서울: 울력.

Heidegger, Martin. 1962. *Being and Time*, translated by John Macquarrie and Edward Robinson. New York: Harper & Row.

Mouffe, Chantal. 1993. *The Return of the Political*. London: Verso.

Mouffe, Chantal. 2000. *The Democratic Paradox*. London: Verso.

Schmitt, Carl. 1985. *The Crisis of Parliamentary Democracy*, translated by Ellen Kennedy. Cambridge: The MIT Press.

『史記: 列傳』을 통해 본 사마천의 역사기술의 특징*

김충열

I. 서론

『한서』(漢書)의 저자 반고(班固)가 「사마천전」에서 평론한 이래 지난 1800여 년간 수많은 학자들이 사마천(司馬遷, B.C. c.145/135-c.86)의 『사기』를 논평해 왔다.[1] 오랜 『사기』의 해석사에서 두드러지고 또 흥미로운

---

* 이 글은 2023년 11월 『정치사상연구』 29집 2호에 게재된 "역사의 실제 드러내기: 『史記: 列傳』을 통해 본 사마천의 역사기술의 특징"을 수정·보완한 것이다.

1 진한 시대의 대표적 사서들인 『사기』와 『한서』에 대한 개론적 설명을 위해서는 가오 구어캉과 류제의 중국사학사 저작을 참고할 것(高國抗 1998, 2장; 劉節 2020, 6장). 사마천 개인의 삶과 시대, 그의 저작에 대한 풍부한 역사적 설명에 대해서는 일본학자 후지타 카쯔히사의 저작을 참고(藤田勝久 2001).

사실은 정반대의 시각들이 공존하며 경쟁해 왔다는 점이다. 그것은 「백이열전」(伯夷列傳), 「화식열전」(貨殖列傳), 「유협열전」(游俠列傳)과 같이 논란이 되는 전을 두고 발생하기도 하고, 사마천의 사상적 성향을 둘러싸고 발생하기도 하였다. 대조적 시각이 존재하는 이유는 대체로 사마천의 삶과 저술에 대한 상세한 정보가 담긴 사료가 없다는 점,[2] 역사서로서의 『사기』가 방대하고 역사의 복합적 측면을 드러내려 하기 때문에 사마천의 생각을 일관성을 가지고 해석해 내기가 어렵다는 점, 그리고 사마천의 역사 서술방식의 이중성과 복수성 때문에 쓰인 대로의 일차적 의미와 숨겨진 의도, 또 중심적 기술과 분산되어 있는 평가들 사이에 긴장이 작용하기 때문이다.[3]

『사기』를 둘러싸고 발생한 다양한 논란과 분분한 해석들 중에서 필자가 본 논문에서 다루고자 하는 주제는 사마천의 역사기술의 특징이다. 역사기술이란 한 사건(혹은 사건들)이나 한 시대를 서술하는 역사가

---

[2] 사마천과 『사기』에 대한 거의 유일한 일차자료는 『사기』 마지막 편인 「태사공자서」와 『한서』 「사마천전」에 실려 있는 '報任安書' 뿐이다.

[3] 써진 그대로의 의미와 달리 사마천이 은밀하게 한 인물을 비꼬거나 비난하는 이중적 글쓰기를 하고 있다는 지적은 이성규의 글 참고(이성규 1984, 137-164). 한편 사마천의 인물평이 한 곳에 집중되지 않고 여러 곳에 산재해 있으며, 이러한 방식으로 한 인물의 다양한 측면을 드러내는 글쓰기를 하고 있다는 점은 그랜트 하디를 참고(Hardy 1994, 20-38). 이에 더해 리와이이는 한 사건에 대해 대조적 입장에 있는 인물들로 하여금 각자의 입장을 다르게 말하게 하는 방식을 사마천이 쓰고 있다고 지적하며 이를 "互見法(principle of mutual illumination)"이라고 칭함(Li 1994, 395). 이와 같은 사마천의 글쓰기 방식은 과거 서양의 철학자들이 박해 속에서 행간 속에 진정한 의도를 숨기는 秘傳的(esoteric) 글쓰기를 하였다는 레오 스트라우스의 관찰과 유사하다(Strauss 1952).

의 기술방식을 가리키는 표현으로 다양한 맥락에서 사용될 수 있다. 그것은 편년체(編年體)와 기전체(紀傳體)와 같이 역사를 서술하는 기본적 구조를 가리키기도 하고, 개별 역사가의 개성적 서술방식—사마천의 경우 이중성과 복수성의 말하기 방식—을 지칭할 수도 있다. 이 글에서 필자가 염두에 두고 있는 역사기술이란 사마천이 전통적인 도덕사관을 따르지 않고 새로운 역사관에 기초하여 비전통적인 역사기술법을 채택하고 있다는 의미이다.

공자가 편찬한 소위 '육경(六經)' 이래로 도덕사관은 중국사 기술의 중심적 관점으로 기능하여 왔다. 따라서 여러 해석가들은 사마천이 공자를 따르고 있으며 공자가 지었거나 편집하였다고 알려진 『춘추』를 모델로 하여 후세에 도덕적 교훈을 주기 위하여 『사기』를 저술하였다는 관점을 견지해 왔다. 최근까지도 이 관점은 루안즈셩, 류제, 천통셩을 포함한 여러 중국 학자들, 그리고 미국의 중국학 연구자들인 왓슨(Burton Watson), 하디(Grant Hardy), 두란트(Stephen W. Durrant) 등에 의해 여전히 지지되고 있다(Durrant 1995; Harday 1994; Watson 1958; 阮芝生 1985; 劉節 2020; 陳桐生 2004). 왓슨에 의하면, "사마천은 자신의 역사서를 공자의 노동『春秋』의 직접적 계승자로서 간주하였다"(Watson 1958, 92). 『사기』는 고대의 모든 역사서가 그렇듯이 "교훈적"이고 "악을 비난하고 선을 지지하기 위해" 의도되었으며(Watson 1958, viii), "유학의 경전들에 기반하고 있고", "역사적 진리의 문제에 대한 최종적 권위를 그 경전들에서 찾았다"(Watson 1958, 18). 두란트 역시 사마천의 목표는 "공자의 경로를 따르고, 예(禮)에 부합하는 새로운 질서와 새로운 표현을 제시하는 것"이라고 보았다(Durrant 1995, xvii). 또 "공자는 『사기』의 중심적 인물"이고, "사마천의 자아와 사명에 대한 이해는 그의 공자에 대한 관념과 긴밀하게 결합되어 있었다"(Durrant 1995, 29).

이 관점을 택하는 기존 연구들이 흔히 인용하는 부분이 『사기』의 마지막 편인 「太史公自序」(권130)에서 사마천이 부친 사마담(司馬談)의 유언과 상대부(上大夫) 호수(壺遂)와의 대화를 기록하고 있는 부분이다. 사마천은 호수의 『춘추』에 대한 질문에 답하며 『춘추』를 저술한 의도와 춘추의리(春秋義理)에 대해 상세하게 설명하고 있다. 그는 명백히 『춘추』의 대의에 공감하고 공자의 저술에 대해 존경을 표하고 있다. 이 맥락에서 보면 사마천이 새로운 저술을 시도한 것은 부친의 유언을 따라 『춘추』를 계승하여 춘추시대 이후를 보완하려는 것으로 보는 것이 정당하다. 호수와의 대화의 마지막 부분에서는 새로운 사서를 저술하는 목적을 밝히고 있는데, "사관의 직위에 있으면서 밝은 임금의 성덕을 폐하고 기재하지 않으며, 공신, 세가, 현대부의 업을 멸하고 서술하지 않고 있는데 [이는] 부친의 유언을 어기는 것으로 이보다 더 큰 죄가 없다"는 것이다.[4] 이어서 그가 의도하는 것은 『춘추』와 다른 새로운 저작을 창작(作)하려는 것이 아니라 고사(故事)를 서술(述)하고 세세로 전해져 오는 이야기들을 간추려 정리하고자 하는 것일 뿐이라며 자신의 작업의 의도를 스스로 낮추고 있다.[5] 이 대화를 그대로 수용하면, 우리는 사마천이 공자의 『춘추』를

---

[4] "且余嘗掌其官 廢明聖盛德不載 滅功臣世家賢大夫之業不述 墮先人所言 罪莫大焉." 「태사공자서」.

[5] 「자서」에는 사마천이 부친의 말을 회상하며 주공(周公) 이후 오백년 후에 공자가 태어났고 공자 사후 오늘에 이르기까지 오백 년이 지났다며, 밝은 세상을 이어받고, 역전을 정정하고, 춘추를 계승하며, 시서예악에 근본을 두는 사람이 있을 것이다고 하

모델로 한나라의 성덕을 찬양하는 사서를 편찬하려 하였다는 결론에 이르게 된다.[6]

　필자가 보기에 기존의 해석들은 이 부분을 지나치게 신뢰하여 사마천의 저술을『춘추』와 직접 연결하고 있다. 「자서」에서의 기술은 다른 편들에서 적잖이 드러나는 공자의 인용과 일관되는 듯 보이기 때문에 이 관점을 택하는 학자들은 확신을 가지고 '춘추 모델론'을 정립하였다고 볼 법하다. 고민해야 할 점은 「자서」에서 사마천이『춘추』를 강조하며 자신의 저작을『춘추』의 부속서 정도로 취급하는 것의 의도이다. 사마천이 그의 유명한 이중적 말하기를 여기서 발휘하고 있지 않은가?

　그가 새 역사서를 저술하려고 하는 한 공자의『춘추』와 그 사관, 즉 '춘추의리'를 고려하지 않을 수 없었다는 것은 어렵지 않게 이해할 수 있다. 춘추의리란 사마천에 의하면 "시비를 분별하고(辯是非)", "선을 취하고 악을 물리치며(采善貶惡)", "어지러운 세상을 다스려 바른 세상으로 되돌리는 것(撥亂世反之正)"이다. 문제는 이 도덕사관이 복잡다단한 역사의

여 자신의 작업에 대한 자부심 섞인 뉘앙스를 남기고 있기도 하다. ("先人有言 自周公卒五百歲而有孔子 孔子卒後至於今五百歲 有能紹明世 正易傳 繼春秋 本詩書禮樂之際" 「태사공자서」.) 오백년은『史記: 書』「天官書」에 의하면 天運이 大變하는 시간으로 천문관이었던 사마천 부자가『춘추』를 계승하는 새 역사서를 저술하여 그 천운 대변에 대응하려 한 것이었다고 이성규는 해석하고 있다(이성규 2007, 20-21).

6　이성규는『춘추』와 관련하여『사기』속에는 스승 동중서의 공양학의 전통, 즉 왕도와 왕법의 제시라는 규범적 측면과 부친 사마담의『춘추』계승의 정신, 즉 문명의 보호와 전승의 측면을 겸하고 있다고 평가한다. 하지만 사마천이 과연 공양학의 전통을 따르고 있는지, 또 중국문명의 보호와 전승을 주된 목표로 삼고 있는지는 논란이 되는 문제이다(이성규 2007, 18-19).

실제를 그리는 방법으로서 충분치 않다는 점이다. 역사의 실제에 다가 가면 갈수록 도덕적 관점의 적실성은 제한적이기 마련이다. 실제로『열전』속에서 사마천은 좀처럼 도덕적 관점을 강하게 드러내고 있지 않다. 따라서 필자는 호수와의 대화에서 사마천이 자신의 저작이 새로운 창작이 아니라고 격하시켜 말한 것은 단순한 겸손이 아니라고 본다. 그것은 역사와 도덕의 관계에 대한 고민 위에서 춘추대의 대신 역사의 실제를 기술하는 쪽으로 나아간 것과『춘추』와 다른 새로운 역사 기술방식을 취하고 있는 자신의 저작의 파격성을 의도적으로 감추기 위한 발언이 아닌가 생각한다.

「자서」속에는 이 문제에 대한 사마천 자신의 고민의 흔적들이 남아 있다. 먼저, 그는 새 역사서를 편찬하려는 의도에 대하여, 한나라가 일어 난 뒤 한무제(武帝)에 이르러 통치가 잘 이루어지는데도 그 은덕이 알려지지 않고 있는 데에서 찾고 있다. 무제기에 상서로운 징조가 나타나 봉선(封禪)을 행하고, 역법을 개정하고, 복색을 바꾸게 되었고, 해외 이민족으로서 공물을 바치며 알현하는 자가 그 수를 헤아릴 수 없는데도 문무백관이 무제의 성덕을 다 드러내지 못하고 있으며, 유능한 인재 또한 등용되지 못하고 있으니 이는 군주의 치욕이고, 그 은덕이 알려지지 않은 것은 관원의 잘못이라는 것이다. 게다가 자신이 사관의 자리에 있음에도 임금의 성덕과 공신, 세가, 대부의 공업을 기술하지 않고 있으니 결국 자신의 죄라는 것이다. 이 논리를 따르면『사기』는 마땅히 한나라 군주들과 제후, 관리들의 업적을 찬양하는 데에 그 목적이 있다. 문제는「자서」속의 이 기술이 본문에서 사마천이 실제로 그리고 있는 내용과 큰 차이가 있다는 점이다.『한서』「사마천전」에 의하면『사기』가 세상에 나온

후 한무제를 다룬 본기 외 여러 편은 곧 사라져서 전해지지 않는다고 쓰여 있다. 필자가 보기에 그것은 그 내용이 가진 위험성 때문이다.[7] 그것은 사마천이 한고조 유방(劉邦)을 기술하는 것을 통해 추론할 수 있다. 유방을 다루는 「고조본기」(高祖本紀)는 대체로 그의 좋은 점을 부각하는 듯 보이나, 관련된 다른 편들 속에서는 유방의 인간적, 혹은 부정적 측면들이 솔직히 그려지고 있다. 그리고 사마천이 역사적 인물을 보는 기본적 시각은 그 공과를 공정하게 드러내는 방식이다. 현재 전해지는 무제를 다룬 「효무본기」는 「고조본기」보다 더 노골적으로 한무제 통치의 실상을 드러내는 방식을 취하고 있다. 현존하는 내용이 사마천의 원본과 얼마나 일치하는지는 알 수 없으나, 무제가 방술(方術)을 좋아하여 불로장생을 추구하는 데 노력하였고 명산에서 제사를 지내는 봉선이란 것도 그런 일환이었음을 폭로하고 있다.[8] 따라서 「자서」에서 사마천이 호수에게 말하고 있는 내용은 사마천이 실제로 저술한 내용과 차이가 크다.

같은 맥락에서, 「자서」의 후반부는 『사기』의 각 편을 요약하고 있는데, 이 중 『열전』의 편들을 요약하고 있는 부분에서 최소한 세 편의 내용이 본문과 많은 차이가 있다. 백이숙제의 고사를 다룬 「백이열전」(伯夷列傳, 권61)과 한무제 당시 승상이었던 공손홍(公孫弘)을 평한 「평진후주보열전」(平津侯主父列傳, 권112), 역시 무제기 법을 혹독하게 시행한 관리들을

---

7 현재 한무제를 다룬 편은 「孝武本紀」이다. 「자서」의 『사기』 각 편을 요약하는 부분에서는 「今上本紀」로 표기되어 있다.

8 현존하는 「효무본기」의 내용은 『史記: 書』 「封禪書」의 武帝期 봉선을 다룬 내용과 거의 동일하다.

비판한 「혹리열전」(酷吏列傳, 권122)이 그것이다. 그 중 「평진후주보」와 「혹리」 열전의 주인공들을 사마천은 본문에서 비판적으로 기술하고 있는데, 「자서」의 요약에서는 중립적이거나 이들을 옹호하듯이 기술하고 있다.[9] 그 이유는 동시대 인물들인 그들에 대한 비판이 알려지면 문제를 낳을 수 있기 때문에 의도적으로 본문과 다르게 기술하고 있다고 여겨진다.

「백이열전」의 경우 백이숙제가 먼 과거의 인물들이기 때문에 그런 우려가 없었으나 여전히 본문에서의 내용과 다르게 요약하고 있다. "말세에는 모두 이익을 다툰다. 그러나 오직 백이와 숙제는 의리를 추구하며 서로 나라를 양보하다가 수양산에 들어가 굶어 죽었다. 천하가 이들을 칭송했다. 「백이열전」 제 일을 지은 이유다."[10] 이 요약은 공자의 백이숙제에 대한 도덕적 평가를 유보하고 있는 본문의 내용과 큰 차이가 있는 요약이다. 사마천이 본문을 충실히 요약하지 않은 것은 그의 관점이 공자의 의리관과 배치되기 때문으로 이해된다. 한나라가 성립된 후 무제기에 들어와 유학은 국학으로 대우받고 있었다. 그리고 그 중심에는 공자의 윤리관과 의리관이 있었다. 사마천이 「자서」에서 춘추대의를 강조하고 자신의 저작이 공자 이래 전통과 어긋나지 않음을 말하고 있는

---

9 「평진후주보열전」에 대해서는 "대신과 종친들이 다투어 사치를 일삼았으나 공손홍만은 의복과 음식을 절약해 문무백관의 모범이 되었다. 평진후주보열전 제52를 지은 이유다."고 하였다. 한편 「혹리열전」에 대해서 "백성이 근본을 저버린 채 재주를 부리고, 간교한 짓을 일삼아 법률을 우롱했다. 선한 사람은 이들을 교화할 수 없었다. 오직 모든 것을 엄격한 형벌로 다스림으로써 바로 잡을 수 있었다. 혹리열전 제62를 지은 이유다"고 썼다.

10 "末世爭利 維彼奔義 讓國餓死 天下稱之 作伯夷列傳第一", 「태사공자서」.

것은 자신의 역사기술이 파격적임을 스스로 인지하고 있었기 때문이었던 것으로 보인다. 그는 의도적으로 호수와의 대화를 설정하여 혹시 발생할 수 있는 유학자들의 공격을 차단하려 하였다.

나아가『사기』가『춘추』를 모방하여 도덕적 교훈을 주기 위한 의도로 쓰였다는 주장은 우리를 반사실적 직관에 부딪히게 한다.『열전』을 중심으로 각 편을 고려해 보면, 사마천 자신이 명시적으로 도덕적 메시지를 전하고 있는 전을 찾기가 쉽지 않다. 특히나 그 도덕적 메시지가『춘추공양전』이나『춘추곡량전』, 심지어『춘추좌전』의 그것을 가리킨다면, 사마천이 그러한 교훈을 주기 위하여『사기』를 지었다고 보는 것은 반사실적이다. 사마천에게 두드러진 측면은 특정 사관이나 이념 대신 역사의 실제를 드러내는 방식의 역사기술이다. 미국의 중국학자 리 와이이는 필자와 유사한 견해를 펼치면서도 사마천이 기존의『춘추』의 도덕적 권위를 포기하지 않고 있다고 주장하는 데에서 필자와 다른 입장을 취하고 있다. 즉『공양전』과『곡량전』에 나타난 도덕적 권위를 계승하면서도『좌전』의 역사적 관점과 자신의 역사 기술방식이 더해짐으로써 사마천이 공자와 다른 접근법을 취하고 있다고 본다(Li 1994). 사마천이 『춘추』의 도덕적 권위를 유지하고 있는가 그렇지 않은가는 더 많은 토론이 필요하긴 하지만, 최소한『공양전』,『곡량전』속의 넓은 의미의 도덕적 평가를『사기』속에서는 찾기 어렵다. 오히려 사마천은 역사적 사실을 그대로 기술하는 데 초점을 두었고, 전의 마지막에 있는 자신의 논평("太史公曰")에서는 주로 '맥락' 속에서의 완곡한 평가를 할 뿐, 명시적인 도덕적 평가는 거의 하고 있지 않다. 물론 사마천이 역사적 인물과 사건의 실제를 보여주고 간접적으로 독자들에게 평가하도록 유도한다는 점에서는 도덕적 관점을 완전히 버렸다고는 말할 수 없다. 더구나 구한말 유학자 이건창의 표현을 사용하자면, 사마천이 '인도(人道)'를 부정한 것은 아니었다. 하지만 그는 '천도(天道)'의 존재는 거의 인정하지 않았다. 천도가 선악과 관련된 인과응보의 도덕 원칙의 역사적 실현을 말한다면, 사마천은 천도를 부정하였다. 반면, 인도를 인간들 사이에서 관습적으로 형성되고 통용되는 규범과 교훈, 지혜로 정의한다면, 사마천이 인도마저 부정한 것은 아니었다.[11]

　　필자가 보기에 사마천이 의도한 역사기술은 천도가 없는 역사의 실제를 드러내 보이는 것이었다. 역사의 실제란 역사서들을 과학적으로 연구하여 실제로 발생한 것을 정확하게 분별해 낸다거나 검증된 사실에만 의거하여 사건을 기술한다는 의미가 아니라, 과거를 다루는 태도와 관점에서 특정 사관에 기반하지 않고 한 인물 혹은 사건을 (자료의 제약 속에서나마) 있는 그대로 또 그 특징을 살려서 드러낸다는 의미이다. 이 과정에서 사마천이 전설이나 전언(傳言), 또 자신의 추론을 사용하는 것, 그 결과 저자의 선호와 선판단, 그리고 사실의 왜곡이 불가피하게 더해지는 것은 역사의 실제를 드러내는 목표와 크게 모순되지 않는다. 역사의 실제 이해에 방해가 되는 것은 개별 사실의 진위가 아니라, 유학의 도덕 사관과 같이 특정 가치를 기준으로 체계적으로 사실을 선별하고 평가하는 이념체계이다. 이 관점은 미셸 닐란이 파악한 양극단의 『사기』 해석법, 즉 과거의 객관적 묘사로서의 역사서와 사마천 개인의 동기가 담긴

11　인도는 도덕적인 선악, 시비의 문제를 넘어서는 영역으로 역사적 교훈과 보다 가깝다고 생각한다.

일종의 방서(謗書) 사이의 간극을 좁힐 수 있는 방법이기도 하다.[12] 역사의 실제에 대한 기술을 통하여 그는 후대의 독자들에게 '역사적' 교훈을 주고자 하였다. 역사적 교훈은 좁은 의미의 옳고 그름의 구분을 넘어서 역사 속에서 인간들과 그들이 만드는 사건들이 가지는 다양성과 복합성을 드러내는 것으로 후대의 인간들이 역사로부터 얻는 유용성과 관련이 있다. 역사기술을 통하여 사마천은 역사가 실제로 무엇을 의미하는지에 대한 메시지를 독자들에게 주고자 하였다. 도덕적 평가 대신 역사이 실제를 중시하는 기술방식은 전국시대 이래 역사기술 상의 전환을 반영하는 것으로, 사마천은 그러한 기술방식을 채택하고 체계화한 것으로 생각된다.

본 논문은 사마천이 역사의 실제에 대한 기술을 통하여 역사의 복합성(complexity)과 다양성(diversity)을 보여주려 하였음을 주장하는 시도이다. 기존의 유학적 세계관으로 조명된 연구들이『춘추』로 대표되는 전통적 역사서와의 연속성을 강조하는 것에 비해, 필자는 사마천의 불연속성을 강조한다. 먼저, 2절에서는『사기』이전의 역사서들을 통하여 사마천이 취하고 있는 역사적 실제를 기술하는 방식이 어떻게 발전해 왔는지를 분석하고, 3절에서는『열전』의 서론으로 평가받는「백이열전」을 분석하여 사마천이 어떤 역사적 관점을 취하고 있었던가를 이해한다. 그 맥락

---

12 닐란은 두 대립적 해석법을 "사회과학적" 접근과 "서정적/낭만적" 접근으로 부른다. 두 접근법에 대한 보다 구체적인 설명은 Nylan(1998-99, 203) 참고. 한편 에스더 클라인은 한대부터 송대까지 '방서'와 구분되는 '實錄'으로서『사기』를 보는 관점과 논쟁들을 정리하고 있다(Klein 2018, ch. 5).

에서 4절에서는 『열전』이 어떤 구조와 역사기술의 방식을 채택하고 있는지를 보다 구체적으로 살피고, 마지막 5절에서는 그의 역사관이 통치관에 어떤 영향을 미치고 있는지를 분석하려고 한다.

Ⅱ. 『사기』 이전 역사서들의 역사기술의 경향

1. 『書經』, 『論語』, 『春秋公羊傳』, 『春秋穀梁傳』의 역사기술

고대 중국에서 도덕사관이 최초의 사관으로 자리 잡은 것은 도덕정치관의 영향 때문이었다. 중국 최초의 역사서로 평가받는 『서경』은 오늘날의 관점에서 보면 역사서이기보다 정치적 교훈을 주는 정치학의 텍스트이다. 소위 요순 삼대 성왕들의 말과 행적을 담고 있는 『서경』을 요약하면 그것은 '올바른 통치란 무엇인가'로 집약된다. 『서경』의 가장 중심적 주제 중 하나는 역사 속에 드러난 좋은 통치와 나쁜 통치의 전형들을 통하여 국가를 오래도록 유지하는 비결이 무엇인가에 대한 고민에 있다. 현재 남아 있는 『서경』 중 진본으로 평가되고 이 문제를 직접적으로 다루고 있는 편들은 주대 초를 배경으로 하는 여러 편들이다.[13] 주대 초의 통치자들은 창업 군주인 무왕(武王) 사후 국가를 안정시키기 위해 고

---

13 『서경』의 「康誥」, 「召誥」, 「洛誥」, 「多士」, 「無逸」, 「君奭」, 「多方」, 「立政」편을 볼 것.

민하였고 역사로부터 정치적 지혜를 얻고 있다. 주공(周公)과 같은 인물들이 고민한 내용은 국가의 붕괴는 통치자의 폭정에 있고, 반대로 국가를 오래 존속시키는 방법은 통치자가 삼가고 절제하며 백성을 위해 인정(仁政)을 펼치는 데 있다. 내적인 수신과 외적인 공적(功績)과 베풂을 '덕'으로 표현하였고, 덕을 통하여 '천명'으로써 주어진 통치권을 오래 유지할 수 있다고 보았다. 하늘은 명(命)을 내리고 그것은 백성들의 마음을 통하여 드러나며, 재이(災異)를 통하여 통치자에게 경고한다. 경고에도 불구하고, 통치자가 잘못을 고치지 않을 때는 명을 거두어들인다는 사고가 『서경』에 드러나 있다. 천명은 일관되지 않고 분명히 드러나지 않으니 믿을 것은 천명보다 통치자의 덕에 있다는 천명미상(天命靡常)의 사고도 제시되어 있다. 우탕문무(禹湯文武)의 성왕들은 자신을 삼가고 통치를 잘하여 천명을 받은 사례들이고, 나라를 잃은 하나라의 걸(桀)과 상나라의 주(紂)는 폭정을 하여 결국 천명을 잃은 경우들이었다. 국가 유지를 위한 필요의 문제가 도덕정치관을 낳고 도덕정치관이 도덕사관을 형성하였다.[14]

『서경』의 이 사상은 유학의 시조 공자에게서 계승되고 발전하였다. 애초 통치자를 위한 가르침이었던 덕 사상은 외적인 공적과 베풂의 차원이 배제된 채 모든 인간에게 필요한 내면의 수기(修己)의 문제로서의 윤리철학으로 발전하였고, 도덕사관은 역사를 이해하는 중심적 관점으로 정착하였다. 공자의 언행을 기록한 『논어』에는 공자가 역사적 인물들을

---

14 덕 개념을 중심으로 『서경』의 정치사상을 해석한 연구에 대해서는 김충열(2022) 참고.

평가하는 기준이 잘 드러나 있다. 「태백」(18-21)편과 「위령공」(4)편에서 공자는 특히 순임금과 하나라 우임금을 평가하고 있는데, 순임금은 작위가 없이 통치하고 자신을 삼가고 바르게 남면(南面)하신 분이라고 평하고, 우임금은 자신의 식사와 의복, 집은 돌보지 않았지만, 공적인 일에서는 할 일을 다 한 분으로 평가하고 있다. 순과 우 모두 자신을 삼가는 일, 즉 수기에 힘썼고 그 결과 큰 업적을 이룬 것으로 이해하고 있다. 『논어』 속에 드러난 공자의 도덕사관의 또 다른 전형적 인물은 백이숙제였다. 주 무왕이 상나라를 무너뜨리고 주나라를 세우는 것에 반대하여 산속으로 들어가 은거하다가 굶어 죽었다고 알려진 백이숙제에 대해 공자는 그 뜻을 굽히지 않고 몸을 욕되게 하지 않았으며, 인(仁)을 추구하여 인을 얻었으므로 세상을 원망할 필요가 없었던 현인들로 칭찬하고 있다.[15] 그들의 상나라 신하로서의 의리를 높이 평가한 것인데, 공자 자신의 의리관을 반영한다. 한편, 춘추시대 초기에 제환공이 최초의 패자가 되도록 도운 관중에 대해서 언급할 때, 공자는 그의 업적은 인정하면서도 그가 검소하지 않았고 신하로서 분수를 넘어서 행동하여 '예'를 알지 못하였다고 평가하고 있다.[16] 군신 간의 구분에 기초한 예의를 강조하고 있다. 이런 사례들과 일관되어 『논어』에는 새 왕조를 창립한 상의 탕왕과 주의 무왕에 대해서는 거의 언급이 없다.[17] 공자의 보수적 의리관이 잘 드러나는

---

15 "古之賢人也 … 求仁而得仁 又何怨". 「술이」 14. 『논어』의 「공야장」, 「계씨」, 「미자」 편에서도 백이숙제가 언급되고 있다.

16 「팔일」 22 참고. 「헌문」 10, 16, 17, 18에서는 관중의 업적을 긍정적으로 평가하고 있다.

부분이다.

『춘추』와 그 주석서들, 특히『공양전』과『곡량전』에는 공자와 그 제자들의 역사에 대한 견해가 잘 드러난다. 편년체 방식으로 본격적 역사서의 체제를 갖추고 있는『춘추』는 매우 축약적으로 쓰여 있어서 해설서들이 등장하였는데, 한대 하휴(何休)는『春秋公羊傳解詁』에서 그 학설이 구두로 전해지다가 한나라에 이르러 공양씨(公羊氏)와 그 제자 호무생(胡毋生) 등이 처음으로 죽백에 기록하였다고 쓰고 있다.[18] 세 주석서 중『춘추』경문(經文)의 배경이 되는 역사적 사실을 상세히 기록하고 있는『좌전』을 뺀『공양전』과『곡량전』은 그 체제와 해석방식이 대체로 유사하다. 두 저작은 개별 사건들의 평가에서는 약간의 차이를 보이나 예법, 의리, 도리의 관점에서『춘추』의 경문을 해설하는 점에서 거의 동일하다. 두 주석서에 의하면, 이미『춘추』자체가 예로 질서 지워진 사회를 모델로 하고 있으며 그 관점에서 쓰였고 주석서들은 그것을 구체적으로 해설하고 있다.

『공양전』과『곡량전』이 사건을 해석하는 방식의 한 예를 들면, 노환공(桓公) 2년에 송나라에서는 시해사건이 발생하여 신하인 태재(太宰) 화독(華督)이 그의 임금 상공(殤公)을 죽이고 그의 어진 대부 공가(孔嘉)도 함께 죽인 일이 있었다. 사건을 기술하고 있는 첫 번째 경문에 대해『공양

---

17 『논어』에서 武王에 대해 평가하는 부분은 무왕의 음악인 '武'가 소리의 아름다움은 지극하지만, 그 내용의 선함은 지극하지 못하다고 말하는 내용이 유일하다(「팔일」 25).

18 『공양전』과『곡량전』이 비록 한대에 처음으로 저술 형태를 갖추었지만, 이미 오래전부터 구술형태로 전해져 왔다고 보아야 하는 이유이다(박성진 2018, 749).

전』에서는 연루된 사람들 중에서 왜 대부 공가가 임금인 상공과 함께 언급되어 있는지만 해설하고 있다. 뒤이은 경문들의 해설에서는 송나라에서의 반란을 환공이 인정해 주고 그 뇌물로 "대정(大鼎)"을 받았으며 그것을 태묘에 들여놓았는데, 그것이 모두 "예법"에 맞지 않다고 비난하고 있다. 『공양전』은 노환공이 선왕이자 이복형인 은공(隱公)을 시해하고 왕위에 오른 점과 이 사건을 연계하여 환공의 부도덕한 행위에 초점을 맞추었다. 이러한 시각은 『곡량전』에서도 되풀이되고 있다. "환공은 안에서는 임금을 시해하고 밖에서는 반란을 인정한 대가로 뇌물을 받았으며, 돌아와 그 뇌물로 조상을 모셨으니 예가 아니다"고 평한다. 그런데 송나라의 이 사건은 전사가 있었다. 『공양전』은공 3년 기사에 의하면 본래 송선공(宣公)은 왕위를 아들인 여이(與夷)에게 전하지 않고 동생인 목공(穆公)에게 전하였다. 목공은 자신의 두 아들 풍(馮)과 발(勃)을 외국으로 쫓아내고 형의 아들인 여이에게 임금 자리를 전하였다. 이때 화독이 반란을 일으켜 상공이 된 여이를 죽인 후 정나라에 있던 풍에게 임금 자리를 맡도록 하였다. 이 사건에 대해 『공양전』은 결국 나중에 장공(莊公)이 된 풍이 여이를 죽인 것으로 보고, 본래 임금 자리를 적자에게 전하지 않은 데에서 모든 문제가 발생하였다고 보았다. 즉 송선공이 모든 화를 만든 것이라고 평하였다. 임금 자리는 형제지간이 아닌 부자지간에 계승되어야 한다는 계승의 원칙을 강조한 것이다.

『공양전』과 『곡량전』이 간략한 춘추의 경문을 '전(傳)'을 통해 해설하면서 사건들에 대해 꽤 상세한 설명을 하거나 평가를 하는 것이 사실이나, 두 저작은 역사서이기보다는 주석서이다. 스스로 묻고 답하는 방식으로 『춘추』 경문의 의도를 정확히 해설하고자 하는 것이 목적이다. 경문

의 배경이 되는 사건들을 세세히 기록하는 것은 두 텍스트 저자들의 일
차적 목적이 아니었다. 사건이나 인물을 평가할 때는 주로 예법, 의리,
도리를 기준으로 하였고, 특정 사건을 이 기준틀에 맞추어 해석하거나,
도덕적 기준에 해당되지 않는 사건에 대해서는 평가 없이 사건의 전말을
기술하는 것으로 끝나고 있다. 위의 송나라에서의 화독의 시해사건은
『좌전』에 의하면 사실 애정관계에서 비롯된 것이다. 인간의 욕망에서 발
단이 된 사건으로써 의리의 관점에서 해석하기 어려운 점이 있었다. 예
의와 계승의 문제로 해석하기 위해 애정의 문제를 제거한 것으로 볼 수
도 있다.

2. 『春秋左傳』의 역사기술

『춘추좌전』은 앞에서 언급한 『서경』, 『논어』 및 『공양전』, 『곡량전』과
역사 이해에서 많은 차이를 보인다. 『맹자』와 함께 전국시대 중반기에
형성된 것으로 알려진 『좌전』에서는 간략한 역사적 사실들과 의미 있는
사건들의 상세한 묘사가 뒤섞인 채로 편년체의 방식으로 기술되고 있는
데, 사건들의 경우 인과적 관계 속에서 하나의 스토리로 짜여서 편년체 기
술의 제약 속에서나마 독자들로 하여금 사건의 흐름을 이해할 수 있게 해
준다.[19] 역사가는 객관적 거리를 둔 채 사건들을 설명하고 있으며 인물들
의 말도 적절히 배치하고 있다. 또 사건에 대한 자신의 논평도 적고 있다.
　역사기술에 있어서 『좌전』의 혁신성은 역사적 사건들이 인과관계와
맥락들의 설명 속에서 스토리로 기술되고 있다는 점에 있다. 『좌전』에서

의 사건들은 천명과 무관하게 역사 속 인간들이 주어진 조건과 상황 속에서 펼치는 이익추구와 욕망의 표출, 또 음모, 전략들의 상호작용으로서 나타난다. 역사는 이제 도덕의 굴레를 벗어나 인과적으로 설명되고 객관적으로 이해되는 하나의 독립적 영역으로서 그려진다. 『좌전』 속에서 역사는 도덕뿐만 아니라 비도덕적인 인간의 특성들이 작용하는 영역이며, 따라서 역사는 그러한 측면을 적절히 드러내는 방식으로 기술되어야 하는 것으로 이해된다. 아마도 『좌전』이 『사기』를 포함한 후대의 역사서에 미치는 가장 거대한 영향은 바로 이 역사인식과 기술방식에 있다. 전한 말에 유향(劉向)이 편찬한 『전국책』이나 사마천의 『사기』는 바로 이 『좌전』의 역사 이해와 기술 방식에 그 기원을 두고 있다. 실제로 사마천은 『사기: 세가』의 춘추시대 제후국들을 기술한 부분에서 『좌전』에 크게 의존하고 있다. 『좌전』과 달리 편년체의 역사기술을 버리고, 본기, 세가, 열전으로 분류하여 기술하는 기전체 방식을 채택하고 있는 것은 하나의 차이이다.

하지만 『좌전』의 역사기술은 도덕적 역사관의 흔적을 지속적으로 남기고 있는 점에서 『사기』와 차이가 있다. 경(經)과 전(傳)에서 사실과 사건들은 대체로 전형적인 역사적 기술을 택하고 있는 데 반해, 전에서 사건을 기술한 후 저자는 '君子曰', '君子謂', '君子是以' 등으로 시작되는 논평을 하고 있다. 그리고 이 평들에서 저자는 대체로 도덕적 잣대로 사건들을 평가하고 있다. 예를 들어, 앞 절에서 설명한 송목공이 형의 아들

---

19 『좌전』이 『맹자』와 비슷한 시기에 형성되었다는 주장에 대해서는 高津純也(2007) 참고.

인 여이를 후사로 세운 것에 대해『좌전』의 저자는 "군자 왈, '송선공이 사람을 알아본다고 하겠다. 목공을 세우고 그 아들이 물려받은 것은 그 명이 의로워서였다'"고 평하였다.[20] 선공의 명이 애초에 도의에서 나왔으므로 목공도 도의로 후사를 여이가 잇게 하였다는 평가이다. 하지만 뒤이어 발생한 화독이 상공과 대부 공가를 죽인 사건에 대해『좌전』은『공양전』,『곡량전』과 매우 다른 맥락을 기술하고 있다. 즉 여이가 상공으로 송나라를 통치할 때, 화독이 대부 공가의 미모의 아내를 탐내서 공가를 죽이고 이를 질책하는 상공까지 살해하였다고 기술하고 있다. 그 후 화독은 정나라에 있던 목공의 아들 풍을 불러 장공으로 세우고 주변국들에게는 뇌물을 바쳐서 사건을 무마하였다.『좌전』에서는 노나라가 옛 상나라의 구정(九鼎)을 뇌물로 받은 것에 대해 노나라 장애백(臧哀伯)의 비판을 길게 인용하며 그 "비례(非禮)"를 한탄하고 있다.『좌전』에서의 기술은 상세한 맥락을 보여주는 점에서『공양전』,『곡량전』과 차이가 있으나, 도덕적인 평가를 내리는 데는 차이가 거의 없는 것을 알 수 있다. 화독의 사건을『사기: 세가』에서는 어떤 평가 없이 간략하게 기술하여 큰 대조를 이룬다.[21]『좌전』의 '군자왈'로 시작되는 논평 방식은『사기』의 '太史公曰'

---

20 "君子曰 宋宣公可謂知人矣 立穆公 其子饗之 命以義夫",『춘추좌전』隱公3년 傳.

21 「宋微子世家」에서 사마천은 춘추시대 宋에서 있었던 하나의 사건으로서 화독의 사건을 이해하며 평가보다 역사적 사실을 정확하게 서술하는 데 중점을 두고 있다. 한편 송상공 시기에 衛나라에서는 위장공의 첩의 아들인 주우(州吁)가 이복형제인 환공(桓公)을 시해하고 스스로 즉위한 사건이 있었다. 주우가 백성들의 마음을 얻지 못하고 있을 때, 대부 석작(石碏)이 주우를 살해하게 하고, 주우의 일당인 자신의 아들 석후(石厚)도 가신으로 하여금 죽이게 한 일이 있었다.『좌전』에서는 이 사건을

로 시작되는 논평으로 이어진 것이 분명하다.[22] 하지만『좌전』의 저자가 가졌던 도덕적 관점을 사마천은 따르고 있지 않다.

3.『國語』와『戰國策』의 역사기술

각각 춘추시대와 전국시대의 사건들과 에피소드들을 국별체(國別體)로 다루고 있는『국어』와『전국책』은 그 체제에서 거의 동일하다. 작은 장 단위로 분리된 개별 사건들과 에피소드들 속에서 저자들은 하나의 재미있는 스토리 형태로 역사를 보여준다. 사건들의 맥락과 상황, 그리고 행위자들이 취하는 전략은 주로 그들의 말과 대화들 속에서 드러난다. 역사가는 좀처럼 자신을 드러내지 않으며 사건과 에피소드의 기술방식 속에서만 드러난다. 사건에 대한 평가보다 맥락과 인과관계 등을 스토리 형태로 드러내려 한다는 점에서 두 저작은『좌전』의 역사기술과 일관된다. 두 텍스트는 역사기술의 형식에 있어서는 매우 유사하나 전체적인 분위기와 궁극적으로 드러내고자 하는 바에 있어서는 서로 간에 큰 차이를 보인다.『국어』가 여전히 '도덕적인' 메시지를 강하게 내포하고

"대의를 위하여 육친까지 죽인" 것으로 석작의 행위를 높이 평가하고 있는데, 사마천은 사실을 간략하고 정확하게 서술하는 데 그치고 있다. 사마천의 초점은 역사적 사실을 정확하고 공정하게 기술하는 데 있었다(『世家』「衛康叔世家」참고).

22 '君子曰'과 같은 論贊의 형식은『춘추좌전』뿐 아니라 다른 사서에서도 사용되었다. 하지만 唐代의 劉知幾에 의하면 '太史公曰'은『좌전』의 '君子曰'에 그 기원이 있다(이주량 2012, 196).

있다면,『전국책』은 도덕적 메시지를 제거하고 상황 속에서 행위자들이 취하는 정치적 '전략'들을 주로 드러낸다.[23]

『국어』속에 있는 다양한 주제들 중 상당수가 도덕적인 내용을 다루거나 도덕적 함의를 가지고 있는 점은 주목할 만하다. 이 점에서는 사건에 대한 도덕적 평가를 내리고 있는『좌전』과 유사하다. 두 저작의 성립 과정과 저자로 일컬어지는 좌구명(左丘明)에 대해 논란이 있지만, 최소한 그 도덕적 메시지에 있어서 두 저작은 공통점을 가지고 있다. 예를 들어『국어』속의 두드러지는 부분 중 하나인 「제어」(齊語)는 유명한 제환공과 관중의 이야기를 담고 있는데,『세가』에서 사마천이 기술하고 있는 제환공에 대한 서술과 상당한 차이가 있다. 사마천이 사실 위주의 절제된 기술을 통해 제환공의 장단점을 공정하게 드러내려 하였다면,『국어』속에

---

23 『국어』가『좌전』을 지은 좌구명이 참고한 일종의 "사료모음집"인 것에 비해(高國抗 1998, 103-111),『전국책』은 사마천 사후 약 백년 후에 유향(劉向, B.C. 77-76)에 의해 편집되어 만들어진 책이다. 중국 학자 정량슈(鄭良樹 1972)에 의하면 유향은 당시 종횡가들의 여러 저작들에서 내용을 뽑아『전국책』을 편집하였다. 정량슈와 크럼프(Crump 1979)는 그 텍스트 속의 뛰어난 변론들은 유세가를 꿈꾸는 이들을 위한 '모델 변론'으로써 구성된 것이라고 한다. 따라서『전국책』의 역사적 가치에 대해 종종 의심이 제기되었고, 실제로 역사적 사실과 맞지 않거나 어떤 경우는 사실을 변조한 경우도 있다고 한다. 사마천은『전국책』의 원본에 해당하는 종횡가들의 여러 저술들을 참고한 것이 분명한데, 정량슈는『사기』속의 전국시대 관련된 내용의 약 44%가 현존하는『전국책』의 내용과 일관된다고 한다. 사마천의 경우 그 원본을 참고하였으므로 위의 수치는 최소한의 것에 불과하다. 두란트는 사마천이 춘추시대를 기술할 때『좌전』에 의존하였듯이, 전국시대를 기술할 때에는『전국책』의 원본을 주로 의존하였다고 한다. 필자는 현존하는『전국책』이 사마천이 참고한 종횡가들의 원본에서 나온 것을 강조하여『전국책』을『사기』이전에 있었던 텍스트로 간주하였다(Durrant 1995, 101-103 재인용).

서 보이는 제환공의 패도는 사실상 '왕도'를 바탕으로 한 것으로 그려지고 있고 환공과 관중의 치술은 '올바른 통치'의 전형으로서 옹호되고 있다. 즉 제환공의 패도는 도의에 기반한 것으로 평가하고 있다. 『국어』에서는 "예", "예법", "덕"이라는 표현도 자주 사용되고 있는데, 이 점은 여전히 춘추시대에 이러한 가치들이 영향력을 가지고 있었던 것으로 해석될 수 있고 그 시대의 분위기를 반영하는 사서인 『국어』의 한 특성을 드러낸다.

역사 속 인물들의 '전략적' 사고가 강하게 드러나는 『전국책』에서는 『국어』 속의 춘추시대 인물들에게서 보이는 기존 질서와 예법에 대한 존중은 거의 찾아보기 어렵다. 『전국책』의 지배적 분위기는 열국의 경쟁 속에서 살아남는 문제였다. 특히 강국인 진(秦)나라를 합종책을 통해 방어하거나 진의 경우 열국의 연대를 깨뜨리는 일이 주요한 정치적 배경을 이루고 있다. 『전국책』은 각국의 정치적 전략과 이해관계와 관련된 개별 인물들의 전략적 아이디어와 사건들, 에피소드들을 기술하는 텍스트이다. 도덕적인 시각을 배제하고 전략적 관점을 통하여 역사를 이해하는 점에서 『전국책』은 기존의 역사서와 단절을 이루며, 『서경』이래 중국사 기술에서 하나의 중요한 전환점을 형성하고 있다. 『열전』에서 사마천은 전국시대부터 초한지제(楚漢之際)까지의 인물들을 전략적 사고 위에서 행위를 한 것으로 기술하고 있고 역사기술에서 도덕의 문제를 제거하고 있는데, 이 점은 『전국책』의 역사기술을 계승하고 있다고 말할 수 있다. 『열전』은 사건이나 에피소드 중심이 아닌 인물들을 기사본말체로 다루는 점에서 그 체제가 『전국책』과 다르지만, 전략과 이익, 욕망의 문제를 중심에 두고 저자가 개입하는 대신 이야기 형태로 사건이 전개되는 점

에서『전국책』과 유사하다. 리와이이는 사마천의 역사기술을 다루면서
『좌전』의 역사기술이 미친 영향만을 고려하였는데, 필자가 보기에는『좌
전』과 함께『전국책』의 원본이 사마천에게 미친 영향도 진지하게 고려되
어야 한다고 본다(Li 1994). 두 저작은 도덕적 평가보다 역사적 실제에 초
점을 두고 있는 점에서『사기』의 역사기술에 중요한 기여를 하였다.

Ⅲ. 「백이열전」 속의 역사와 도덕

　『열전』의 첫 편인「백이열전」(권61)은 '백이숙제'의 고사에 대해 공자
와 다른 견해를 제시한 점 때문에 역사적으로 많은 학자들에 의해 주목
되고 토론되어 왔다. 예를 들어 당대(唐代) 유지기(劉知幾)는 그의 저서
『史通』권8에서 고요(皐陶), 이윤(伊尹), 부열(傅說), 중산보(仲山甫)와 같이
공훈이 많은 인물들도 있는데, 백이숙제를『열전』첫 편의 주인공으로 삼
은 것을 문제 삼았고(이인호 2003, 109 재인용), 남송대의 주희는『朱子語類』
권122에서 동시대 인물인 呂伯恭이『史記』를 좋아하는 것을 비판하며
사마천의 해석이 원망하는 말들로 가득 차서 공자가 세운 백이숙제의 이
미지를 망쳐놓은 것으로 비판하였다.[24] 한편, 구한말 유학자인 영재 이
건창(寧齋 李建昌, 1852-1898)은 기존의 해석들이 '怨'이란 표현에 주목함으

---

24 "孔子設 伯夷求仁得仁 又何怨. 他[司馬遷]一傳中首尾皆是怨辭 盡設壞了伯夷."『朱
　子語類』권122:16. 이 텍스트에서 사마천은 매우 단편적으로만 언급되고 있다.

로써 사마천이 정작 말하고자 하였던 의도를 놓치고 있으며 사마천의 진정한 의도는 공자를 따르는 것이라고 보았다. 동일하게 유학적 관점을 취하면서도 주희와 이건창의 해석은 정반대였다. 주희의 관점을 비판하고 「백이열전」을 공자의 사상과 일관되는 것으로 평가하는 이건창의 해석은 흥미로운 관점이긴 하나 동시에 큰 결함을 내포한 것이기도 하다. 본 장은 이건창의 「伯夷列傳批評」(이하 「비평」)을 토론하며 사마천의 「백이열전」을 역사와 도덕의 관계를 중심으로 분석해 보고자 한다(한국학문헌연구소 1978, 769-778).25

　「비평」은 전반부에서는 전통적인 주석 방법에 따라 「백이열전」의 텍스트를 경(經)으로 삼아 주석을 덧붙이는데 「백이열전」 전체를 절 단위로 구분하여 내용의 흐름을 해설하고, 후반부에서는 스스로 전 전체를 평가하며 사마천이 의도했다고 생각한 대로 내용을 재구성하여 요약하고 그의 메시지를 재강조하며 끝맺고 있다. 영재의 해석은 다음 몇 가지 점이 두드러진다.

　먼저, 사마천이 그동안 알려지지 않은 '채미가(采薇歌)'를 인용하며 백이숙제의 고사를 다르게 해석하여 그들이 "원망한 것인가 그렇지 않은 것인가"라고 물었던 2절과,26 이를 보다 일반화하여 백이숙제와 안연 같은 이들은 행실이 고결하였지만 굶어서 죽었고 도척(盜蹠) 같은 도적은

25　이 자료에 대한 상세한 해설은 이희목(2007) 참고.

26　采薇歌는 다음과 같다: 저 서산에 올라 고사리를 캐노라 (登彼西山兮 采其薇矣) 포악함으로 포악함을 바꾸고서도 잘못된 것임을 모르는구나 (以暴易暴兮 不知其非矣) 신농, 우, 하의 시대가 홀연히 사라졌으니 우리는 어디로 돌아가야 하나 (神農虞夏忽焉沒兮)아 떠나야지 명운이 쇠하였구나 (于嗟徂兮 命之衰矣).

온갖 악행을 다 하였어도 천수를 누리고 죽은 것을 대조하며 "이른바 천도라는 것은 옳은 것인가 그른 것인가"라고 묻는 3절을 평가절하하고 있다. 「백이열전」의 명성은 사실 이 절들에서 기원하였는데도, 이 부분은 그다음에 오는 내용들을 말하기 위한 것으로 글쓰기의 과정에서 그렇게 될 수밖에 없었던 것으로 이해하고 있다. 즉 그 두 절이 나타내는 반유학적 메시지를 회피하고 있다.

다음으로, 그의 구분법에 따른 4절은 『논어』의 구절들을 주로 인용하고 있는데, 영재의 독특한 점은 이 절이 '인도(人道)'를 말하고 있다고 보는 것이다. 천도(天道)는 비록 믿을 수 없을지라도 인도는 믿을 수 있고 바로 그 점에서 사마천이 성인(공자)의 말씀에 의탁하려 하였다고 본다. 그는 인도론이 다시 『논어』 「위령공」 편의 한 구절과 가의(賈誼)의 〈붕조부〉(鵬鳥賦) 한 구절을 인용하고 있는 소절(小節)인 5절까지 계속되고 있다고 보았다. 그에 의하면 인도는 선(善)해야 하지만 선으로 부(富)를 얻을 수 있는 것은 아니다. 하지만 군자가 양보할 수 없는 것은 사후에 이름(名)이 일컬어지지 않는 것이다. 5절의 두 인용문에서 '君子'와 '烈士'는 모두 '名'을 추구하는 것으로 되어 있다.

마지막으로, 영재가 「백이열전」의 핵심 혹은 "정필(正筆)"로 강조한 부분은 마지막 6절로서 백이숙제와 안연이 공자를 만나서 이름이 더욱 드러났다고 쓰고 있는 부분이다. 주석에서 그는 사마천이 『사기』를 쓴 이유도 공자와 다름없이 군자와 열사를 위하여 이름을 세워주기 위해서라고 보고 있고, 같은 맥락에서 사마천의 본래 의도는 공자를 따르는 것인데 (주희를 포함한) 소유(小儒)들이 도리어 뱃속 가득 원망뿐이다는 말을 하였다고 적고 있다.

영재의 「백이열전」 해석의 핵심은 사마천을, 공자를 존중하고 따르는 공문(孔門)의 한 문도(門徒)로 보는 점이다. 따라서 '채미가'를 인용하며 백이숙제의 뜻을 재평가한 부분과 천도가 옳은가 그른가라는 도발적 질문을 제기한 부분을 적극적으로 해석하지 않은 이유가 있었다. 영재는 청대학자 장학성(章學誠)을 따라 「백이열전」을 "史記列傳總序"라고 이해하고 있다.[27] 하지만 「백이열전」의 '서론'으로서의 성격은 단지 마지막 절의 공자와의 연관성에서 『사기』의 의도를 드러내고 있기 때문만이 아니다. 본문인 여러 전들을 읽다 보면 천도가 존재하지 않는 세계를 사마천이 실제로 드러내려 하고 있다는 점을 알게 된다. 필자가 보기에 사마천의 의도는 무엇보다 천도가 존재하지 않는 역사를 드러내는 것이었고 「백이열전」은 그 점을 잘 보여주고 있다.[28] 나아가 '군자와 열사를 위하여 이름을 세워주는 자'로서 공자와 사마천의 역할을 정의하는 것은 하나의 오해를 낳을 수 있다. 왜냐하면 사마천의 『열전』 속의 인물들 중 군자와 열사는 소수에 불과하고, 그가 드러내고 있는 인물들과 그들이 만든 역사는 군자, 열사의 삶과 거의 무관하기 때문이다. 영재의 해석은 따라서 「백이열전」을 본문의 전들과의 대비 속에서 분석하지 못한 한계가 있

---

27 심지어 그는 「백이열전」을 "史記全部總序"로 확대해석하고 있기도 하다. 「백이열전」이 『열전』 전체의 '서론'에 해당된다는 언급은 장학성(章學誠, 1738-1801)의 『文史通義』 권6 「書敎下」의 기술에서 시작된 것이다(이성규 2007, 47).

28 송대 정이(程頤)는 사마천이 「백이열전」에서 안회가 요절하고 도척이 천수를 누린 것을 대비시켜 천도의 존재를 의심한 것에 대해, 일개인의 경우를 가지고 보편타당한 天理의 존재를 따지는 것으로 비합리적이라고 이해하였다(이인호 2003, 118 재인용).

다. 그는「백이열전」의 해석을 통하여 사마천이 아닌 공자를 구해내려 하였다.

필자는 영재와 달리「백이열전」을 다섯 절로 구분하는 것이 적절하다고 본다. 제1절은 요임금이 천하를 양위하려 하였다고 전해지는 허유(許由)와 하나라 말기의 변수(卞隨)와 무광(務光)과 같이 높은 절의를 가졌다고 전해지는 이들의 사적이 문서로 남아 있지 않은 점을 의아해하는 일종의 도입부이다.[29]

제2절은 백이숙제의 일화를 구체적으로 서술하고 '채미가'를 인용하며 그들이 원망하였는가 그렇지 않았는가라는 의문으로 끝을 맺는 부분이다.[30]

제3절은 2절의 내용을 보다 일반화하여 천도는 늘 선한 사람과 함께한다고 하였는데 실제로는 백이숙제와 안연의 사례에서처럼 선한 사람이 굶어 죽고 반대로 도척 같은 이가 천수를 누리는 것을 말하며 "나는 몹시 의심스럽다. 소위 천도라는 것은 옳은 것인가 그른 것인가"라며 깊은 회의를 드러내고 있는 부분이다.[31]

제4절은 스스로의 말을 자제하고『논어』속의 구절들을 주로 인용하며 "淸士"와 "君子"에 대해 말하고 있는 절이고,[32] 마지막 5절은 같은 밝음은 서로 비춰주고 같은 류는 서로 모인다고 하며, 백이숙제와 안연의

---

29 제1절: "夫學者載籍極博 … 其文辭不少槪見 何哉".

30 제2절: "孔子曰 伯夷叔齊不念舊惡 … 由此觀之 怨邪非邪".

31 제3절: "或曰 天道無親 常與善人 … 儻所謂天道 是邪非邪".

32 제4절: "子曰 道不同 不相爲謀 … 君子疾沒世而名不稱焉".

행적이 공자의 기록에 의해 더욱 드러나게 되었다고 말하고 있는 부분이
다.[33]

　기존의 해석들이 강조하였듯이 사마천의 의도는 이 마지막 절들에
들어 있다.[34] 영재 역시 이 절들을 통해 사마천이 공자를 따르고 있다고
보았다. 그는 마지막 절의 내용을 강조하여, 사마천이 사가(史家)인 공자
를 따르고 있다고 보고 자신도 암혈지사(巖穴之士)와 덕행을 쌓은 여항지
인(閭巷之人)을 드러내 주는 "청운지사(靑雲之士)"의 역할을 하겠다는 의지
를 나타내고 있는 것으로 해석한다. 영재의 문제는 2, 3절과 4, 5절을 연
결시켜 이해하지 않은 점에 있다. 2, 3절의 메시지가 천도에 대한 회의라
면, 4절에서 사마천이 드러내는 것은 자신이 추구하는 "청사"와 "군자"의
길에 대한 묘사이다. 2, 3절과 4절은 "道不同 不相爲謀 亦各從其志也"로
연결되어 있다. 즉 다양한 길이 있는데 길이 같지 않으면 함께 일을 도모
하지 않고, 사람들은 각자의 뜻을 따라 각자의 길을 택해 살아간다는 것
이다. 필자가 보기에, 이 절에서 청사와 군자의 인용은 옳은 길의 추구로
서가 아니라 세상의 다양한 길들 중의 하나로서 인용하였다. 뒤이은 5절
에서 인용된 가의(賈誼)의 문장에서는 탐부(貪夫)의 財를 좇는 길, 열사(烈
士)의 名의 추구, 과자(誇者)의 權의 지향, 중서(中庶)의 生의 도모의 길로
세분되어 나타나고 있다. 이 절에서 사마천은 다양한 길들 중에서 같은
길을 가는 사람들은 서로를 비춰주고 서로 모이기 마련이다고 말하며,

33　제5절: "賈子曰 貪夫徇財 烈士徇名 夸者死權 衆庶憑生 … 惡能施于後世哉".

34　조선 후기 학자 강규환도 「백이열전」을 해석하며 마지막 절을 백이전의 핵심으로 파
　　　악하였다. 姜奎煥, 『賁需齋集』 권8 「伯夷傳籤錄」(이승수 2014, 71-72 재인용).

공자가 같은 부류인 백이숙제와 안연을 드러내 주었다고 적고 있다. 사마천 자신은 이름을 추구하는 淸士와 君子의 길을 가려 한다는 것을 밝히고 있지만, 이 세상에 다양한 길이 있다는 것을 전제하고 있다. 따라서 2, 3절에서 말한 천도가 없는 세계와 4, 5절의 자신의 길에 대한 묘사와 사가로서의 역할의 자임은 연속적이다.[35] 자신의 삶의 지향을 드러내기는 하지만 다른 가치들이 있다는 것을 부정하지 않는 데에 사마천의 세계관의 특징이 있다. 이 전제가 5절에서 말한 사가로서의 역할을 수행하는 데 실제로 발휘되고 있음은 물론이다. 『열전』의 본문에 해당하는 68편의 전들은 그 다양한 길들을 보여주고 있다.

　『열전』 전체와 관련하여 고려해 볼 때, 서론으로서의 「백이열전」은 『열전』 속의 두 가지 큰 주제를 미리 제시하고 있다고 생각한다. 첫째는 '天道'와 '人道'의 관계로 역사 속에는 궁극적으로 선한 쪽으로 사태를 이끄는 천도와 같은 것은 없지만, 이 세계 내에서 통용되는 사람의 도리와 관습으로서 인정되는 규범과 가치조차 존재하지 않는다고는 말할 수 없으며, 우리가 역사를 해석하고 평가할 수 있는 것은 이 인도 때문이라는 것이다. 4절의 "세상이 혼탁해지면 청사가 드러난다(擧世混濁 淸士乃見)"와 "군자는 사후에 이름이 일컬어지지 않는 것을 싫어한다(君子疾沒世而名不稱焉)"와 같은 구절은 인도의 관점을 드러내는 표현들이다.

---

35 「백이열전」의 해석의 어려움 중 하나는 2, 3절과 4, 5절의 내용이 일관되지 않는 듯 보이는 데 있는데, 이 문제는 4절에서 淸士와 君子의 길을 옳은 길이 아니라 하나의 길로 해석하면 해결된다고 생각한다. 「백이열전」 해석의 어려움에 대해서는 이승수(2014, 2절) 참고.

둘째는 천도가 없는 역사의 기술과 청운지사로서의 역할 사이의 관계이다. 청운지사로서 사마천은 각 시대의 두드러진 인물들의 면면을 적고 역사에 남길 의무를 가졌다. 하지만 그가 천도가 없는 역사를 가정하고 있었기에 역사는 도덕적 평가보다 있는 그대로를 사실적으로 기술하는 것이 중요한 과제가 되었다. 실제로 『열전』 전체에서 사마천이 가졌던 어떤 뚜렷한 이념이나 사관을 발견하기는 쉽지 않다. 만약 그것이 있다면 그것은 역사의 실제 드러내기라고 부르는 것이 적절할 것이다. 역사적 실제를 통하여 간접적으로 교훈을 주고자 하였다. 주목해야 할 점은 그가 초점을 두는 인물들은 백이숙제나 안연과 같이 선하면서도 비극적인 삶을 산 인물들이 아니라 세속적인 인물들 중 기록으로 남길만한 이들이었다는 점이다. 절의자(節義者)가 없다고 말할 수는 없지만 그들은 대체로 세속적이고 인간적인 면모를 가진, 동시에 개성적인 인물들이었다. 동일하게 청운지사로서의 역할을 담당하였지만, 도덕사관을 가진 공자와 그렇지 않은 사마천의 목표는 매우 달랐다.

Ⅳ. 『사기: 열전』의 구조와 그 기술방식

1. 『열전』의 체제와 두 가지 역사기술

『열전』 총 70편(권61-130) 중 첫번째 전인 「백이열전」과 마지막 「태사공자서」를 제외하고 68편을 시기적으로 구분해 보면, 춘추시대 인물들의 전이 권62에서 67까지 6편, 전국시대 인물들의 전이 권68에서 84까지 17편, 진대(秦代)와 초한지제 인물들의 전이 권85부터 95까지 11편, 마지막으로 전한기 인물들의 전이 34편이다. 전한기로 구분된 인물들 중 한대 초기에 고위직에 오른 여럿은 이미 초한지제부터 활동하던 인물들인데, 앞부분에 배치된 전들 중 96권에서 100권에서 소개되는 인물들이 그렇다. 게다가 여러 전들이 주제 중심으로 묶여서 한두 명의 인물에 초점을 맞추기보다 여러 인물들을 동시에 다루고 있기도 하다. 마지막 전들인 「귀책열전」(龜策列傳)과 「화식열전」(貨殖列傳)은 인물이 아니라 점복(占卜)과 부(富)의 축적과 같은 주제 중심으로 전이 구성되어 있다. 체제상 춘추전국에서 초한지제까지의 전들이 34편이고 전한기로 구분되는 전들이 또한 34편이다.

　　권86 「자객열전」(刺客列傳)의 논평에서 사마천은 다섯 명의 자객은 "그 의행(義行)을 이루기도 하고 실패하기도 하였지만 뜻을 세움이 뚜렷했고 그 뜻을 추하게 하지도 않았다. [이들의] 이름을 후세에 전하는 것이 어찌 망령된 일이 되겠는가!"고 적고 있다.[36] 또 권124 「유협열전」에서는 민간의 협객들 중 행실과 이름을 닦아서 천하에 이름을 떨친 사람들이 있는데 이들을 존경할 만하다고 하지 않을 수 없고, 유가와 묵가에서는 이들을 배척하고 기록하지 않지만, 자신은 「유협열전」에서 다루어 이들의 이름을 후세에 남기고자 한다는 의도를 표현하고 있다. 이로 보아 『열전』의 기본 의도는 각 시대에 두드러진 혹은 남길만한 가치가 있

36　"此其義或成或不成 然其立意較然 不欺其志 名垂後世 豈妄也哉", 「자객열전」.

는 인물들을 기록하여 후세에 전하는 작업, 즉 '청운지사'로서의 역할을 수행함에 있었다. 사마천이 드러내고 있는 인물들은 대체로 정치외교사에서 중요한 역할을 담당하였지만, 체제상 本紀와 世家에서 다루어질 수 없는 인물들, 각 시대의 뛰어난 장군들, 노자, 한비자, 맹자, 순자와 같은 이름난 학자들, 굴원, 가의, 사마상여와 같이 뛰어난 문학작품을 남긴 이들, 또 자객이나 의협(義俠)처럼 한 시대에 이름을 날린 사람들이 포괄되어 있다. 그 속에는 소위 절의자로 불릴 만한 사람들이 몇 있긴 하지만 그들은 수적으로 많지 않다.

사마천이 인물들을 기록하는 목적은 단지 이들의 개인적 삶을 드러내려 한 것이 아니었다. 오히려 그들을 통하여 그들의 시대의 역사를 드러내려 하였다. 『열전』속에서 개인들의 삶과 행적이 씨줄에 해당한다면 정치외교사는 그 씨줄을 꿰뚫고 이어지는 날줄에 해당한다. 개별 전은 『춘추좌전』이래의 역사기술을 따라 사건들의 묘사와 인물들의 말을 잘 배합하여 하나의 재미있는 스토리를 구성한다. 그 스토리들은 대체로 도덕적 평가 대신 역사의 실제를 사실적으로 드러내는 데에 초점을 두고 있다. 대체로 그 스토리의 마지막에 오는 "태사공왈"에 그의 평가가 들어 있기도 한데, 그의 평들은 '맥락 속에서' 합당하게 이해될 수 있는 내용들일 뿐 역사적 맥락을 넘어선 어떤 특정한 원칙에 근거하고 있지 않다. 권 88「몽념열전」(蒙恬列傳)의 경우 진시황 사후 간신 조고(趙高)에 의해 억울하게 죽은 몽념 장군에 대한 사마천의 평이 들어 있다. 사마천은 그가 전쟁이 막 끝난 상황에서 백성의 궁핍을 구제하고 노인과 고아를 부양해 모든 백성을 안온하게 만드는 일에 힘쓴 대신 시황제의 야심에 영합하여 만리장성을 쌓는 공사를 일으켰다고 적고 있다. 그리고 몽념과 고관이었던 그의 동생 몽의(蒙毅)가 죽임을 당할 이유가 있다면 이 이유 때문이고, 몽념이 스스로 얘기했다고 하는 지맥(地脈)을 끊은 것과는 무관하다고 말한다. 사마천의 몽념에 대한 평가는 선악과 시비의 도덕관에 기초해 있다기보다는 역사적 맥락 속에서 해석될 수 있는, 또 이 세계 내에서 공유되는 하나의 약한 당위론에 기초해 있다.[37] 그것은 천도라기보다는 인도에 가까운 것이다. 요약하면, 청운지사로서 역사에 이름을 남길 만한 인물들의 사적을 기록하는 일과 그 인물들을 통하여 그들의 시대를 있는 그대로 드러내는 작업이 함께 이루어지고 있다.

2. 전국시대에서 초한지제까지의 인물들의 기술

전국시대에서 초한지제까지를 다룬 전들은『열전』전체의 중심적인 전들이라고 부를 만하다. 고대부터 사마천의 당대까지를 통틀어 가장 극적인 역사가 바로 이 시기에 전개되었기 때문이다. 이 시기는 전통의 붕괴가 극심하여 전통적인 천자국과 제후국 사이의 구별이 사라졌으며 열국은 생존을 위해 서로 경쟁하는 가운데 '부강'을 최우선의 가치로 삼고 있었다. 전국시대는 진(秦)나라에서 변법을 시행하여 진이 강국으로 발돋움하게 하는데 기여한 상앙(商鞅)에 대한 전으로 시작하는데, 상앙과 진효공의 만남에 대한 묘사는 이 시대의 특성을 말해주는 재미있는

---

37 사마천이 도덕적 기준에 따라 평가했다면 몽념장군이 아니라 간신 조고와 당시 재상으로서 이를 방조한 이사(李斯)를 비판했어야 할 것이다.

에피소드이다. 현자를 찾고 있던 진효공에게 유세하여 등용되고자 한 상앙은 처음에 전설적인 요순의 치도를 말하여 효공의 관심을 끌고자 하였으나 실패하였다. 두 번째 만남에서는 하나라 우왕, 은나라 탕왕, 주의 문무왕의 치도에 대해 말했으나 역시 효공의 관심을 끌지 못하였다. 상앙의 요청에 의해 이루어진 세 번째 만남에서는 춘추오패의 패도(覇道)를 말하였고 그제야 효공의 관심을 얻을 수 있었다. 효공의 관심사를 알아차린 상앙이 그다음 대면에서 의도적으로 "彊國之術"에 대해 얘기하자 효공이 크게 기뻐하였다는 이야기이다. 이 일화는 전국시대의 특성을 잘 말해준다. 즉 열국 경쟁의 시대에 각국의 군주들은 부강을 중요하게 여겼고 유세가(遊說家)들 혹은 외교전략가들은 나라를 부강하게 만들고 생존할 수 있는 전략을 조언함으로써 입신출세를 도모하였다. 실제로 전국시대를 다룰 때, 사마천은 이들 유세가들을 가장 먼저 다루고 있다. 권68부터 「상군열전」(商君列傳), 「소진열전」(蘇秦列傳), 「장의열전」(張儀列傳), 「저리자감무열전」(樗里子甘茂列傳)이 다루어지고, 뛰어난 진(秦)의 장군들을 기록한 「양후열전」(穰侯列傳)과 「백기왕전열전」(白起王翦列傳)이 뒤를 잇고 있다.

　　이들 유세가들 혹은 종횡가들을 먼저 다룬 것은 상징적인 것으로 그 시대가 외교전략가들의 시대였음을 말해준다. 일례로 진시황을 도와 중국 천하를 통일한 이사(李斯)는 스승 순자(荀子)에게 다음과 같이 말했다고 사마천은 적고 있다: "저는 선생님으로부터 때를 얻으면 놓치지 말라는 가르침을 들었습니다. 지금은 만승의 대국이 싸우는 때입니다. 유세가들이 천하의 정사를 주도하고 있습니다. 오늘날 진나라는 천하를 삼킨 뒤 스스로 왕을 칭하고자 합니다. 지금은 지위나 관직이 없는 선비가 바삐 다녀야 할 때로, 유세가에게는 결정적인 시기에 해당합니다."[38] 사마천이 맹자를 평하면서 그의 사상의 현실적 한계를 지적한 것도 이러한 맥락에서였다. 맹자는 제선왕과 양혜왕에게 유세하여 지위를 얻고자 하였으나 당시 열국의 왕들은 맹자의 말이 지나치게 이상적인 이야기가 많고 실정에 부합지 않는다고 여겨 그를 받아들이지 않았다고 사마천은 적고 있다.[39]

역사기술의 관점에서 전국기의 열전들을 볼 때 두드러지는 점은 다른 시기보다 전략적 사고와 이익의 관점이 강조되어 드러나고 있는 점에 있다. 그것은 소위 '전국칠웅'이 경쟁하던 이 시대의 특성과 관련되어 있다. 열국 간의 영토를 둘러싼 전쟁이 잦았고, 외교전략가들이 각국의 생존전략에 대하여 유세하였으며, 자국의 이익을 위하여 주변국과의 전략적 동맹과 파맹이 혼하였기 때문이다. 전국기 열국 간의 국제관계는 유세가들인 소진(蘇秦)과 장의(張儀)로 대표되는 합종책과 연횡책의 대결로 요약된다. 전국시대 최대의 강국은 서쪽의 진(秦)나라였고 진과 국경을 마주하고 있던 조(趙), 위(魏), 한(韓), 초(楚)나라는 항상 진의 위협에 직면

---

38 "斯聞得時無怠 今萬乘方爭時 遊者主事 今秦王欲吞天下 稱帝而治 此布衣馳騖之時 而遊說者之秋也", 권87「이사열전」.

39 권74「맹자순경열전」. 김병준은 맹자와 순경을 중심으로 해석한 기존 독법과 달리, 「맹자순경열전」의 본문은 자신들의 생각을 굽히지 않았던 공자, 맹자와 달리 구차하게 영합하지 않으면서도 먼저 약간 굽힘으로써 군주에게 자신들의 생각을 관철시킬 수 있었던 추기(騶忌), 추연(騶衍), 순우곤(淳于髡), 순경(荀卿) 등을 대조한 글이라는 것을 뛰어나게 논증하였다. 사마천의 실용적 접근이 드러나는 부분이다(김병준 2021).

해 있었다. 소진의 합종책은 진을 제외한 열국이 연합하여 진을 방어해야 한다는 논리였다. 반면 진나라를 위하여 유세가로 활동하고 있던 장의는 개별 국가들로 하여금 강국인 진과 연대하는 것이 유리하다는 연횡책의 논리로써 합종책을 깨뜨리려 하였다. 각국의 군주들은 합종책의 타당성을 인정하면서도, 진의 직접적인 군사적 위협과 전략적 압박 또 이웃 국가들과의 관계 속에서 계속해서 합종책을 유지할 수는 없었다. 자국의 이익과 전략적 상황 속에서 각국은 대체로 합종책과 연횡책 사이를 왔다 갔다 하였다.

　이들 중 가장 강한 군사력을 가지고 있던 진은 전략상황에서 항상 유리한 고지에 있었다. 권70 「장의열전」에서 잘 드러나듯, 장의는 지극히 현실주의적 전략게임을 각국의 군주들에게 펼쳐 보이면서 생존을 위해 결단하여야 하는 각국의 군주들을 두렵게 하였고 그들로 하여금 진과의 연대를 맺도록 압박하였다.[40] 실제로 진이 당시 중국을 통일할 수 있었던 데에는 백만 대군과 뛰어난 장군들만이 아니라 여러 외교책략가들과 그들이 사용한 전략과 이간계들이 함께 맞물려 작동한 데 있었다. 권81 「염파인상여열전」(廉頗藺相如列傳)에서 잘 드러나듯, 진은 조나라를 무너뜨릴 때 이간계를 써서 조의 왕으로 하여금 군사문제에 대해 전권을 위임받고 있던 자신의 장군들을 불신하게 하였고 이목(李牧)과 같은 뛰어난 장수들을 직위에서 해임하게 하였다. 조왕 천(遷)은 장군 이목과 사마상

40　「소진열전」과 「장의열전」을 분석하며 두 사람의 설득 기술을 연구한 고광민은 두 사람이 각국의 상황을 철저하게 사전 학습하고 군주들의 감정을 격발할 수 있었기 때문에 설득에 성공하였다고 보았다(고광민 2019, 449-472).

(司馬尙)이 반란을 꾀한다는 진의 이간계에 속았고 국가의 멸망보다 자신의 왕권을 지키는 데 관심을 둠으로써 결국 멸망에 이르고 말았다. 실제로 이 시대 인물들의 행위 동기는 도의나 대의보다 개인의 이익에 기반하고 있었고 이익의 논리가 역사를 끌고 가는 주요한 동력으로 작용하였다. 권73 「백기왕전열전」에서 잘 드러나듯이, 진(秦)의 책사이자 승상인 범수는 백기장군이 공을 더 세워 자신보다 높은 지위에 오르는 것을 막기 위해 군사를 되돌리게 하였고, 왕전장군은 진의 60만 대군을 이끌고 초나라를 치러 떠나면서 자신과 일족의 안전을 위해 일부러 하찮은 전답과 저택을 요구하여 진시황의 의심을 없애는 전략을 구사하였다.

이익의 논리의 지배는 진나라의 운명 역시 결정하였다. 권87 「이사열전」(李斯列傳)과 뒤이은 「몽념열전」에서 사마천은 왜 진이 진시황 사후 4년 만에 붕괴에 이르게 되었는지를 잘 설명하고 있는데, 그 원인은 간신 조고가 펼친 이익의 논리와 2대왕인 암군 호해(胡亥) 때문이었다. 진시황 급사 후 조고는 먼저 재상 이사를 이익의 논리로 설득하여 자신이 보필해 온 어린 호해를 왕으로 세웠고 또 호해를 간악한 논리와 전략으로 설득하여 진의 정치를 장악하였다. 이익과 전략의 논리가 진나라 통치자들의 사고를 지배하고 있었던 바탕 위에서, 간교한 신하 조고가 어린 왕 호해를 통제하자 진나라는 급속하게 멸망의 길을 걷고 말았다. 본래 이익의 논리에 기반한 법치와 술치로 일어섰던 진나라는 같은 논리로 내부로부터 스스로 붕괴하였다. 법치 속에 존재하던 질서와 엄정함이 무너지자 진은 더 이상 지속되지 못하였다.[41] 권89 「장이진여열전」(張耳陳餘列傳)부터 시작되는 소위 초한지제는 도의라고는 찾아보기 어려운 전쟁 상황과 전쟁 후 반역의 기미를 보인 장군들에 대한 소위 토사구팽으로 평가되는 사건들의 기술이 거의 전부를 차지한다.

이 시대의 역사가 '이익'의 논리 위에서 만들어진 것을 사마천은 잘 인식하고 있었다. 권74「맹자순경열전」에서 사마천은 "태사공왈"을 서두에 두면서 『맹자』를 읽을 때 양혜왕이 맹자에게 "何以利吾國"이라고 묻는 장면을 대할 때마다 한탄하였다고 적고 있다. 이어서 "이익이야말로 실로 혼란의 시작이다. 공자가 이익을 입에 올리지 않은 것은 혼란의 근원을 막으려는 취지였다"고 하며, 『논어』「리인」편에서 "이익을 좇아 행동하면 원망이 많다"고 하였는데, 천자로부터 서민에 이르기까지 이익을 좋아하는 병폐가 어찌 다르겠는가 하고 한탄하고 있다.[42] 명백히 전국기의 맥락에서 그는 이익의 논리가 낳는 문제를 인정하였다. 하지만 사마천이 이익(利) 그 자체를 전적으로 잘못된 것으로 본 것은 아니다. 권129「화식열전」에서는 삼대 이래 사람들이 욕망을 채우는 것에 몰두하면서 이익추구 성향은 사람들의 본성이 되었다고 이해하고 있었다. 또 「예서」(禮書)에서는 禮로써 이욕을 적절하게 조절하는 것이 필요하다는 견해를 제시하고 있다.[43] 이 세 편은 다른 관점에서 利를 다르게 조명하고 있는

---

41 진의 멸망을 公(public)의 논리만을 강조하는 法治에서 찾고 그에 대한 교훈으로서 한나라는 共(common), 혹은 禮를 더하여 外禮內法의 통치원리를 채택하였다는 홍미로운 견해는 장현근(2010)을 참고.

42 "余讀孟子書 至梁惠王問 何以利吾國 未嘗不廢書而歎也 曰 嗟乎 利誠亂之始也 夫子 罕言利者 常防其原也 故曰 放於利而行 多怨 自天子至於庶人 好利之弊何以異哉", 권74「맹자순경열전」.

43 반고의 기록 이래「禮書」는 사마천의 글이 아닌 '僞書'로 분류되기도 한다. 하지만 루안즈성과 같은 학자는 그렇게 볼 수 없다는 입장이다. 阮芝生(1985, 35-49)의 "附論 二: 再論 〈禮〉 〈樂〉 二書之眞僞" 참고.

데 서로 모순된다고 볼 수 없다.[44] 역사가로서 사마천은 다양한 맥락 속에서 다르게 드러나는 역사의 복합적 작용을 이해하고 있었다.[45]

3. 전한기 인물들의 기술

사마천은 한무제(武帝, B.C. 156-87) 시기를 살았다. 한고조 사후 혜제(惠帝) 때 왕실 내에서는 여태후(呂太后)에 의한 전횡이 있었고, 문제(文帝)의 성세에 뒤이은 경제(景帝) 때에는 제후국들의 영토를 삭감하면서 그에 대한 반발로 소위 '오초칠국(吳楚七國)의 난'이 있었으며, 무제 시기에는 진나라가 복속시켰던 주변 이민족들의 땅을 무력으로 회복하고 북쪽

---

44 필자는『史記: 書』의「평준서」(平準書)와「화식열전」의 관계도 이 맥락에서 이해될 수 있다고 본다.「평준서」는 무제기 한나라의 재정상황과 그 정책들의 역사를 사실적으로 기록하고 있는 반면,「화식열전」은 '富'를 추구하는 인간의 본성과 큰 부를 쌓은 "소봉(素封)"들과 그들이 사용한 방법 등을 소개하고 있다. 두 편에는 모순적인 것처럼 보이는 구절들이 보이나, 필자가 보기에 전자에서는 있는 그대로의 사실을 기록하였고, 후자에서는 인간의 본성과 부의 의미에 대해 자신의 생각을 솔직히 표출하였다. 두 편은 부를 기술하는 다른 관점을 취하고 있다.

45 기존 연구들 중『사기』를 유학의 전통 속에서 해석하려는 학자들에게서 일원적 해석 경향이 두드러지는데, 루안즈성의 경우가 그렇다. 그는「화식열전」을 무제기 세속의 부를 좇는 풍속을 비판하려는 목적으로 지어진 하나의 '謗書'로 보고 있다. 또「예서」를 인용하며 사마천이 강조한 것은 예의였고 예로 지나친 이욕을 막는데 그의 진정한 의도가 있다고 보고 있다. 그의 이 도덕주의적 해석은「화식전」의 텍스트를 벗어난 것으로 그 전의 내용으로는 지지되기 어렵다. 그는 사마천의 '복합적' 역사기술을 이해하는 데 실패한 듯 보인다(阮芝生 1985).

변경을 자주 약탈하는 흉노족과의 전쟁이 계속되었다. 전한기는 사마천 자신의 시대였고, 그의 부친 사마담에 이어 '太史'로 봉직한 시기라 이 기간의 열전들은 보다 상세하고 종종 인물들의 성향과 특징에 대한 직접적인 평까지 담고 있다.

이 시기 열전들은 먼저 한고조와 문제 시기 고위 관리를 지낸 인물들 중 국가에 공로가 있거나 기록할 만한 가치가 있는 인물들을 다루는 부분(권96-105)과 경제와 무제 시기 국내의 반란과 주변 이민족과의 전쟁을 다루는 부분(권106-118), 그리고 순리(循吏)와 혹리(酷吏), 유림(儒林)과 유협(遊俠), 영행(佞幸), 골계(滑稽) 등 다양한 주제로 묶여진 전들을 다루는 부분(권119-129)으로 크게 구분된다. 각 인물들의 전은 시기별, 맥락별로 배치되어 있다. 대체로 전들은 유사한 인물들을 묶어서 다루는 경우가 많은데 이 시기의 전들도 「한장유열전」(韓長孺列傳, 권108)과 「사마상여열전」(司馬相如列傳, 권117)을 제외하고 모두 두세 명 혹은 여러 인물들을 함께 묶어서 다루고 있다. 이 시대의 인물들 중 상당수는 이전 시대의 인물들에 비해 역사적 중요성 면에서 떨어지고 그들의 삶과 행적도 다소 밋밋한 면이 있다. 그럼에도 이 시기 인물들의 전 속에는 각 인물들의 개성이 잘 드러나 있고 역사 속 인간의 장단점을 함께 주목하는 사마천의 관점도 잘 나타나 있다.

전한기의 수많은 인물들 중 사마천이 『열전』에서 기록하고 있는 인물들은 유경(劉敬), 숙손통(叔孫通)과 같이 한고조기에 좋은 제안을 하여 국가를 안정시키는 데 기여한 경우, 난포(欒布)와 같이 의리를 위해 목숨을 두려워하지 않은 기개를 높이 산 경우, 장석지(張釋之), 풍당(馮唐)과 같이 문제기에 직언을 하여 군주를 잘 계도한 경우, 위청(衛靑), 곽거병(霍去

病)과 같이 흉노와의 전쟁에서 큰 공을 세운 장군들, 장건(張騫)과 같이 흉노의 영토를 넘어 중앙아시아 투르크 민족들과의 교류를 개척한 인물 등이 있다. 하지만 이 시기 인물들의 주류는 당시 한왕실의 관리로서 활약한 이들에 대한 기술이다. 사마천이 기록으로 남기고 있는 관리들은「혹리열전」속의 여러 인물들을 빼고는 대체로 선인(善人)들이었다. 그들은 관리로서 대체로 충직하고 청렴한 인물들이었다는 공통점이 있지만 각자의 개성을 가지고 있었다. 한고조기의 주창(周昌)이나 문제, 경제기의 원앙(袁盎)과 조조(鼂錯), 무제기의 급암(汲黯)과 같은 인물은 강직하고 두려움 없이 직언을 한 점에서 공통적이나 개인적 성향과 서로 다른 역사적 상황 속에서 각자의 개성을 보였다. 권101「만석장숙열전」(萬石張叔列傳)과 뒤이은「전숙열전」(田叔列傳)에서 소개되는 인물들은 모두 충후하고 공경하며 신중한 처신으로 이름을 날린 경우이다. 고조기의 숙손통과 경제와 무제기의 한안국(韓安國)은 기지와 재치를 가졌던 관리들이었다.

사마천은 이들이 동시에 한계와 단점도 가졌음을 지적한다. 고조기에 한나라의 유교적 의례들을 정비하여 한나라의 유종(儒宗)이 된 숙손통은 상황에 따라 아첨도 하였고 처음에 항우를 섬기다가 유방을 섬겨서 비난을 받기도 하였다. 문제, 경제기에 간언을 잘한 원앙과 조조는 자신들의 역할에서 최선을 다했지만, 다른 사람들을 깎아내리는 듯한 간언을 하였고 그 때문에 천수를 누리지 못하였다. 반면, 문제기의 장석지와 풍당은 역시 직언을 자주 하였지만 동시에 신중한 점에서 차이가 있었다. 자신과 네 자식의 봉록이 총 만석에 달하여 "萬石君"으로 불린 석분(石奮) 집안에서 승상까지 오른 석경(石慶)이나 경제 때의 승상이었던 위관(衛綰)은 모두 충후하고 신중한 처신으로 유명하였지만, 백성을 위한 원대한 계책은 없었던 인물들로 사마천은 평하고 있다. 나아가 사마천이 관직생활을 한 무제기에 고관이었던 인물인 한안국과 공손홍, 급암, 장탕(張湯) 등에 대해서는 사마천 자신이 본문 속에서 그들의 인물됨에 대해 직접적인 평가를 내리고 있기도 하다. 유학의 박사로 뒤늦게 관직에 들어와 최고직인 승상에까지 오른 공손홍에 대해 사마천은 그가 겸손하고 청렴하며 업무에 두각을 나타내어 한무제의 총애를 입었지만, 남을 의심하고 시기했으며, 겉으로는 관대한 척했으나 속마음은 알 수 없었던 인물이라고 평하면서 자신과 틈이 있는 자에 대해서는 겉으로는 사이가 좋은 것처럼 꾸몄지만, 뒤로는 은밀히 설욕하고자 했다고 적고 있다. 고관인 주보언(主父偃)을 죽이고 동중서(董仲舒)를 교서(膠西)로 쫓아낸 것은 그의 힘이 작용한 결과라고 기록하고 있다.

　대체로 사마천이 전한기 관리들에 대한 전들에서 의도한 것은 이들의 면면을 있는 그대로 드러내는 것이었다. 그들은 대체로 충직한 관리들로서 악한 면보다 선한 면이 더 많은 인물들이었지만 각각의 시대적 상황 속에서 한계와 단점도 가진 이들이었다. 강직한 이들은 그들의 강직함이 낳은 문제가 있었고, 온화하고 충후한 인물들은 그들 나름대로 한계를 가지고 있었다. 상당수는 교묘한 방식으로 군주에게 아첨하고 능란하게 처신하여 입신출세를 도모하였다. 자신들의 인간적 성향과 그 시대 상황들의 중층 속에서 일부는 성공적으로 관직생활을 마치기도 하고, 일부는 특정 사건에 잘못 연루되거나 정적들에 의해 불행하게 생을 마감하기도 하였다. 있는 그대로를 드러내는 사마천의 기술방식 속에서 역사적 인물들은 어떠한 신화적 외피도 내벗겨지고 있다. 한고조 유방에 대한 묘사가 그렇듯이 그들은 선한 면과 악한 면, 뛰어난 점과 추한 점을 모두 가지고 있는 매우 인간적인 따라서 평범한 사람들이었다. 사마천이 그리고 있는 바의 역사는 위대한 인물들이 만들어 가는 것이 아니었고 국가는 체계적인 통치철학 위에서 운영되는 것도 아니었다. 대부분의 통치자들은 변덕스러운 자들이었고 역사의 상당 부분은 우연성이 지배하였다. 각 시대는 그 시대의 조건들에서 부여되는 과제들이 있었고, 여러 대안들이 경쟁하였으며, 문제를 해결하는 데에는 합리적인 판단뿐 아니라 비합리적인 판단들이 함께 작용하는 것으로 사마천은 그리고 있다.

V. 사마천의 통치관

사마천의 실제 드러내기로서의 역사 기술방식은 그가 과거와 당대를 바라보는 역사관이기도 하다. 이 사관은 그의 통치에 대한 이해에도 침투되어 있다. 『열전』중 그의 통치관이 비교적 명시적으로 드러난 부분은 사실상 마지막 전인 「화식열전」(권129) 앞부분의 "태사공왈"에 있는 내용이다. 과거의 일보다 오히려 인간의 본성을 다루며, 부의 의미, 나아가 거부를 이룬 사례들을 기술하고 있는 이 전은 「백이열전」과 마찬가지로 논란을 일으키는 전이며『열전』의 결론이라고 부를 수 있는 전이나.[46]

---

46 「백이열전」과 「화식열전」은 다른 주제를 다루나 있는 그대로를 드러내고자 하는 점에서 동일한 메시지를 전달한다. 이 점에서 두 전은『열전』의 서론, 결론과 같다고 생

사마천은 노자 『도덕경』 80장 속의 "至治之極"을 인용하며, 옛날에는 이웃나라가 서로 마주 보고 닭과 개 짖는 소리가 들리는 상황에서도 백성들은 각자 자신의 음식을 달게 먹고, 자기 나라 옷을 편히 여기고, 자신의 업을 즐기고, 늙어 죽을 때까지 서로 왕래하지 않았다는 말로 전을 시작한다. 이어서 근세를 끌어당겨 옛날로 돌아가기 위해 백성의 이목(耳目)을 과거로 덧칠하고자 하여도 거의 실행하기 어려울 것이라고 쓰고 있다. 이 구절 속에서 우리는 과거의 통치를 이상화하는 중국 지식인들의 유구한 경향을 사마천 역시 가지고 있음을 볼 수 있지만, 동시에 과거로 돌아갈 수 없는 현실의 조건을 그가 인식하고 있음을 엿볼 수 있다. 뒤이은 "태사공왈"에서 그는 『시경』, 『서경』에 보이는 요순과 하나라 이후의 상황을 열거하며, 사람들은 눈과 귀로는 아름다운 소리나 좋은 모습을 추구하고, 입은 여러 고기의 맛을 보려 하고, 몸은 편하고 즐거운 것을 좋아하고, 마음은 재주와 유능함을 자랑하고자 한다고 말한다. 이런 풍속이 백성들에게 파고들어 오래된 상황에서 이들을 어떻게 다스려야 하는가? 이에 대한 해답 속에서 우리는 사마천의 통치관을 엿볼 수 있다.

사마천에 의하면 최상은 백성이 좋아하는 바를 따르는 것(善者因之)이고, 다음은 백성을 이롭게 하여 이끄는 것(其次利道之)이며, 그다음은 가르쳐 깨우치게 하는 것(其次教誨之), 다음이 바로잡아서 가지런히 하는 것(其次整齊之)이고, 최하가 백성과 더불어 다투는 것(最下者與之爭)이다.

각한다. 이성규와 이승수는 두 전의 메시지가 '도덕과 물질', '義와 利'로 상반되고 그 사이에 있는 전들은 양자의 다양한 변주라고 본다. 필자와는 다른 견해이다(이성규 2007, 84; 이승수 2014, 86-87).

『사기』번역가 신동준 선생에 따르면, 위 문장은 당시 중국의 사상들에 대한 사마천 자신의 선호와 평가를 나타내고 있다. 그 관점에 따르면, 사마천에게 최선의 통치관은 도가사상이고, 그다음이 상가, 그리고 유가와 법가가 뒤를 잇는다(사마천 2015, 945-946).[47] 당시의 역사적 맥락 속에서 보면, 중국사에서 가장 잘 다스려진 시기 중 하나로 꼽히는 한대 초의 소위 '文景之治'는 도가사상(혹은 "黃老思想")의 유행 속에 경제적으로 자유방임적 정책이 취해진 시기였다. 사마천이 도가와 상가적 방법을 최선의 통치관으로 치는 것은 이 정책들로 인하여 무제기 초기의 풍요함이 나온 것으로 이해하였기 때문으로 추측할 수 있다. 나아가 최하인 "백성과 더불어 다투는 것"은 무제기에 연이은 전쟁으로 국가 재정이 점점 말라가면서 재정 확충을 위해「평준서」에 나오는 대로 소위 "興利之臣"을 이용하고 사회적 불안정을 酷吏를 통하여 다스린 당시의 상황을 비유한 것으로 보는 것이 정당하다.

문제는 사마천의 도가적 통치관 긍정이 당시 무제기의 경제정책에 대한 비판으로서만 제기된 것이 아니고『사기』의 여러 곳에서 드러나고 있다는 점이다. 예를 들어,「여태후본기」(呂太后本紀)에서 사마천은 고조 사후 여태후가 실권을 가졌을 당시 한왕실 내에서의 모략과 사건들을 사실적으로 묘사하고 있지만, "태사공왈"에서는 이 당시 군신 모두 휴식을 취하고자 하여 무위지치를 행하였고, 그 결과 천하는 평안하여 형벌이 드물었고, 죄수도 희귀했으며, 백성은 농사일에 힘써서 의식이 날로 풍

---

47 천통성은 이 구절을 유가적으로 해석하여 공자의 '富民而敎' 사상의 표현으로 보고 있다. 필자는 신동준의 견해가 더 적절하다고 본다(陳桐生 2004, 441-442).

2장『史記: 列傳』을 통해 본 사마천의 역사기술의 특징 | 87

족해졌다고 우호적으로 평가하고 있다. 「효문본기」(孝文本紀)에서는 문제 (文帝)의 겸양(謙讓)의 정치와 그로 인한 성세(盛世)를 묘사하는데, 그 배후 에 있는 사상적 기조는 무위지치와 인정(仁政)이었다. 중국학자 리장즈 가 지적하듯이 무제기에 들어와 유학이 통치이념으로 대두하기 전까지 한나라의 통치는 대체로 도가적인 무위지치에 기반하고 있었다(李長之 1983, 8-10). 도가적 통치관은 개별 인물들에 대한 편에서도 옹호되고 있 는데, 「조상국세가」(曹相國世家)에서 공신이면서 소하(蕭何) 이후 상국의 자리에 오른 조참(曹參)이 황로사상에 기대어 무위지치로 잘 다스린 점을 강조하거나, 「급정열전」에서 급암을 평하며 그가 황로학을 받아들여 큰 원칙만 다스리면서도 담당한 지방을 잘 다스렸고 일을 적게 만들려고 노 력한 점을 긍정적으로 평가한 데에서 드러난다.

리장즈나 이인호, 김원중과 같은 연구자들도 사마천의 사상이 도 가사상에 기초해 있음을 지적하였다(김원중 2021, 5장; 이인호 1996; 李長之 1983, 7장). 이들의 연구의 문제는 사마천의 도가적 성향의 기원에 대해 언급하지 않거나, 「태사공자서」 속의 사마담의 소위 '六家之要指'에 나오 는 도가에의 경도가 사마천에게 전승된 것으로 보는 데 그치고 있다는 점이다. 후자의 해석의 문제는 사마천이 유학자인 동중서에게 배운 점 과의 관계를 명확히 하고 있지 않고, 동시에 뛰어난 역사가인 사마천의 사상이 단순히 부친에게서 전승된 것이라고 보는 관점의 허술함이다. 필자는 이 문제는 『사기』 전체에서 사마천이 드러내고 있는 역사관과 관 련하여 논증되어야 한다고 본다.

사마천의 사상에 관한 한, 그의 도가적 경도는 인정할 수 있을지라도 그가 과연 유가를 전적으로 배척하고 도가를 옹호하였는가는 진지한 토론이 필요한 문제이다. 「공자세가」를 보면 사마천이 명백히 공자를 존중하고 있음을 엿볼 수 있다. "태사공왈"에서 "나는 공자의 저술을 읽어보고 그 사람됨을 상상할 수 있었다"고 하고 노나라의 공자 묘당을 방문하였을 때 "공경하는 마음이 일어나 [발걸음을] 돌이키고 머뭇거리며 떠날 수가 없었다"고 고백하고 있다.[48] 한 학자로서 공자가 『열전』이 아닌 『세가』에 편입된 것은 그의 지적 영향력을 인정하는 것이며, 그의 제자들을 소개하는 「중니제자열전」이 있고, 전한 초기 오경(五經)의 박사들과 학문의 사승관계를 상세하게 설명하는 「유림열전」도 별도로 마련되어 있다. 필자가 보기에 사마천의 유가에 대한 비판은 그 사상의 특정한 측면들이었다. 예를 들어, 「공자세가」에는 춘추시대 공자와 동시대 인물인 안영(晏嬰)이 제경공(景公)에게 유자(儒者)들의 단점을 말하는 장면이 있는데, 유자는 말재간이 있고 융통성을 잘 부려 법으로 규제할 수 없고, 아랫사람으로 두기도 어려우며, 상례를 중시해 슬픔을 다한다며 큰 장례를 치르고, 유세를 다니며 관직이나 후한 녹을 바라며, 의례절차를 번거롭게 하고 세세한 행동규범을 강조하는데 이는 평생을 다 해도 터득할 수 없는 것이라고 평하고 있다. 따라서 공자를 채용하여 제나라의 풍속을 바꾸는 것은 좋은 방법이 아니라고 조언한다. 제나라의 존경받는 재상 안영의 말은 사실 사마천 자신의 유자들에 대한 평이었다. 「유협열전」에서 사마천은 유자와 유협(游俠)을 비교하며 유자들의 허위의 도덕관을 은근하게 조롱한다. 백이숙제가 수양산에서 굶어 죽었음에도 주무왕은 보위

---

48 "余讀孔氏書 想見其爲人 適魯 觀仲尼廟堂車服禮器 諸生以時習禮其家 余祇廻留之 不能去云", 권47 「공자세가」.

에서 물러나지 않았고 성인으로 추앙받는데, 이것은 흉포한 도적들인 도척과 장교를 그 일당이 칭송하는 것과 다름이 없고, 학문에 얽매이거나 짧은 의리에 사로잡혀 세상을 등지고 사는 것이 세상의 흐름을 좇아 영예를 추구하는 속인들보다 나을 수 있지만, 입은 은혜는 반드시 갚고, 의리로 목숨을 던지며, 세상을 돌아보지 않는 유협보다는 못하다고 사마천은 은근히 냉소를 표하고 있다. 필자가 보기에 사마천의 유가 비판은 대체로 그 사상의 비현실성과 비실제성에 있다. 그리고 이것은 사태를 있는 그대로 보려고 하는 사마천의 역사관에서 비롯된다. 사마천이 맹자를 비평한 맥락도 대략 유사한 이유였다.

사마천이 도가적이라고 할 때, 그것은 신선술이나 양생술이 아니라 도가적 통치관을 말한다. 「화식열전」에서는 백성들이 "자신의 일에 힘을 쓰고 각자의 일을 즐거워하면 이는 마치 물이 낮은 곳으로 흐르는 것과 같아 밤낮으로 멈추는 때가 없으며, 부르지 않아도 스스로 몰려들고 억지로 구하지 않아도 백성들은 스스로 물품을 만들어 내기 마련이다"고 적고 있다. 그리고 "이것이 어찌 도에 부합되어 저절로 그리되는 징험이 아니겠는가?"고 묻는다.[49] 그에 의하면 제나라가 춘추시대 최초의 패자가 된 이유, 월나라 구천(句踐)이 존망에 처했다가 오나라를 무찌르고 춘추오패에 이름을 올릴 수 있었던 이유는 도가적이고 상가적인 경제정책을 썼기 때문이다. 도가적이고 상가적인 방식은 백성의 이익 추구를 긍정하고 정부가 인위적으로 개입하고 통제하는 대신 시장의 논리로 물자

---

49 "各勸其業 樂其事 若水之趨下 日夜無休時 不召而自來 不求而民出之 豈非道之所符而自然之驗邪",「화식열전」.

의 수급이 이루어지도록 하는 것이다. 같은 맥락에서, 진나라의 혹정에서 벗어난 후 한나라의 상국이었던 조참은 백성들에게 휴식을 주고 무위지치를 행하였는데, 이에 대해 "천하 사람들이 함께 그 미덕을 칭찬하였다(天下俱稱其美矣)"고 사마천은 썼다. 무제기의 급암 역시 "통치에 있어서는 무위에 힘썼고 대체를 넓히고 법조문에 구애받지 않은" 방식으로 잘 다스렸다고 평했다.[50] 사마천의 도가적 통치관 옹호는 따라서 어떤 특정한 이념에 기댄 것이라기보다는, 그가 살던 시대에서 보고 경험한 역사적 실제를 반영하고 있다고 볼 수 있다. 역사가로서 사마천은 당위적 측면보다 현실적이고, 실용적이며, 실제적인 측면을 보기를 선호하였다. 「유협열전」에서 유덕자(有德者)는 이익(利)을 누리게 해주는 자가 유덕자라고 말한 것처럼, 좋은 통치는 백성들에게 편안함과 이익을 주는 것이다. 백성들은 관습을 따르고 이익을 좇아 행위하기 마련이다. 이 관습을 무너뜨리지 않고 이익추구를 보장하여 그들의 삶을 유지시키는 것이 통치의 대체라 할 수 있다. 사마천이 보기에 유가와 법가의 '有爲'의 통치관보다 도가의 '無爲之治'가 우월한 것은 그 실제적 효과 때문이다. 역사의 실제를 중시하는 사마천의 역사관이 그의 통치관에 영향을 미치고 있다고 해석할 수 있는 이유이다.

---

50 "治務在無爲而已 弘大體 不拘文法", 권120「급정열전」.

VI. 결론

사마천의『사기』가 위대한 역사서로 평가되는 이유는 여러 가지이다. 중국사의 기원부터 자신의 시대까지를 다룬 거대한 스케일, 왕가, 제후가, 그리고 개별 인물들을 분리하여 기술하며 동시에 다양한 역사서술의 방식을 동원하여 기술하고 있는 점, 또 치국의 토대가 되는 문물제도들의 정리, 나아가 사마천의 역사가로서의 공정한 평가와 뛰어난 글쓰기 등을 들 수 있다. 이 글에서 필자가 강조하고자 한 것은 사마천의 역사기술의 한 측면, 즉 그의 역사기술이 중국사에서 최초의 주요한 사관인 도덕사관을 벗어나 있는 그대로의 역사를 드러내려 하였다는 점이다. 이미「백이열전」에서부터 사마천은 유학의 도덕사관에 의문을 던지고 역사의 실제를 드러내려고 하였다. 특히『열전』의 주요한 시기인 전국기와 진나라의 통일 및 초한지제를 다룰 때 그는 사람들이 이익과 욕망을 따르고 그를 위해 전략적으로 사고하고 행위를 한다는 점을 강조하였으며, 전한기 인물들의 기술에서는 그들의 장점과 단점을 그대로 기술하여 어떠한 신화적 요소도 제거하고 있다.

『사기』가 이천년이 넘는 시간 동안 역사서로서의 생생함을 잃지 않고 여전히 많이 읽히는 까닭은 특정한 이념이나 원칙에 따라 기술되지 않았기 때문일 수 있다. 그의 역사적 실제를 강조하는 역사기술 방식은 사마천 자신의 창조물이라고는 말하기 어렵다. 하지만 그는 그에 앞서 시도된 역사기술 방식들 중에서 취사선택할 자유를 가졌고, 역사의 실제를 강조하는 기술방식을 택한 것은 우연한 것이라고 말할 수 없다. 사마천의 개인사와 관련하여 볼 때, 역사를 있는 그대로 드러내는 방식은 그의 부친과 그 자신이 겪은 고난에 대한 복수의 성격이 짙다.[51] 자신이 받은 부당한 고통에 대해 영원히 복수하는 길은 관련된 인물들과 사건들을 오직 사실에 기초하여 드러냄으로써 만대 후까지도 생생히 살아있게 하는 것이다. 한고조부터 무제까지 전한기 왕들의 인물됨과 정책들을 여실히 기술하여 그 문제들과 실정(失政)을 드러낸 것은 이 맥락에서 해석될 수 있다.

하지만 『사기』는 이 관점에서만 해석될 수 없다. 사마천은 역사 그 자체의 의미에 대해 하나의 견해를 가지고 있었던 것 같다. 과거의 역사가들처럼 그도 역사를 통하여 교훈을 주고자 하였다. 하지만 그 교훈은 도덕적인 가르침으로 환원될 수 없는 것이었다. 사마천은 수많은 인물들의 개별적 삶을 조명함으로써 유사하면서도 서로 다른 인간사의 사례들을 드러내고자 하였다. 그들의 개별적 삶의 역사는 각자의 고유한 목소리를 내고 있다. 각각의 시대적 맥락과 개별적 삶의 조건들하에서 그들은 각자의 개성을 보여주었다. 그들의 삶 속에는 성쇠와 부침, 행운과 불운, 위대한 요소와 비극적 요소가 들어 있다. 그들의 삶에서 보여지는 인간사의 진실은 역사란 하나의 결론과 이념으로 환원되기 어렵다는 것이다. 그것은 마치 사마천이 한고조 유방을 그릴 때, 하늘이 내린 인물처럼 신비스러운 측면을 그리기도 하고, 수많은 인재들을 포용하는 통치력을 드러내면서도, 그의 인간적인 면들을 보여주기도 하고, 심지어 위기

---

51   한무제가 사마담을 노리개로 대하고 악사와 광대처럼 취급하였다는 내용이 『한서』 「사마천전」에 있다.

상황에서 자신의 자식들마저 해치는 잔인함을 묘사하는 것과 같다. 인간의 삶은 시대적 조건과 상황들이 끌고 가는 것이면서도 어떤 인물들의 경우는 그들의 의지와 결단이 삶의 과정을 결정하기도 하였다. 수많은 인물들의 삶의 단면들을 보여주며 사마천은 결론을 내리기를 꺼려하였다. 평가를 자제한 대신 그는 인물들의 에피소드와 일화 등을 그대로 보여주는 방식의 글쓰기를 하였다. 역사 속의 인간은 선악으로 구분되기도 어렵고 궁극적으로 역사에 선이 작용하는 것도 아니었기 때문이다. 사마천이 취할 수 있는 최선의 역사기술 방식은 따라서 역사를 가능한 한 그 맥락 속에서 사실적으로 기술하여 인물들과 그들이 관여한 사건들이 다양하게 해석되는 여지를 남겨두는 것이었다. 리와이이가 말한 '호견법'이나 복수의 말하기 방식은 사마천의 역사이해와 맞물려 있었다. 다양하게 해석될 여지를 남겨 둔 점에서 사마천의 역사기술은 동시에 문학적이었다.

다른 역사기술 방식을 취함으로써 사마천은 공자의 『춘추』와 다른 버전의 역사를 창작하였다. 「태사공자서」에서 상대부 호수에게 자신의 저작은 새 역사를 창작하려는 것이 아니라고 한 말은 이 점에서 자신의 의도를 숨길 필요에서 나온 신중함의 표현이라고 보아야 할 것이다. 사마천은 자신이 공자와 다른 역사기술로써 일가(一家)를 이루었다는 점을 의식하고 있었다. 「자서」에서 공자 이후 오백 년이 지난 시점에서 또 한 명의 위대한 인물이 나올 것이라는 부친의 말을 인용한 것은 『사기』에 대한 자신의 자부심을 은밀히 드러내는 언급일 수 있다. 리장즈가 표현한 대로, 그는 "제2의 공자(第二個孔子)"가 되라는 부친의 유언을 충실히 이행하였다. 그리고 그것은 공자를 계승하는 방식이 아니라, 새로운 길을 만드는 방식을 통해서였다.

참고문헌

『國語』

『論語』

『史記』

『書經』

『戰國策』

『春秋穀梁傳』

『春秋公羊傳』

『春秋左傳』

『漢書』

고광민. 2019. "『史記』〈蘇秦·張儀列傳〉으로 본 蘇秦·張儀의 설득방법 初探."『중국어문학논집』118호, 449-472.

김병준. 2021. "사마천은 왜 책을 덮었을까?: 사기 권74 맹자순경열전의 서사 분석."『동아문화』59집, 67-116.

김원중. 2021.『사기란 무엇인가』. 서울: 민음사.

김충열. 2022. "『書經』의 통치관 속의 균형: 德 개념을 중심으로."『정치사상연구』28집 1호, 9-34.

박성진. 2018. "해설."『춘추공양전』, 743-765. 서울: 커뮤니케이션북스.

사마천 저·신동준 역. 2015.『완역 사기 열전 2』. 서울: 위즈덤하우스.

이성규. 1984. "사기 역사서술의 특성."『외국문학』3호, 137-164.

이성규. 2007. "사기 해설:『사기』의 구조적 이해를 위한 시론." 이성규 편.『(수정 판) 사마천 사기: 중국 고대사회의 형성』, 3-110. 서울: 서울대학교 출판 부.

이승수. 2014. "공자에 대한 사마천의 의문과 반어적 확신:「伯夷列傳」의 讀法

散論."『한문교육연구』42호, 67-92.

이인호. 1996. "司馬遷의 黃老思想."『도교학연구』14집, 1-29.

이인호. 2003. "文史哲論《史記伯夷列傳》."『중국어문논총』24집, 107-123.

이주량. 2012. "사마천『사기』의 필법: 논찬에 의한 포폄의 확정(史遷筆法 : 定褒貶于論贊)."『인문학연구』42집, 185-210.

이희목. 2007. "李建昌의「伯夷列傳批評」評釋."『대동문화연구』60집, 271-293.

장현근. 2010. "公(public)·共(common) 개념과 秦·漢정부의 재발견: 禮·法의 분화와 결합."『정치사상연구』16집 1호, 31-55.

한국학문헌연구소. 1978. "伯夷列傳批評."『李建昌全集 下』, 769-778. 서울: 아세아문화사.

Crump, James. 1979. *Chan-kuo Ts'e* (Revised ed.). San Francisco: Chinese Materials Center.

Durrant, Stephen W. 1995. *The Cloudy Mirror: Tension and Conflict in the Writings of Sima Qian*. Albany, N.Y.: State University of New York.

Hardy, Grant. 1994. "Can an Ancient Chinese Historian Contribute to Modern Western Theory? The Multiple Narratives of Ssu-ma Ch'ien." *History and Theory* 33(1): 20-38.

Klein, Esther S. 2018. *Reading Sima Qian from Han to Song: The Father of History in Pre-Modern China*. Leiden: Brill.

Li, Wai-Yee. 1994. "The Idea of Authority in the Shih Chi (Records of the Historian)." *Harvard Journal of Asiatic Studies* 54(2): 345-405.

Nylan, Michael. 1998-99. "Sima Qian: A True Historian?." *Early China* 23/24: 203-246.

Strauss, Leo. 1952. "Persecution and the Art of Writing." In *Persecution and the Art of Writing*, 22-37. Chicago: University of Chicago Press.

Watson, Burton. 1958. *Ssu-Ma Ch'ien, Grand Historian of China*. New York: Columbia University Press.

高津純也(다카쓰 준야). 2007. "尙書 諸篇の成立における一考察: 戰国諸国における同時並行的な成書について." 『史学雑誌』 116(11): 1729-1763.

藤田勝久(후지타 카쓰히사). 2001. 『司馬遷とその時代』. 東京: 東京大學出版会.

高國抗(가오구어캉) 저·오상훈·이개석·조병한 역. 1998. 『중국사학사 상』. 서울: 풀빛.

李長之(리장즈). 1983. 『司馬遷之人格與風格』. 臺北: 育幼圖書有限公司.

阮芝生(루안즈성). 1985. "貨殖與禮義 -《史記·貨殖列傳》析論." 『臺大歷史學報』 19: 1-49.

劉節(류제) 저·신태갑 역. 2020. 『中國史學史 講義』. 서울: 新書苑.

鄭良樹(정량슈). 1972. 『戰國策研究』. 新加坡: 學術出版社.

陳桐生(천퉁성) 저·장성철 역. 2004. 『사기의 탄생, 그 3천년의 역사: 중국 사관 문화와 사기』. 서울: 청계.

3장 '정의롭지 않은 법은 없다': 홉스의 국가와 법*

이경민

I. 서론

토마스 홉스(Thomas Hobbes, 1588-1679)의 법 개념은 그의 사상의 핵심을 구성하고 있는 국가 개념만큼이나 서양정치사상에서 중요한 위치를 차지하고 있다. 17세기 영국 내전 시기를 살았던 홉스는 당시 찰스 1세(Charles I of England, r. 1625-1649)를 옹호했던 세력인 '왕당파(the royalist)'는 아니었지만, 정치공동체의 모든 권위는 단 한 명의 주권자에게 귀속되어야 한다고 믿는 철저한 '군주론자(the monoarchist)'였다. 이런 관점에

---

* 이 글은 2023년 8월 『서강인문논총』 67호에 게재된 "토마스 홉스의 법 개념"을 수정·보완한 것이다.

서 그는 영국 정치공동체의 통합성을 약화하는 두 개의 세력, 즉 교회세력과 판사집단을 제어하는 것이 시급한 정치적인 과제였고 이를 위해 왕의 권력을 보위할 수 있는 통일적인 법체계의 완성이 시급하다고 판단했다. 그의 이러한 정치적인 판단은 법의 개념에 대한 새로운 지평을 제공하게 된다. 그것은 법은 '주권자의 명령'이며 따라서 법의 정당성(legitimacy)은 법을 공포하는 자의 '권위(authority)'로부터 발생하는 것이지 법의 내용이 품고 있는 '규범(norm)'에서 연원하는 것이 아니라는 논제이다.

이를 바탕으로 그는 '정의'의 개념을 새롭게 정의한다. 하나의 정치공동체에서 옳고 그름의 판단의 잣대로서의 법이 주권자의 명령의 산물이기 때문에 이 법을 잘 따르는 것이 '정의'라는 것이다. '정의롭지 않은 법은 지킬 의무가 없다'라고 주장하는 당대의 자연법주의자들과 정면으로 대결하면서 제시했던 '정의롭지 않은 법은 없다'라는 홉스의 테제는 이렇게 완성된다(Goldsmith 1996, 274-304). 이렇듯 서양정치사상의 한 축을 형성하는 법의 정당성의 원천으로서의 '규범성(normativity)'을 소거하고 그 빈 자리를 정치공동체에서 행위의 정당성에 대한 판단 기준을 얼마나 제공하는가의 잣대인 '타당성(validity)'으로 채웠다. 이 혁명적인 사상은 19세기 영국의 법철학자 존 오스틴(John Austin, 1790-1859)에 의해 계승되며 이른바 법실증주의의 철학적 토대를 낳았다(오세혁 2004, 128-143).

이 글은 홉스의 법 개념이 국가(the State) 이론과 연관되어 있다는 전제 아래 '법의 생성', '법의 실행', '법의 해석'의 세 가지 차원으로 그의 법 이론을 탐문한다. 이를 위해 『시민에 대하여(De Cive)(1642)』,[1] 『리바이어던(Leviathan)(1651)』,[2] 『철학자와 영국 보통법을 공부하는 학생 사이의 대화(*A Dialogue between a Philosopher and a Student of the Common Laws of England*) (1661)』(이하『대화』)**3**의 세 저작이 주된 전거로 쓰인다.

글의 구성은 다음과 같다. 먼저『리바이어던』에서 펼쳐지는 홉스의 절대주의 '국가' 이론의 성립과 이로부터 '법' 개념을 고찰한다. 이를 위해 기존의 자연법-자연권 논의에 대해 변형을 가하면서 그가 어떻게 자신의 '법' 개념에 내포된 형식주의를 제어하는지 보여준다. 다음으로 성립된 국가 공동체 안에서의 법의 역할에 대한 홉스의 논의를 소개한다. 권위주의적인 국가생성의 원리에서 파생된 법 개념이 오히려 시민들의 자유를 진작시키는 매개로 내세우고 있음을 논증한다. 마지막으로 법에 대한 해석의 최종적 권위의 소재지를 둘러싼 논쟁을 담고 있는『대화』를 중심으로 홉스가 법을 해석하는데 판사의 '이성'보다 왕이 지닌 '자연적 이성'인 '형평(equity)'의 '도덕적인 추론'을 우위에 두고 있음을 보여준다.

1   Hobbes, Thomas. 2008 [1642]. *On the Citizen*, edited by Richard Tuck and Michael Silverthorne. Cambridge: Cambridge University Press. 이하 'DC'로 표기.

2   Hobbes, Thomas. 2008 [1651]. *Leviathan*, edited by Richard Tuck. Cambridge: Cambridge University Press. 이하 'L'로 표기.

3   Hobbes, Thomas. 2008 [1661]. *A Dialogue between a Philosopher and a Student of the Common Laws of England*, edited by Jeseph Cropsey. Chicago: Chicago University Press. 이하 'D'로 표기; Hobbes, Thomas. 2008 [1640]. *The Elements of Law Natural and Politic* [E], edited by J. C. A. Gaskin. Oxford: Oxford University Press. 『법의 기초(1650)』는 이하 'EL'로 표기.

Ⅱ. 법의 생성

1. 자연권의 실증법적 기초

홉스는 '국가' 이론을 제시한 그의 1651년 저작『리바이어던』에서 '주권자의 명령'으로서의 실증주의적 법 개념을 완성했다. 그러나『리바이어던』의 두 전작인『법의 기초』와『시민에 관하여』에서 제시된 법 개념은 다분히 도덕적이었다. 두 저작에서는 '신의계약(covenant)'을 통해 완성된 정치사회로의 진입 과정이 자연상태의 개인들이 자신들의 권리를 '포기'하는 과정으로 묘사되고 그 동인은 개인들의 '합리성'으로 설명된다. 여기서 '합리성'이란 정치사회에 진입한 개인들이 실정법에 복종하지 않는 행위는 자신을 다시 자연상태의 위험으로 내몰게 되는 자기파괴적 행위가 됨을 뜻한다. 다시 말해 법은 개인들에게 자율적인 도덕적 판단에 근거한 복종의 대상인 것이다(EL, 109-113; Goldsmith 1996, 274-277). 홉스는『법의 기초』에서 법을 '도둑질을 하지 마라'와 같은 도덕률에 가까운 것으로 바라보면서 그러한 법이 공동체의 규칙으로 작용하여 시민의 삶을 계도한다고 보았다(EL, 177-180). 다음으로 그는『시민에 대하여』에서 법의 기능을 두 가지로 일별했다. 시민의 행동과 재산에 대한 규칙을 설정하는 '사법 통치'와 이 설정된 규칙을 시민들에게 부과하고 법을 만들어야 하는지 만들지 말아야 하는지를 두고 저울질하는 '입법 통치'가 그것이다(DC, 142-152).

홉스는『리바이어던』에서 법을 더 이상 도덕률로 바라보지 않는다.

『리바이어던』에서의 국가이론의 완성으로 그의 법 개념은 질적 도약을 겪는다. 그것은 주권자의 명령이다. 홉스의 국가이론은 당대 자연권-자연법 이론에 대한 비판으로부터 시작된다. 당대의 지배적인 자연법 담론은 인간들이 신이 자신들에게 하사한 '이성'이라는 도구로 공동체의 '근본원리(first principle)'에서 '자명한 진리'를 추출하여 옳고 그름을 규정 (prescribe)함으로써 지상에서 신의 뜻을 구현한다는 믿음에 기반을 두고 있었다. 이와 같은 자연법 담론은 교회 세력과 인문주의자들에게 지지를 받으며 당대 영국사회의 규범체계를 생산했다. 그러나 내전으로 약체화된 영국사회를 강력한 정치권력으로 다시 세우고자 했던 홉스에게 당대의 지배적인 자연권 논의는 반드시 극복되어야 하는 대상이었다. 주권자가 자신의 통치 행위에 있어서 매번 자연법 규범을 의식하고 그것에 근거해 판단해야 한다면 절대적 권력 행사의 위축이 불가피해진다고 판단했기 때문이다(김병곤 2014, 269-288; Bobbio 1993, 114-148).

　홉스의 이러한 지적인 노력의 길목에는 휴고 그로티우스(Hugo Grotius, 1583-1645)의 논의에 대한 비판적 계승이 있다. 『전쟁과 평화에 대한 법(1625)』에서 그로티우스는 신의 의지로 창출된 공간인 '자연상태(State of Nature)'에 놓인 '개인'을 신의 의지를 지상에서 실현하는 '도덕적 대리인(moral agency)'으로 개념화했다(Brett 1997, 205-215; Grotius 2012b, 25). 이때 그는 '도덕적 대리인'이라는 주체성을 실현하기 위해 개인을 '권리(ius)'의 담지자로 바라보았다. 여기서 '권리'란 '도덕-규범'의 체계인 '법(lex)'이 그 '도덕-규범'을 실현하는 주체인 '개인'의 '능력(potential)' 혹은 '자질(faculty)'로 내재화된 것이다(Grotius 2012a, 25).[4] 아울러 이러한 '주관적인 권리(subjective right)'를 본원적으로 가지고 태어난 '개인'은 이제 신으로부터 독립한 근대의 정치적 주체가 된다(Malcolm 1991, 530-544).

여기서 중요한 것은 '법(lex)'으로 표현되는 공적인 도덕 개념과 '권리(ius)'로 표현되는 개인의 도덕적인 지향을 모두 포괄하는 라틴어 개념 'ius'의 용례가 그로티우스의 자연법 담론에서 유지되고 있다는 사실이다(Grotius 2012a, 23-33; 2012b, 22-33; Haakonssen 1996, 69-95). 그의 사유에서 개인이 지니는 본원적인 도덕적 지향은 오직 '사람과 사람(person qua person)'의 관계, 즉 '간주체적' 요소를 통해서만 달성될 수 있다. 그리고 '권리'는 이를 실현하는 주요한 매개체가 된다. 그로티우스의 사유에서 '개인'은 '기쁨'과 '고통'을 판별하고 자신의 이익이 무엇인지를 명확히 하는 존재이며 가장 중요하게는 타인에게 피해를 주기 싫어하고 호혜적인 성격을 갖는 '사회성'을 지닌 존재이다(Tuck 2001, 109-139).

하지만 홉스는 그로티우스의 호혜적 인간형을 비판적으로 보았다. 그는 그로티우스와는 달리 인간을 '공포'와 '정념'에 지배되고 '명예'와 '영광'을 추구하는 '갈등'의 존재로 보았다.[5] 특히 그는 갈등과 관련하여 크게 두 가지 점에 주목했다. 첫 번째는 자연상태에서 개인이 누리는 자유

---

4   위그노(the Huguenot)의 '계약(contract)' 개념을 수용하는 그로티우스에게 '권리'란 자연상태로부터 벗어나 정치권력을 형성하는 과정에서 개인에게 내재된 '능력'과 '힘'이 행사되는 '양식(mode)'이다. 이 논의는 Tuck(1993) 참고.

5   사교적이며 평화를 추구하며, 따라서 이러한 특성으로 정치를 통해 최고선을 달성한다고 보았던 아리스토텔레스의 '정치적 동물'에 대한 홉스의 비판도 궤를 같이한다. "이성을 갖지 못한 어떤 동물들은 강제력 없이도 사회생활을 영위한다. 벌이나 개미가 여기에 속한다. 그래서 아리스토텔레스는 벌과 개미를 정치적 동물로 분류한다."의 주장에서 알 수 있다. 이 논의는 Sorell(2014, 117-121) 참고.

의 역설이다. 이는 '모든 것'에 대한 '모든 권리'를 누리는 개인의 자유는 결국 아무것도 가지지 못하는 상황에 봉착하게 됨을 일컫는다. 두 번째는 자연상태에 놓인 개인들이 지닌 언어의 근본적인 취약성이다. 홉스가 보기에는 진리에 대한 객관적 기준이 부재한 자연상태에서는 개별적인 판단을 보정하고 상호 소통을 진작시킴으로써 갈등을 해결할 수 있을 만큼 인간의 언어가 발달해 있지 않다고 보았다(Strauss 1953; Zagorin 2009, 26).

이렇듯 홉스는 인간을 '갈등'의 존재로 묘사하면서 자신의 '국가' 이론을 성립시킬 수 있는 전제를 마련한다. 여기서 핵심은 자연상태에서 (잠재적) 갈등 관계에 놓인 존재인 개인들에게 '자기 보존(self-preservation)'의 추구가 지고의 목적이 된다는 것이다. 홉스는 바로 이 '자기 보존'의 목적을 자연상태에서 개인들이 저마다 '응당 가지고 있는 몫(a natural right)'으로서의 '자연권'으로 개념화하였다. 그를 이렇게 말했다. "자연권의 가장 주요한 토대는 모든 인간이 각자 자신의 능력만큼 자기 생명과 신체를 방호하기 위해 노력한다는 것이다."(DC, 27). 이에 더하여 이러한 자연권의 내용으로 '자유'를 제시했다. "권리는 모든 인간은 누구나 각자 올바른 이성에 따라 자신의 자연적인 직능을 활용할 **자유**가 있다는 의미일 뿐이다."(DC, 27 필자 강조). 홉스는 자기 보존이라는 자연권 추구를 마치 "돌이 아래로 굴러떨어지는 것처럼 필연의 법칙으로 발생하는"(DC, 27) 탈규범적인 과학과 같다고 보았다. 또한 그렇기에 우리는 자기 보존에 어긋나는 방식으로 행동하도록 의지할 수 없고, 따라서 우리 자신을 스스로 돌보는 것을 비난받을 수 없다고 보았다(Hoekstra 2003, 111-120).

이제 홉스는 전술한 내용을 논의의 전제로 삼고 개인의 자연권 행사가 정치권력 형성의 목적에 부합하도록 하는 이론적 작업을 진행한다. 이 작업에서 특징적인 점은 '자유'로서의 '권리'를 실행시키는 재료로서의 '이성' 개념에 대한 그의 해석이다. 그는 『리바이어던』에서 이렇게 말했다. "자연권은 모든 사람이 그 자신의 본성, 즉 자신의 생명을 보존하기 위해 자기 뜻대로 힘을 사용할 수 있는 자유, 즉 그 자신의 판단과 이성에 따라 가장 적합한 조치라고 생각되는 어떤 일을 할 수 있는 자유를 말한다."(L, 91).[6] 중세 자연법 논의에서는 인간이 신의 은총의 하사물인 '이성'을 통해 '신의 의지'를 알아차리고 실현한다는 사고가 자리하고 있었다. 홉스는 바로 이러한 중세의 규범적-수동적 '이성' 개념을 뒤집어 인간이 '자기 보전'을 실현하는 물질적-능동적 개념으로 새롭게 이해했다. 이 과정에서 그는 '자유로서의 권리'의 작동 시 수반되는 '이성(reason)' 개념을 '이성을 운위하기(reasoning)'의 개념으로 전환시켰다. 즉, 이성 개념을 개인이 '자기 보존'의 목적을 위해 계산하고, 추리하고, 판단하는 '계산적-도구적' 개념으로 재정의한 것이다(Bobbio 1993, 114-148).

　『법의 기초』에서는 충분히 논의되지 못했으나 『리바이어던』에서 전면화된 '이성을 운위하기(reasoning)'에 관한 논의와 관련하여 또 한 가지 주목할 점은 이러한 행위의 목적 설정에 관한 것이다. 홉스는 이성을 운위하는 행위가 지향하는 목적, 즉 그 개념적 공간을 '평화 달성'으로 채우

6　홉스는 이 지점에서 '평등'을 정의한다. 이 '자유'로부터 '평등'과 '정의'를 유추하는데 "자연에 따르면 사람은 누구나 모든 것에 대해 대등한 권리를 갖는다. 자연은 어느 누구에게나 모든 것에 대한 권리를 부여했다. … 생명과 신체의 보전에 도움이 되는 것은 모두 자연권에 따라서 이행될 수 있고, 또 소유하게 되어 있다"(DC, 28)라는 문장에서 읽어 낼 수 있다.

면서 자연상태에 있는 모든 개인이 필연적으로 '정치사회'로 진입하게 되는 논리 구조를 도출한다. 홉스는 '자기 보존'을 위해 '이성을 운위하기 (reasoning)'라는 도구적인 공리를 통해 극단적인 상황을 피하고 생존을 보장받는 '평화'의 상태를 달성하기 위해 '신의계약'에 필연적으로 참여하는 이 시점을 자신의 '국가' 이론의 본격적인 출발점으로 삼았다.

'평화 달성'이라는 유물론적 목표는 이제 지상에 존재하는 모든 국가의 궁극적인 목표이자 존재 이유가 된다. 홉스는 이 과정에서 요구되는 덕목들을 '자연법'으로 개념화했다. 자연상태의 개인에게 '자기 보존'의 당위와 자유가 있었다면, 정치사회에서는 개인들의 공동체의 삶으로서 '평화를 구하고 유지하기'의 당위를 표현하는 '자연법'이 있다. '감사', '형평', '자비', '사회성', '존경'과 같은 공동체 생활을 영위하는 데 필요한 '덕목(virtue)'들을 '자연법'으로 일별하며 홉스는 이를 '공적 이성(public reason)'으로 개념화한다(Loughlin 2017, 22-34).

2. 실정법의 자연법적 기초: 시민법의 탄생

『리바이어던』의 목표는 강력한 정치권력을 보위할 수 있는 이론적 토대로서 '국가'를 건설하는 것이었고 그 내용은 '인민주권론'도 '왕권신수설'도 아니었다. 전자는 당대 의회파의 이론적인 수장인 파커(Henry Parker, 1604-1652)에 의해서 옹호되었다. 파커는 『왕권에 대한 몇 가지 고찰(*Observations Upon Some of His Majesties Late Answers and Expresses*)(1642)』에서 '인민(the People)'에게 주권성이 부여될 수 있는 이유는 그들이 하나의 '법인체(corporate)'를 이루기 때문이라고 주장한다(이승영 2001, 23-30; Mendle 1995, 1-8). 그러나 홉스의 눈에는 '인민'이라고 불리는 존재는 '존재론적인 무성(nothingness)'을 지닌 '군중(multitude)'에 지나지 않았다. 후자는 왕권을 가부장 권력의 권위로부터 찾는 논의이다. 후에 로버트 필머(Robert Filmer, 1588-1653)의 『부권론(*Patriarcha*)(1680)』에서 완성되는 이 논의는 왕의 주권은 '분리되지 않는(undivided)' 성격을 지녔다는 장 보댕(Jean Bodin, 1530-1569)을 논의를 수용하며 '피'를 통해 분리되지 않은 채 계승되는 혈연집단을 통해서만 왕의 주권이 유지된다고 주장한다(Galligan 2014, 122-151).

두 가지 모델을 거부한 홉스가 찾은 제3의 길은 '대표(representation)'라는 추상적인 이론을 통해 계약의 참여자인 개인과 주권자를 인격적으로 동일시하는 것이었다. 『리바이어던』 16장에서 '인격(person)'과 '본인(author)'의 개념이 도입된다. 홉스는 먼저 '자연적 인격(natural person)'과 '인위적 인격(artificial person)'을 일별한다. '자연적 인격'은 자신의 '말(words)'과 '행동(actions)'을 스스로 소유하면서 '본인성(authority)'를 획득하고 있는 상태이다. 이에 반해, '인위적 인격'은 타인의 '말'과 '행동'을 대신 '다시-시현하는, 대표하는 (re-present)'하는 상태이다. 따라서 홉스에게 '대표'는 '인격'의 '말'과 '행위'를 '소유'함으로써 '본인화(authorizing)'되면서 '의인화(personation)'되는 과정을 일컫는다(L, 119-120; Skinner 2010, 26-46).

'군중(multitude)'의 경우를 살펴보자. 홉스는 '군중'은 '인격적인 무성(nothingness)'을 지닌 '본인성'을 갖지 않기에 애초부터 대표될 수 없는 상태라고 보았다. 이 점에서 그의 사고의 혁신이 발생한다. 홉스는 이 '군중'이 '정치사회'로 진입할 것을 결의한 상태에서 순간적으로 달성되는 그들의 '단일한 정치적 의지(unified political will)'를 상정한다. 이렇게 '인위적(artificial)'으로 만들어진 '단일성(unity)'의 순간이야말로 '군중'이 '본인성'을 달성하는 '가상의(fictive)' 상태이며, 홉스는 이 '단일성' 그 자체를 '인공적인 인격(artificial person)'을 '국가(the State)', '키비타스(civitas)' 혹은 '리바이어던(Leviathan)'이라고 칭한다(L, 119-120; Skinner 2010, 26-46).

　홉스의 '군중'은 이제 '국가(the State)'라는 '본인성'을 획득하면서 '인민(the People)'으로 전화되고, 이제 '인민'은 '본인성'을 가지고 있기 때문에 비로소 '대표'되는 상태에 이른다. 그리고 이 '국가'라는 '가상의 인격'은 '주권자(the Sovereign)'에 혹은 '주권적 대표(sovereign representative)'에 의해서 대표되는 것이다. 이러한 대표의 원리를 통해 '군중'이 '단일한 정치적 의지'의 상태를 달성할 때 비로소 '국가' 상태가 완성되는 것이고, 이때 이 '인민'의 모든 말과 행위는 주권자에게 대표되면서, 주권자와 인민은 서로 본인이 된다(L, 119-120; Skinner 2010, 26-46). 이 점에 관해서 홉스는 다음과 같이 설명하고 있다(Skinner 2010, 26-46).

> 주권의 설립에 의해 모든 백성은 주권자의 모든 행위와 모든 판단이 본인이 되었기 때문에 주권자가 어떠한 행동을 하든지 백성 중 어느 누구에게도 권리침해가 되지 않으며 또한 백성들로부터 불의를 저질렀다는 비난을 받을 이유도 없다… 코먼웰스의 설립에 의해서 모든 사람이 각자 주권자의 모든 행위의 본인이 된 상태이며 주권자로부터 권리침해를 당했다고 불평하는 것은 자기 자신이 본인으로 한 행위에 대해 불평하는 것과 같은 일이다(L, 119-120).

'대표'의 원리를 통해 신민과 주권자는 인격적으로 일치시키면서 홉스는 '인민주권론'과 '왕권신수설'의 두 개의 반대 논의를 극복한다. 그럼에도 홉스의 '국가'는 '개인'의 모든 권리를 '남김없이' 모조리 이양받은 압도적인 힘을 바탕으로 형성되었기 때문에 이 압도적인 힘을 모두 담당하게 되는 '주권자(the Sovereign)'는 누구의 눈치도 볼 필요가 없는 절대주의적인 정치질서의 수장이 된다. 홉스는 망설이지 않고 법을 주권자의 통치의 의지의 산물인 명령이라고 정의한다.

> 시민법은 코먼웰스가 문자, 글, 그리고 모든 가능한 자신의 통치의
> 의지를 확인시켜 줄 수 있는 매개를 통해서 자신의 신민에게 행하는
> 명령이다 (L, 183) … 모든 코먼웰스에서 유일한 입법자는 '주권자(the
> Sovereign)'이다 … 입법자란 곧 법을 만드는 자를 말한다 … 그리고
> 코먼웰스만이 우리가 법이라고 부르는 여러 규칙을 정하고 그 준수
> 를 명령한다(L, 184).

『리바이어던』 26장에서 전개되고 있는 시민법(Civil Law)에 홉스의 이러한 논증은 선술한 그의 '국가' 이론의 절대주의 속성을 여과 없이 드러낸다. '코먼웰스'라는 가상의-인위적 인격은 법을 만들 수 없다. 오직 이 '코먼웰스'를 맡고 있는 '주권자(the Sovereign)'의 '자의적인' 통치 의지의 산물로 법을 제정된다(L, 185). 설상가상으로 '주권자'는 자신이 만든 법에 스스로 구속될 필요가 없으며 언제든지 법을 폐기하며 새로운 법을 만들 수 있는 권한이 있다(L, 185). 그러나 홉스는 곧이어 이러한 절대주의적인 법 개념에 스스로 제약을 가한다.

분명한 것은 법이라는 것은 조언이 아니고 명령이라는 점이다. 그것
도 불특정인에 대한 불특정인의 명령이 아니라 이미 복종할 의무가
있는 사람을 상대로 명령권자가 내리는 명령이다(L, 183).

왜 홉스는 이렇게 자신의 법 개념의 새로운 측면을 부각해야 했을
까? 법을 불특정인을 대상으로 무차별적으로 하방하는 명령이 아닌, 이
미 그 명령에 복종할 의무가 장착되어 있는 '수범자(addressat, 受範者)'를 대
상으로 하는 명령으로 정의하고 있다. '법'을 준수하고 복종할 '태세'가 되
어 있는 '수범자' 집단을 전제하고 있는 이유는 무엇인가? '정치사회'에 진
입한 인민들이 새롭게 부여받은 '수범자'의 정체성은 무엇인가? 이 질문
에 답을 하기 위해서는 '국가' 형성의 '계약'의 당사자인 '피계약자(covenan-
tee, 被契約者)' 집단을 다시 소환해야 한다. 우리는 자신의 모든 권리를 주
권자에게 양도하겠다고 결의하면서, 그 계약의 목적과 수단을 표현하는
'자연법'의 '충성(allegiance)'을 맹세하면서 '신의 계약'에 참가하는 '피계약
자'를 알고 있다. 홉스는 '자연법'에 대한 자발적인 복종의 의무를 수용했
던 '피계약자'들이 결국 그들이 맺은 '신의 계약'의 결과로 발생한 주권자
의 명령의 산물로서의 실정법의 적용 대상자인 '수범자'로 법적인 신분이
전화된다고 보고 있다(Fox-Decent 2012, 118-144). 따라서 '수범자'가 성립
될 수 있는 법적인 신분의 성격, 다시 말해 실정법을 준수할 태세가 되어
있는 상태는 기실 애초의 계약에 참여했을 때의 신분인 '피계약자'로서
의 자연법에 대한 존중의 태도로부터 연원하게 된다(Goldsmith 1996, 274-
304).

홉스가 내세운 시민법의 이러한 요소가 지니는 의미는 무엇인가. 두 가지가 있다. 첫째, 실정법의 규범적인 요소를 ㈜발굴하는 논의이다. '실정법'은 '자연법'에 대한 복종을 통해 정치사회에 진입한 개인들만을 대상으로 하기 때문에 피계약자가 준수했던 규범으로서의 자연법은 실정법의 강제력을 제공해 주는 토대로 작용하게 된다. 애초의 '계약'으로 발생한 '국가' 생성 후의 단계에서도 시민들은 '올바른 이성의 명령'인 자연법에 의해서 실증법을 준수해야 하는 의무를 부여받는 것이다. 현대 민주 정치공동체에서 시민들이 '왜 실정법을 지켜야 하는가?'의 법의 권위의 문제를 제기했을 때, 홉스는 실정법은 자연법의 규범이 뒷받침되지 않으면 법으로서의 권위를 가지지 못하게 된다는 가르침을 전수하고 있다(Sorell 2016, 29-46).

둘째, 자연법은 오직 실정법으로 될 때만 그 실효성을 획득할 수 있다는 논의이다. 다시 그의 '자연법' 논의에 주목해 보자. 홉스는 자연권을 인간의 자유로 규정하며 이 자유를 실현하기 위한 '계산적-도구적 이성'으로 치환했다. 이 '이성하기'의 목적으로 '평화 달성'을 제시하면서 홉스의 개인은 필연적으로 자연상태를 떠나 정치사회로의 인입이 강제되고 이를 제1의 자연법으로 칭했다. 이제, '자연법'의 제1의 목적이 '평화 달성'으로 설정되면서 홉스의 자연법은 실증주의적인 요소를 스스로 구축한다. 왜냐하면 '평화 달성'이라는 목표는 '규범'이 아닌 '강제력'을 통해서만 이루어질 수 있는 대상이고, 이 '강제력'은 '자연법'이 아닌 오직 '실증법'만이 지닌 특징이기 때문이다. 여기서 홉스는 자연법이 함축한 규범은 오직 실증법의 강제력이 뒷받침될 때만 활성화됨을 주장하고 있는 것이다(Harrison 2012, 22-38).

이렇듯 홉스는 자신의 '국가' 이론의 절대주의적인 속성으로 발생하는 법 개념의 권위주의 속성을 줄여나가고 있다. 더 나아가 법은 공동체가 수용할 수 있는 규범의 요소가 내재해야 한다는 함의를 이끌어 낸다. 홉스는 다음과 같이 설명하고 있다.

> 자연법과 시민법은 상호 같은 만큼 포함관계에 있으며 … [자연법]은 코먼웰쓰가 설립되고 나면 법이 되지만 코먼웰쓰가 설립되기 전까지는 아직 법이 아니다. 코먼웰쓰가 설립되어야 자연법은 코먼웰쓰의 명령이 되고 따라서 시민법이 된다(L, 185).

실정법이 지니는 강제력이 작동하기 위한 규범적인 토대로서 자연법이 전제되지만 이와 동시에 자연법의 규범이 실효성을 획득하기 위해서는 반드시 정치사회의 주권자의 강제력이 필요하다. 홉스는 이 지점에서 세 번째의 논의를 이끌어 낸다. '국가' 생성 이후 시민사회는 오히려 자연법이 통용되는 공간이며 따라서 자연법은 그 최초의 '계약'을 통해 달성된 그 '국가'의 성원들에게만 적용되게 된다. 이 원리는 실정법이 강제력을 획득하기 위해서는 시민들 모두에게 실정법의 내용이 모조리 남김없이 전달되어야 한다는 의무를 수반한다. 오직 그 국가의 성원들에만 적용되는 자연법이 인식되기 위해서는 그것이 반드시 실정법을 통해서 '공포(promulgate)'되어야 한다는 홉스의 논의는 '법의 지배'의 현대적 개념 중의 하나인 법의 '공포성(publicity)'의 개념을 구성한다(May 2013, 125-138).

법은 명령이다. 명령은 명령을 내리는 자의 의지가 음성이나 문서 및

기타 충분한 증거에 의해서 선언되거나 명시된 것이다(L, 186).

지금까지 홉스는 '국가' 이론을 생성하면서 어떻게 '법' 개념을 형성시켰는지 고찰했다. 강력한 정치권력을 옹립하기 위한 이론적 토대를 구축하고자 했던 홉스는 국가 생성의 단계에서 자연법의 규범 체계가 절대주의적 정치권력의 형성과 실행을 저해한다는 판단으로 자연법 담론에 의도적인 변형을 가하면서 비판적 계승의 전략을 취했다. 그리고 실정법의 권위를 정치권력으로 한정시켰다. 그러나 실정법의 강제력을 다시 법의 규범성에서 구하면서 그는 자연법을 재소환한다. 시민의 복종만을 강요하는 규칙의 하방을 일컫는 권위주의 법 개념과 거리를 두면서 법에 대한 수용자의 태도의 차원을 보다 강조하는 것이다(Dyzenhaus 2001, 461-498). 이제 홉스에게 법을 시민의 자유가 어떻게 연결되는지 고찰한다.

III. 법의 실행

1. 법과 시민의 자유

법을 주권자의 명령으로 정의한 홉스에게 국가의 '실정법(positive

law)'**7**은 그가 심중에 품고 있던 법의 모습에 가깝다. 홉스는 이를 '시민법 (civil law)'으로 명명하며 여러 저작에서 그 다양한 모습과 성격을 강구한다. 주지하듯이, '국가' 개념이 완성되는 『리바이어던』에서 홉스의 '시민법'의 개념은 가장 선명히 드러나며 홉스가 실정법을 위치시킨 곳은 '신민의 자유(Liberty of Subject)'에 대해 기술한 21장이다. 21장의 목표는 '자연상태의 자유'를 스스로 포기하고 '신의 계약'을 통해 주권자에게 모든 권리를 이양한 '신민(subject)'에게 과연 '자유'가 주어지는가, 주어진다면 그 '자유'는 어떠한 모습인가를 찾아가는 것이다. 홉스는 자연상태에서의 누리는 '자연적인 자유(natural liberty)'와 계약 이후 국가에서 누리는 '신민의 자유(liberty of subject)'로 일별하면서 두 개념의 공통의 전제로서 '필연으로서의 자유(Liberty as Necessity)'를 제시한다.

당대 과학자들의 영향으로 '시민 과학(civil science)'으로서의 정치학을 논하고자 했던 홉스에게 인간의 행동을 자연의 원리로 설명하고자 했다. '필연으로서 자유'의 논의를 위해 홉스는 물이 물길을 따라 흐르는 자연의 현상을 예로 든다. 그에 따르면, 물이 물길을 따라 흐르는 작용 속에 내재된 '우연'으로서의 '자유'는 자연세계를 구성하는 수많은 '원인'들의 연쇄작용의 총체로서의 '필연'의 구조의 발로이다. 그리고 이 필연의 세계는 궁극적으로 신의 의지를 구현하고 있다. 따라서 물이 흐르는 '자유'는 신의 의지가 투영된 '필연'의 세계에 귀속되기 때문에 이때 자유는 필연과 모순되지 않는다. 이렇듯 자연세계의 자유가 궁극적으로 원인들의

---

7   '시민법(civil law)'의 개념에 대한 설명은 박종현(2009, 95-115) 참고.

총체로서의 필연의 구조와 잇닿아 있다는 현상을 홉스는 '필연으로서의 자유'라고 부른다(L, 146).

'필연으로서의 자유'의 개념으로 홉스는 자연상태에서 누리는 자유에도 적용시킨다. 홉스는 '자연상태'의 인간은 자신의 이성을 통해 '자발적인 판단'을 이끌고 이 판단을 기초로 한 '자발적 의지'에 따라 자신에게 '필요'를 인지하고 충족시키는 상태를 영위한다고 설명한다. 다시 말해, 자연상태에서 인간은 '자발적 의지'에 근거한 '판단'을 통해 자신에게 필요한 욕구를 정확히 인지하고 충족하면서 타인에게 간섭받지 않는 상태가 달성하고 이는 신의 의도에 부합한다는 것이다. 물길을 자유롭게 흐르는 물이 필연의 세계를 실현하듯이, 자유로운 판단으로 자신의 필연을 충족하는 자연상태의 인간은 홉스의 '필연으로서의 자유(Liberty as Necessity)'를 영위한다(L, 147).

> 그러므로 인간이 자기 생각대로 행하는 '자유'는 신의 의지에 따라 행하는 '필연성'을 동반한다는 것, 그것을 신은 알고 있다(L, 147).

그렇다면 선술한 '자연상태의 자유(natural liberty)'를 스스로 종식하고 계약을 통해 주권자와 주권자가 만든 법에 종속되어 버린 '신민들(subjects)'은 자유를 지니는 것일까. 흥미롭게도, 이 물음에 대해서 홉스는 '시민법(civil law)'이 '신민의 자유(liberty of subject)'를 충족시키는 매개체라는 논의를 이끌어 낸다. 먼저 그는 '시민법'을 다음과 같이 묘사한다.

> 인간은 평화를 획득하고 보전하기 위해 코먼웰쓰라는 인공 인간(Ar-

tificial Man)을 탄생시켰고, 시민법이라고 하는 인공 사슬(Artificial Chains)도 만들었다(L, 147).

오로지 '인공 인간'이라는 '국가'의 파생물로서의 '법'을 정의한 홉스의 논의가 재확인된다. 홉스의 '국가'가 지니고 있는 절대주의 속성만큼 그의 법 개념에 대한 비유인 '인공 사슬'은 법을 주권자 명령의 하방으로 바라보는 권위주의 요소를 내포한다. 그러나 다음 문장에서 홉스는 시민법을 사뭇 다른 뉘앙스를 담은 표현으로 묘사한다.

> 이 '끈(Bond)'[시민법을 지칭함]은 그 자체로는 약하다. 그럼에도 불구하고 유지되는 이유는 끊기가 어려워서가 아니라 이 '끈'을 끊었을 때 노출되는 위험 때문이다(L, 147).

위의 문장에서 홉스는 '끈'이라는 비유를 통해 '시민법'이 '신민의 자유'를 실현하는 매개체라는 논의를 이끌고 있다. 정치사회에 진입한 시민들이 주권자의 명령인 '법'을 준수하지 않거나 '법체계'를 부정하여 애초의 '계약'이 파기되면 다시 '자연상태'로 돌아가야 하는 '위험'을 감수해야 한다. 이때, 시민들은 '계산적인 이성'을 가지고 이 '위험'을 택하는 것보다 '법을 지키는' 편이 자신들에게 덜 '손해(injury)'를 끼친다는 '자발적 판단'을 통해 법을 계속해서 지키게 되는 작용을 설명하고 있다. 이렇듯, 스스로의 합리적인 판단으로부터 형성되는 '자발적 의지'라는 '자유'로부터 시민은 자신에게 '덜 손해'가 되는 '필요'의 지점을 발견하고 그 결과 주권자의 명령인 '법'을 지키는 것이다. 따라서 홉스에게 '신민으로서의 자유'는 궁극적으로 '필연으로서의 자유'의 개념에 부합하고 시민법은 '정치 사회'에서 시민들의 자유를 진작시키는 매개로 작용하게 된다.

흥미롭게도, 홉스는 이 '시민법'이 부재한 곳에서 '신민'은 그가 자연상태에서 누렸던 자유를 여전히 누린다고 주장한다. 그것은 실정법이 미처 닿지 못한 영역 혹은 주권자가 입법의 과정에서 실기하여 '(the sovereign has praetermitted)'(L, 147) 입법의 영역에 닿지 않는 공간에서 누리는 신민의 '잔여적인 자유'이다. '실증법이 침묵(silence of law)'하는 곳에서 신민이 누릴 수 있는 한정된 자유로서 '물건을 사고팔 자유', '계약을 맺을 자유', '의식주에 대한 자유', 직업 선택의 자유', '자녀 양육의 자유'가 이에 속한다(L, 146-147).[8]

'잔여적인 자유' 중에서 홉스에게 가장 중요하게 고려되었던 것은 '찬양의 자유'이다. 놀랍게도 이에 대한 홉스의 논지는 1642년 저작 『시민에 대하여』와 1651년 저작인 『리바이어던』에서 변화를 겪게 되는데, 이는 1648년을 전후로 영국의 정치권력이 장로교파에서 독립파로 이양된 상황과 무관하지 않았다(Skinner 2008, 169). 『시민에 대하여』에서 홉스는 신민이 기독교의 교리를 수용하는데 오직 주권자의 재가를 받은 기관에서의 해석만을 받아들여야 한다고 주장했다. 그러나 크롬웰이 이끄는 독립파가 정권을 장악한 후에 작성된 『리바이어던』에서는 홉스는 "신민의 찬양의 자유를 제약했던 노끈이 이제 풀어졌다. 이제 우리 신민들의

---

8   이른바 '비지배적 자유'라고 일컬어지는 공화주의적인 자유의 요소를 이 지점에서 발견할 수 있다는 논의는 Pettit(2008) 참고. 이에 대한 반대의 논의는 Vinx(2012) 참고.

찬양 생활은 마치 바울을 따르던지, 세파스를 따르던지, 혹은 아폴로를 따르던지 누구든지 자신이 좋아하는 것을 그저 하는 것처럼, 초대 교회의 모습의 그대로를 하기만 하면 된다"고 주장한다(L, 477). 홉스는 '찬양의 자유'를 개인의 '양심의 명령'으로 바라본다.

2. 법과 정치공동체

'시민법'에 대한 '끈(bond)'의 비유를 다음과 같이 형상화하면서 홉스의 법의 개념은 다른 의미를 부여받는다.

> 그들[시민들] 자신의 상호 계약에 의해 사슬의 한쪽 끝은 주권을 지니게 된 한 사람 혹은 합의체의 입의 연결하고 또 한 끝은 그들 자신의 귀의 연결 하였다(L, 147).

이 시각화된 설명은 홉스가 16세기 프랑스의 법인문주의 운동을 이끌었던 이탈리아의 법학자 안드레아 알차토(Andrea Alciato, 1949-1550)가 편찬한 『문집(*A Book of Emblems: The Embelmatum Liber in English and Latin*)(2004)』에 다음의 삽화에서 영향을 받은 듯 보인다(Skinner 2008, 165-173).

[그림 5-1] Hobbes and Republican Liberty

출처: Skinner(2008, 172)

주권자를 상징하는 '헤라큘러스'의 입에 연결된 '끈'이 그를 따르는 신민을 상징하는 무리의 모든 '귀'에 연결되어 있다. 정치공동체 건설을 결의하고 참여했던 개개인은 신의 계약이 종료된 이후에는 다시 자연상태와 같이 뿔뿔이 흩어진 외로운 존재가 된다. '시민법'은 이렇게 흩어졌던 개인들을 다시 연결하고 이 연결된 시민들을 주권자와 연결하는 역할을 한다고 홉스는 주장한다. 그것은 정치사회의 시민들이 주권자가 포고한 명령인 법이 '신민'인 자신들의 '안녕과 안위(salus populi)'를 얼마나 충족시키는지를 살피고 감시해야 하는 '공동'의 권리와 의무를 가지게 되는 지점을 일컫는다. 또한 그들은 주권자에게 자신들의 필요를 끊임없이 주지시키고 반대로 주권자는 시민들의 이러한 필요에 촉각을 기울여 살펴야 하는 의무를 지게 되는 것도 있다. 홉스는 '국가'가 형성된 후, 이렇듯 '시민'과 '시민' 그리고 '시민'과 '주권자'를 연결하는 '끈(bond)' 역할을 하는 것을 '시민법'으로 이해한다. 따라서 홉스에게 '시민법'의 '끈'의 기능은 현대적 의미의 '민주적 대표성(democratic representation)'의 이념을 내포한다(Runciman 2013, 359-377). 인공적인 장치로서 시민법이 수행하는 이러한 '끈'의 역할을 홉스는 '신의 계약'이 계속 유지되도록 하는 주요한 장치로 바라보았고 이 장치가 작동하는 방식은 물리력에 의한 '강제'가 아닌 '설득'이다(Skinner 2008, 165-173).

홉스는 이제 보다 적극적인 의미의 자유 개념을 보여준다. 그에게 '법'을 통해 옹호하고 하는 시민의 가장 적극적인 의미의 자유 개념은 자신의 애초의 '맹약(covenant)'을 지키기 위해서 '손해를 감수하고 받아들이는 스스로의 구속 상태' 그 자체의 자유의 상태다. 홉스는 이러한 자신의 주장을 설명하기 위해 『리바이어던』 21장에서 성경에 등장하는 '입다(Jeptha)'의 예를 든다(L, 148). 『성경』 사사기 11장에서 입다의 예가 설명되고 있다. 입다는 기원전 1100년경 이스라엘의 판관이었다. 천민 출신이었던 입다가 암몬인들과의 전쟁에 임하면서 신에게 말하기를 승리하여 돌아오면 누구든지 고향에서 처음으로 자신을 영접하는 사람을 신에게 바치겠다고 하였다. 그러나 정작 그가 전쟁에서 승리하여 돌아와 보니 그를 가장 처음으로 영접한 이는 그의 외동딸이었고 이에 입다는 탄식했지만, 애초의 신에 대한 맹약을 어기지 않기 위해 그가 말한 대로 행하였다(The Holy Bible 1998, 310-312).

홉스는 왜 입다의 예를 들었던 것일까? 홉스에게 실정법은 주권자의 명령이고, 이 명령이 성립되기 위한 '신의 계약'에 '신민'들은 '본인'으로 참여했다. 이러한 작용을 통해서 개개인의 신민은 이미 주권자와 한 몸이 되었기 때문에, 주권자가 만들어 낸 '인공 사슬'인 시민법에 대한 구속은 자발적인 성격을 지니게 된다. 이렇듯 모든 신민은 주권자의 모든 행동에 '본인(Author)'인 측면이 있기에 주권자가 행한 그 어떤 행동도 부정의하다고 불릴 수 없다는 것이 홉스의 설명이고(L, 148), 그는 이 점을 입다의 예를 통해 보여주고자 했다. 자신의 외동딸을 신에게 번제물로 바쳐 세속의 눈으로 바라보면 막대한 손해를 입을지라도 그것이 신에 대한 자신의 맹약을 자발적 구속의 상태라면 단순히 '부정의(Injustice)'이나 '손해(Injury)'의 문제로 볼 수 없다는 것이다. 오히려 입다는 자신의 맹약을 지키기 위해 스스로 손해를 감수하는 자발적인 선택을 했다는 점에서 최고의 자유를 누리게 된다. 자신의 맹약에 대한 스스로의 자발적인 복종의 상태를 홉스는 '책무(obligation)'라고 보면서 이를 신민이 정치사회에서 누리는 최고의 자유의 상태라고 지칭한다. 그러면서 홉스는 또한 이렇게 말한다.

> 복종이라는 행위 속에는 '책무'와 '자유'가 함께 들어있다. 어느 누구
> 에게든 자기 자신의 행위에서 생겨나지 않은 책무는 단 하나도 없다.
> 모든 인간은 똑같이 날 때부터 자유로운 존재이기 때문이다(L, 150).

자유로운 존재로서의 홉스적 인간은 그 자유를 실현하는 행위로 공동체의 '준칙(rule)'인 법에 스스로 복종하는 '책무'를 기꺼이 받아들인다. 설령 그것이 자신에게 죽음이라는 가장 높은 수준의 '손해'를 발생시키더라도 말이다. 홉스의 사유에서 법의 역할은 '~을 할 수 있다' 혹은 '~을 할 수 없다'의 판단 기준을 제시하는 데 그치지 않는다. 그에게 정치사회에

서 '법'이 갖는 보다 중요한 함의는 다른 데 있다. 그것은 법에 대한 신민의 자발적인 복종을 통해 그들의 최고 수준의 자유를 누리게 하는 것, 보다 근본적으로 그들이 주권자와 맺은 '신의 계약'이 계속 유지되게 하는 '가교(bond)' 역할을 하는 것이다.

IV. 법의 해석

1. 관습과 주권자

법의 해석과정에서 법의 개념을 도출하는 논의는『철학자와 영국 보통법의 학생 사이의 대화(*A Dialogue between a Philosopher and a Student of the Common Laws of England*)』(이하『대화』)에서 펼쳐진다.『대화』에서 홉스는 법률가 에드워드 쿡(Sir Edward Coke, 1552-1634)과 철학자 베이컨(Francis Bacon, 1561-1626)과의 대화 형식을 통해 17세기 영국에서 지배적인 위치를 차지하고 있었던 보통법 시스템에 대해 총체적 비판을 가한다. 홉스가『대화』를 집필하게 된 동기는 그가 처한 정치적인 곤경에서 비롯된다. 왕당파가 다수를 차지하게 된 1666년의 영국의 하원이『리바이어던』의 무신론적인 혐의를 이단으로 간주하고 조사에 착수하자 그는 이단은 궁극적으로 보통법 판사에 의해서 판결되어선 안 된다는 입장이었다(Cromartie and Skinner 2005, 1-5). 또한 이러한 개인적인 동기를 넘어 홉스는 법률가 집단에 대해서 부정적이었다. 그가 교회세력이나 인문주의자가 끼치는 해악만큼 법률가 집단이 영국의 정치공동체를 약화한다고 믿게 된 계기는 찰스 1세 재위(1625-1649)의 '선박세(the Ship Money case)' 판결이다. 영국의 명운을 결정하는 이 중요한 사건에 관해 다루면서 판사들이 보여준 지리한 판결과정과 급기야 이들의 정치적으로 잘못된 판결을 목격하면서 홉스는 보통법의 사법체계와 이 제도의 중추를 차지하고 있는 판사 집단에 대해 비판적인 시각을 가지게 된다(Tuck 2001, 109-139).

'보통법(the Common Law)'은 '영국민족이 가장 자유로웠다'고 믿어지는 '색슨 시기(the Saxon era, 450-1066)가 1066년 프랑스 노르망디 공작인 '정복자 윌리엄(William I the Conqueror, 1028-1087)'의 침공으로 막을 내린 후 그가 가동한 '순회판사' 제도에서 시작된다. 보통법정의 판사는 하나의 사건에 대한 총체적인 이해를 통해 판결에 이르는 과정에서 법을 해석하고 생성하게 된다(Williams 2014, 86-107). 따라서 교황청, 교회, 왕, 지방 정부에서 발급한 법 문서(charter)들의 법률들을 해석하고 개별 사건에 '적용'하는 대륙법정 판사에 비해 보통법정의 판사들은 법적 추론의 과정에 있어 자율성을 지니고 있다. '보통법'의 실행은 영국의 헌정사에서 법이 정치에 대한 우위를 갖게 하는 계기로 작용한다(Thornhill 2011, 139-153). 보통법정을 통해서 왕권의 자의적인 사법 권력의 행사를 견제할 수 있는, 판사의 이성과 법적 지식에 의해서만 도달할 수 있는 법적 판단의 영역이 견지될 수 있었기 때문이다.

그렇지만 14세기부터 보통법의 위상이 침식되기 시작했는데, 그 이유는 보통법정의 판결이 지나친 법리 위주의 해석으로 판결이 지나치게 경직될 뿐만 아니라 판결의 과정이 느리고 높은 비용이 들었기 때문이다. 보통법원에서의 판결에 불만을 품은 이들이 왕을 직접 찾아가 패소한 자신들의 판결에 대한 '구제(remedy)'를 요구하기 시작했고, 이에 왕은 자신의 권한에서 허락되는 '자비(mercy)'와 '양심(conscience)'에 따른 판단을 통해 이들을 구제해 주는 실행이 늘어나게 된다. 이른바 상고법원의 기능을 담당하던 이러한 법적인 실천이 14세기부터 직속 판사(Chancery)를 두고 '형평법원(Court of Equity Law)'이라는 이름으로, 제도적으로 분화하게 된다. 이후 '보통법원(Court of Common Law)'과 '형평법원'은 제도적인 경쟁 관계를 형성한다(Thornhill 2011, 139-153).

홉스는 17세기 내전으로 약체화된 영국 공동체에서 보통법원 판사들의 법적인 실천은 정치공동체에 배태되어 있는 가치를 발굴하면서 규범적이고 실체적인 접근을 추구한다고 보았다. 지속되는 내전의 정치적 불안정성을 일소하기 위해 강력한 법체계를 원했던 그는 법이 제정되고 공포되면 그 자체로 권위를 지녀야 한다고 보았고 따라서 법의 내용 자체에 천착하는 이러한 규범주의적인 법적 실행보다 형식주의적인 접근이 보다 긴요하다고 생각했다(Bobbio 1993, 114-148). 따라서 절대주의적인 질서의 정점에 놓여있는 국가의 주권자의 명령으로 법을 개념화하고 이 주권자인 왕의 법적인 실행 장소로서의 형평법원을 옹호했다. 형평법원에서 왕의 '법적인 추론'인 '양심'과 '은혜'의 재료로서의 '형평'은 인간이 본원적으로 지니고 있는 '자연적 이성'으로 행하는 도덕적인 추론의 행위와 그 결과를 뜻한다(Mathie 1987, 260-261). 그리스어 'epieikeia'의 어원을 가지고 있는 이 개념은 아리스토텔레스가『니코마코스 윤리학』에서 '공평무사함'과 '예측성'을 추구하며 일률적인 법규의 적용으로 발생하는 '법의 지배'의 경직성과 부조리성에 대한 구제의 대안으로 제시되었다(Duke 2019).

홉스는『대화』에서 주권자가 법을 해석하고 판결하는데 이 '형평'이라는 '자연적 이성(natural reason)'을 사용하며 이는 판사의 '인위적 이성(artificial reason)'을 통한 법의 해석과 평결보다 우월하다고 주장을 이끈다. 보통법 체계에 대한 홉스의 비판은 세 가지로 압축된다. 첫째, 홉스는 보통법의 근간인 '관습(custom)'은 결코 영원한 그 무엇이 아니며 그저 전 시대의 주권자였던 왕들에 의해 재가되어 '법률(statute 혹은 written law)'로 남은 것에 불과하다고 보았다(Goldie 2019). '관습'에 대한 논의는 영국이 가장 자유로웠던 시기라고 믿어지던 색슨 시기를 이데올로기적으로 뒷받침하는 '고래 헌정(ancient constitution)'의 담론에서 비롯된다(Pocock 1957). '고래 헌정' 이념은 법은 기원을 넘어서서 시원을 알 수 없는 관습(immemorial custom)의 산물이고, 그렇기에 공동체의 지혜로 계속해서 '발굴(discover)'해야 하며, 공동체에서 발생하는 모든 문제에 대한 '영원한 처방전(eternal prescription)'으로 작용한다는 믿음 체계다(Corry 1954, 624-637; Pocock 1957, 30-69). 17세기 영국의 정치담론 지형에서 왕당파와 의회파 모두 권력의 정당성을 입증할 근거로 삼을 만큼 강력한 힘을 발휘하고 있었던 '고래 헌정'에서 유래하는 '관습'의 이념을 공격하는 것은 무척 도전적인 일이었다. 그러나 홉스는 다음과 같이 단조한 어조로 말한다.

> 관습은 주권자가 침묵하고 있는 동안에만 법이 될 수 있다. 그러므로 만약 주권자가 그의 현재의 통치의 의지가 아니라 기존 법률에 근거한 신민의 권리에 대해 의문을 품는다면, 그 권리가 아무리 오랫동안 관습적으로 인정되어온 것이라 할지라도 주권자는 이를 거부할 수 있다(L, 185-186).

홉스는 관습을 '법률(statute)'과 '불문법(unwritten law)'으로 구별하고, '법률'이 효력을 발휘하는 과정에서 수반되는 실정법의 강제력은 오직 주권자가 제공하며 또한 '법률'을 변경하거나 폐기하는 것은 판사의 판결이 아닌 주권자의 유권해석임을 강조한다. 다시 말해 관습의 시원은 기억을 넘어서지만 그것이 계승되고 유지되는 과정은 반드시 주권자의 '재가(sanction)'와 '권위(authority)'를 요구한다는 것이다(Klimchuck 2012, 165-185). 홉스는 '개벌카인드(gavelkind)' 법의 실례를 제시한다. 이 법은 웨일즈와 아일랜드 지역을 일컫는 켄트(Kent) 지방에서 운위되던 셀틱법(Celtic law)에 바탕으로 한 토지상속에 관한 법률이다. 잉글랜드 지역에는 토지 소유자가 사망했을 때 그 토지의 소유권을 장자에게 상속하도록 했다. 이 관습은 1066년 정복자 윌리엄 1세가 영국의 국왕이 된 후 그의 명령으로 실행되었다. 그러나 '개벌카인드' 제도는 분할상속제로서 아들들을 비롯한 상속자들에게 모두 균등하게 나누어 주도록 규정했다. 윌리엄 1세에 의해 정복되지 않았던 켄트 지역에서는 이 '개벌카인드'의 게르만의 관습법이 지속되었던 것이다(Yale 1972, 121-156).

또한 홉스는 관습이 유지되거나 폐지되는 과정은 주권자의 '형평'의 자연적인 이성의 작용이라고 말한다. "만약 관습이 비이성적이라면, 당신(법률가)은 당신의 동료들과 함께 이 관습은 법이 아니며, 따라서 폐지되어야 한다고 고백해야 한다. 관습 그 자체가 법이 되는 것이 아니며 관습을 유지시키는 것은 (왕의) 자연적 이성, 즉 '형평'의 산물이다"(D, 25).

둘째, 홉스는 판사의 판결에 통합성을 제공한다고 믿어지는 '선례구속주의(stare decisis)' 원칙을 부정했다. 판사가 판결을 내릴 때 앞선 유관 판결들에 스스로 구속되어 판결의 일관성과 유연성을 확보하려는 원리를 일컫는 선례구속주의는 보통법 체계의 근간을 형성한다. 20세기의 법철학자 드워킨(Ronald Dworkin, 1931-2013)은 선례구속주의를 상찬한 바 있다. 법률가가 스스로 선대 법률가의 판결을 존중하고 이를 창의적으로 발전시키는 '연작 소설(chain novel)'을 쓰면서 법의 '통합성(integrity)'을 실현시키는 중요한 원칙이라는 것이다(Dworkin 1986). 그러나 홉스는 "판사의 판단이 법이 된다는 기록은 어디에도 없다. 판사의 판단은 오직 아첨꾼의 애원만을 구제해 줄 뿐이기 때문이다"(D, 56)라고 조소하며, 대부분의 선례가 존재하지 않는 경우 판사들의 판결을 결국 '추정'이라는 비이성적 판단에 그치고 만다고 지적한다.

『리바이어던』에서 홉스는 다음의 일례를 든다. 갑이 살인의 혐의로 기소를 당했는데 그는 재판부의 편파성을 알고 있어 도주를 결행했다. 그 후 다시 잡혀서 결국 살인의 무죄가 났음에도 불구하고 재판부는 갑이 했던 도주에 벌을 물어서 결국 갑의 모든 재산을 몰수했다. 당시 영국법에는 오늘날의 '무죄추정의 원칙'과 같은 법이 없어서 판사는 갑이 도주를 했다는 사실에 죄를 물어 결국 갑의 재산을 몰수했다. 홉스는 이처럼 사례를 다루는 법이 부재하고 기댈 수 있는 선례도 없는 상황에서 판사는 오로지 자신의 추정에 근거해서 갑의 재산을 몰수하는 판결을 냈다는 점을 지적하면서 이는 '영국법'도 아니고 '관습'도 아니라고 혹평한다(L, 193). 결국 선례구속주의라는 미명하에 보통법 판사들의 '부정확한 추정'으로 이뤄지는 판결만 늘어간다는 것이다.

그러나 이러한 비판의 근저에 깔린 보다 깊은 동기는 보통법정 판사들의 우위성을 부정하기 위함이다. 에드워드 쿡(Sir Edward Coke)이 제임스 1세와 왕의 재판관할권을 놓고 갈등을 겪으면서 제시한 테제인 '인위적 이성(artificial reason)'의 우위성을 부정하기 위해[9] 그는 『대화』에서 다음과 같은 논변을 제시한다.

> 법률가: 법의 이성은 이성의 최고봉일세. 왜냐하면 그 법의 이성은 오랜 세월을 거쳐 많은 지성들의 사유를 통해서 갈고 닦여서 완성된 것이기 때문일세. 영국의 법도 위대하고 학식 있는 영국의 지성에 의해서 셀 수 없이 정제되어서 완성될 것일세(D, 55).

> 철학자: 그것을 부분적으로만 옳은 이야기일 수 있지 않겠나. 그러나, [자네가 말하는 위대하고 학식 있는 지성들의] '법적 이성'이라는 개념만큼 모호한 게 있겠나. 세상에는 그런 것은 없네. 오직 '인간의 이성'만이 있을 뿐이라네. 아마도 자네는 판사들의 이성을 말하는 듯하네. 그러나 내가 보기에는 그 판사들의 이성은 법을 결코 만들어내지는 못하네. 오직 법에 대한 권한만을 가지고 있을 뿐이지. 영국의 역사는 법은 의회, 귀족, 평민들과 상의를 마친 후 결국 왕이 만들었다

---

9   17세기 영국의 사법 제도는 왕 관할의 재판소와 판사 관할을 재판소로 나뉘어 있었다. 고등법원(Court of King's Bench)의 재판장이었던 영국왕은 헨리 8세부터 성실원(Star Chamber)이나 고등종무재판소(Court of High Commissioner)에서 재판을 관할해 왔다. 그러나 제임스 1세에 들어서 왕의 재판 관할권을 기존에는 판사가 관할했던 보통법원까지 확장시켰다. 이에 고등법원장이였던 에드워드 쿡은 재판은 넓은 지식과 법에 대한 오랜 경험을 통해 획득된 '인위적 이성'을 갖춘 자만이 할 수 있기 때문에 왕이 가지고 있는 '자연적 이성'으로는 재판을 할 수 없다고 말하면서 '법 앞에서는 왕도 평등하다'라는 근대적 의미의 '법의 지배'의 이념을 추출했다. 이 논의는 William(2014, 86-107) 참고.

는 것을 보여주고 있네(D, 55).

『법의 기초』에서의 논변은 보다 정제되어 있다.

아무리 오래 공부를 해서 학식과 지혜가 풍부해도 애초에 그 학문이 잘못된 전제 위에 세워졌다면 오류가 있는 문장들을 확인하고 증가시킬 수 있다. 이 과정이 지속될수록 이것의 폐해는 더 깊어진다. 같은 양을 같은 정도로 공부해도 이성의 행위와 그리고 결정의 행위는 불일치할 수 있다. 따라서 법을 만드는 것은 '법률가의 지혜(Juris-prudentia)'나 혹은 법률 관리들의 지혜로 완성되는 것이 아닌 정치공동체의 인위적인 인간인 주권자의 이성이며 그리고 그의 명령으로 완성된다(EL, 187).

2. 이단의 문제

홉스는 왕의 권한이 판사의 이성을 능가한다는 논의에 대해 '법은 공포되어야 한다'라는 테제를 주창한다. 홉스는 철학자의 입을 빌려 다음과 같이 말한다.

철학자: 쿡경은 법의 영혼(Anima Legis)을 판사들의 지혜(wisdom)와 숙고(deliberation)라고 말했지만 나는 동의하지 않네. 왕 역시 법 중의 법인 '이성의 법(Law of Reason)'을 만드는데, 이 과정에서 의회나 왕의 부속기관(council)의 지혜로운 자들이 만들 법들을 이용하거나

혹은 판사들의 지혜를 근거로 해서 만들기 때문이지. 그리고 가장 중
요한 것은 왕이 그 법을 '공포'한다는 사실일세(D, 62).

홉스에게 진정한 법은 반드시 '공포'의 과정을 거친 것인데, 그 이유
는 법이 공포될 때 비로소 공중의 '공적 이성'을 통해 받아들여지는 '수용'
의 과정이 수반되기 때문이다. 이 같은 입장은 당시의 시대정신이었던
종교개혁과 관련하여 '신의 말씀'이 왜 반드시 '성경'으로 문자화되어야
하는가 라는 물음과도 결부되어 있다. '신의 은총'이 교회의 성직자나 신
학자들에 의해 독점되어 민중의 구원이 그들의 손에 좌지우지되었던 상
황을 타파하기 위해 일어난 종교개혁의 시대정신처럼, 홉스에게 법은 판
사들의 '신비로운' 이성의 작용에 그치는 것이 아닌 '문자'의 형태로 성문
화되어 그 법의 수범자인 시민들에게 인지되고, 해석되고, 수용되는 과
정이 포함되어야 했던 것이다(Cropsey 1971, 25). 이 논의는 현대 '법의 지
배'의 원리를 구성하는 법의 공포성(publicity)을 구성한다. 그러나 정작
홉스 자신에게 중요한 것은 '법의 공표'를 수행하는 주체가 '판사'가 아닌
'왕'이고, 따라서 법을 진정으로 법으로 만드는 주체는 오직 왕이라는 점
이다.

한편 이러한 법리적인 논증을 넘어서 홉스가 법에 대한 판사의 우위
를 비판하고자 했던 직접적인 이유는 '이단'에 대한 논의와 관련된다. 쿡
경의 '인위적 이성' 개념의 허점을 드러낸 지점으로 홉스는 당대 영국 사
회의 뜨거운 논쟁의 주제였던 '이단(heresy)'에 대한 논의를 제시하고 '바르
톨로뮤 레거트(Bartholomew Legate)' 사건을 예로 든다. 제임스 1세는 1605
년 즉위한 후 영국의 국교회인 성공회를 제외한 모든 종파에 대해 탄압

을 단행했다. 이 중에서 바르톨로뮤 레거트와 그의 두 명의 형제는 삼위 일체성을 부정하는 교리를 자신들의 고향인 에섹스에서 설파했다. 신성모독죄와 이단죄로 기소된 바르톨로뮤가 제임스 1세와 재판 당시 나눈 논쟁은 공중의 관심을 끌었다. 비록 이 논쟁은 제임스 1세가 당시 캔터베리 대주교로 막 임명된 조지 오봇 대주교(Bishop George Abbot, 1562-1633)와의 권력투쟁의 일환으로 자신의 권한을 보다 정통성 있게 보여주기 위한 정치적 연극이었음에도 불구하고 당대 영국사회에서 '이단'에 대한 논쟁에 불을 지폈다. 바르톨로뮤는 교회 법정에서 이단으로 판명을 받아 결국 화형을 당했고 대중 사이에는 그의 죽음에 대해 동정의 감정이 일었다(Durston 2006, 123-134).

에드워드 쿡은 이 사건을 이단의 판결이라고 못 박았지만, 홉스는 바솔로뮤 형제 사건이야말로 아무런 정당성이 없는 교회 법정 재판에 의한 희생양이라고 비난하면서 판사의 나쁜 판결의 대표적인 예라고 지적했다. 홉스는 "판사가 중범죄를 결정하는 것만큼 임의의 판단이 어디에 있는가?"(D, 88)라며, 레거트 판결에 불만을 표하며 사적인 영역에 속하는 개인의 '신앙'과 '양심'은 사법부가 판단의 대상으로 삼을 수 없다고 지적했다. 선술한 '찬양의 자유'에 속하는 이 영역을 홉스는 공적인 영역에서 '의견(opinion)'이라는 차원으로 다루어져야 한다고 제안한다. 이는 종교적인 신념으로 공적인 사안을 다룰 때 결국 '국왕 살해'나 목숨을 마다하지 않은 '저항'과 같은 교조주의로 흐르는 것이 정치공동체를 위험에 빠뜨리거나 파국으로 몰고 갈 것이라고 보았기 때문이다.

결국 홉스는 보통법에 대한 회의를 표명한다. 무엇보다도 경험 세계에서 일어나지 않은 일들에 대한 보통법의 판결이 근본적인 한계를 노정할 수밖에 없다고 생각했다. 따라서 그는 공포된 시민법이 부재한 상황에서는 불가피하게 주권자의 '양심'에 근거한 도덕적인 추론이 불가피하다고 보았다. 홉스는 주권자의 도덕적인 추론을 그가 지닌 '자연적 이성(natural reason)'의 산물이라고 보았고 이를 '형평(Equity)'이라고 제시했다(Sorell 2014, 108-121).

> [보통법원의 판사들은] 새로운 사건의 맡은 경우에도 판사들은 새로운 원칙을 생성한다기 보다 그저 중립적인 중재자의 역할만을 담당하는 반면 [형평법원의] 주권자는 오로지 그의 '자연적 이성'으로 형성되는 '형평'의 원리로서 판단한다(L, 192).

'자연적 이성'은 선술한 쿡의 '인위적 이성'에 대한 대항 개념이다. 홉스는 낡은 법규를 보며 아첨꾼의 간청에 현혹되는 보통법의 판사들이 오류와 부패투성이의 판결을 이끄는 것과 대조적으로, 왕과 형평법원의 판사(Chancery)들은 중인들의 증언을 직접 경청하고 판단하면서 각 사안에 대한 효과적인 '구제책(remedy)'을 제시한다고 믿었다. 그리고 이 과정에서 동원되는 재료는 그의 '양심'과 '자비'라는 '자연적 이성'이며 이를 바탕으로 생성해 내는 도덕적인 추론으로 '형평'을 제시했다. 마찬가지로 주권자가 기존의 법률(statute)에 대해 판단하고 이를 갱신 파기할 때도 그는 '형평'의 판단을 한다고 주장한다. 이렇듯, 주권자가 법을 제정할 때 '홀로 고독하게' 내리는 도덕적인 판단으로 '형평'을 제시하면서 홉스는 왕의 자연적 이성이 판사의 인위적 이성보다 우월함을 논증하였다. 보다 심층적으로 보면 법에 대한 정치의 우위에 대한 홉스의 이 같은 논증은 강력한 정치권력을 형성하기 위한 제도적인 기틀로서 통일된 법체계를 마련하고자 했던 그의 정치적인 판단의 일환이기도 했다.

V. 결론

　　최근 홉스의 법 개념이 각광받고 있는 이유 가운데 하나는 그의 법 개념이 오늘날 후퇴하고 있는 '민주주의'에 경합하는 이념으로 제시되는 '법의 지배'의 의미를 새롭게 조망하게 하기 때문일 것이다. '비자의성', '일반성', '예측 가능성', '공포성'과 같은 특성을 갖는 '법의 지배'는 주권자의 통치에 효율성을 제공하는 훌륭한 '통치의 기예'임이 분명하다. 그러나 이 논문에서 발굴한 홉스의 법 개념은 이를 다시 반추하게 한다. 국가의 생성기와 운용기에 펼쳐지는 그의 법의 다양한 모습들을 차치하고서라도 '법의 생성'을 이론화하면서 보여주었던 논의는 우리 공동체에 많은 의미를 던져주고 있다. '법의 지배'는 이 법의 권위에 스스로 복종하는 시민들의 정치적인 결사에 대한 의지가 전제되어야 한다고 주장하면서 정치권력의 정당성의 문제를 제기하기 때문이다. 확대되어 해석하면, 법의 진정한 지배는 그 국가에 대한 애초의 계약에 대한 지속적인 '갱신'의 국면을 스스로 내포하고 있다는 의미이다.

참고문헌

김병곤. 2014. "Discourse on Law에 나타난 홉스의 법의 관념." 『원광법학』 30 권 4호, 269-288.

박종현. 2009. 「대화편(Dialogue)」에 드러난 홉스의 법이론: 근대 초기 영국법에 대한 철학적 논의." 『원광법학』 25권 4호, 95-115.

오세혁. 2004. 『법철학사』. 서울: 세창출판사.

이승영. 2001. 『17세기 영국의 수평파운동』. 서울: 민연.

Bobbio, Norberto. 1993. *Thomas Hobbes and the Natural Law Tradition*, translated by Daniela Gobetti. Chicago: University of Chicago Press.

Brett, Annabel S. 1997. *Liberty, Right and Nature: Individual Rights in Later Scholastic Thought.* Cambridge: Cambridge University Press.

Corry, James Alexander. 1954. "The Use of Legislative History in the Interpretation of Statutes." *Canadian Bar Review* 32(6): 624-637.

Cromartie, Alan and Quentin Skinner. 2005. *Thomas Hobbes: Writings on Common Law and Hereditary Right.* Oxford: Oxford University Press.

Cropsey, Joseph, 1971. "Introduction." In *A Dialogue between a Philosopher and a Student of the Common Laws of England*, edited by Joseph Cropsey, 1-48. Chicago: Chicago University Press.

Duke, George. 2019. *Aristotle and Law: The Politics of Nomos.* Cambridge: Cambridge University Press.

Durston, Christopher 2006. "James I and Protestant Heresy." In *James VI and I: Ideas, Authority, and Government*, edited by Ralph Houlbrooke, 123-134. London: Routledge Press.

Dworkin, Ronald. 1986. *Law's Empire.* Cambridge: Belknap Press of Harvard

University Press.

Dyzenhaus, David. 2001. "Hobbes and the Legitimacy of Law." *Law and Philosophy* 20(5): 461-498.

Fox-Decent, Evan. 2012. "Hobbes's Relational Theory: Beneath Power and Consent." In *Hobbes and the Law*, edited by David Dyzenhaus and Thomas Poole, 118-144. Cambridge: Cambridge University Press.

Galligan, Denis J. 2014. "The Levellers, the People, and the Constitution." In *Constitutions and the Classics*, edited by Denis J. Galligan, 122-151. Oxford: Oxford University Press.

Goldie, Mark. 2019. "The Ancient Constitution and the Language of Political Thought." *The Historical Journal* 62(1): 3-34.

Goldsmith, Maurice. M. 1996. "Hobbes on Law." In *The Cambridge Companion to Hobbes*, edited by Tom Sorell, 274-304. Cambridge: Cambridge University Press.

Grotius, Hugo. 2012a[1625]. *Hugo Grotius on the Law of War and Peace*, edited by Stephen C. Neff. Cambridge: Cambridge University Press.

Grotius, Hugo. 2012b. *On the Law of War and Peace: Student Edition*, edited by Stenphen. C. Neff. Cambridge: Cambridge University Press.

Haakonssen, Knud. 1996. *Natural Law and Moral Philosophy: From Grotius to the Scottish Enlightenment*. Cambridge: Cambridge University Press.

Haakonssen, Knud. 2017. "Hugo Grotius and the History of Political Thought." In *Grotius and Law*, edited by Larry May and Emily McGill, 69-95. London: Taylor and Francis.

Harrison, Ross. 2012. "The Equal Extent of Nature and Civil Law." In *Hobbes and the Law*, edited by David Dyzenhaus and Thomas Poole, 22-38. Cambridge: Cambridge University Press.

Hobbes, Thomas. 2008[1640]. *The Elements of Law Natural and Politic*[EL], edited by J. C. A. Gaskin. Oxford: Oxford University Press.

Hobbes, Thomas. 2008[1642] *On the Citizen*[DC], edited by Richard Tuck and Michael Silverthorne. Cambridge: Cambridge University Press.

Hobbes, Thomas. 2008[1651]. *Leviathan*[L], edited by Richard Tuck. Cambridge: Cambridge University Press.

Hobbes, Thomas. 2008[1661]. *A Dialogue between a Philosopher and a Student of the Common Laws of England*[D], edited by Jeseph Cropsey. Chicago: Chicago University Press.

Hoekstra, Kinch. 2003 "Hobbes on Law, Nature, and Reason." *Journal of the History of Philosophy* 41(1): 111-120.

Klimchuck, Dennis. 2012. "Hobbes on Equity." In *Hobbes and the Law*, edited by David Dyzenhaus and Thomas Poole, 165-185. Cambridge: Cambridge University Press.

Loughlin, Martin. 2017. *Political Jurisprudence*. Oxford: Oxford University Press.

Malcolm, Noel. 1991. "Hobbes and Spinoza." In *The Cambridge History of Political Thought, 1450-1700*, edited by J. H. Burns, 530-558. Cambridge: Cambridge University Press.

Mathie, William. 1987. "Justice and Equity: An Inquiry into Meaning and Role of Equity in the Hobbesian Account of Justice and Politics." In *Hobbes's 'Science of Natural Justice'*, edited by Craig Walton and Paul J. Johnson, 257-276. Dordrecht: Martinus Nijhoff.

May, Larry. 2013. *Limiting Leviathan: Hobbes on Law and International Affairs*. Oxford: Oxford University Press.

Mendle, Michael. 1995. *Henry Parker and the English Civil War: The Political*

Thought of the Public's "Privado". Cambridge: Cambridge University.

Pettit, Philip. 2008. *Made with Words: Hobbes on Language, Mind, and Politics*. Princeton: Princeton University Press.

Pocock, John Greville Agard. 1957. *The Ancient Constitution and the Feudal Law: A Study of English Historical Thought in the Seventeenth Century*. Cambridge: Cambridge University.

Runciman, David. 2013. "The Sovereign." In *The Oxford Handbook of Hobbes*, edited by A. P. Martinich and Kinch Hoekstra, 359-377. Oxford: Oxford University Press.

Skinner, Quentin. 2008. *Hobbes and Republican Liberty*. Cambridge: Cambridge University Press.

Skinner, Quentin. 2010. "The Sovereign State: A Genealogy." In *Sovereignty in Fragments: The Past, Present and Future of a Contested Concept*, edited by Hent Kalmo and Quentin Skinner, 26-46. Cambridge: Cambridge University Press.

Sorell, Tom. 2014. "Constitutions in Hobbes's Science of Politics." In *Constitutions and the Classics: Patterns of Constitutional Thought from Fotescue to Bentham*, edited by Denis J. Galligan, 108-121. Oxford: Oxford University Press.

Sorell, Tom. 2016. "Law and Equity in Hobbes." *Critical Review of International Social and Political Theory* 19(1): 29-46.

Strauss, Leo. 1953. *Natural Right and History*. Chicago: University of Chicago Press.

The Holy Bible. 1998. Oxford: Oxford University Press.

Thornhill, Christopher. 2011. *A Sociology of Constitutions: Constitutions and State Legitimacy in Historical-Sociological Perspective*. Cambridge:

Cambridge University Press.

Tuck, Richard. 1993. *Philosophy and Government, 1572-1651*. Cambridge: Cambridge University Press.

Tuck, Richard. 2001. *The Rights of War and Peace: Political Thought and the International Order from Grotius to Kant*. Cambridge: Cambridge University Press.

Vinx, Lars. 2012. "Hobbes on Civic Liberty and the Rule of Law." In *Hobbes and the Law*, edited by David Dyzenhaus and Thomas Poole, 145-164. Cambridge: Cambridge University Press.

Williams, Ian. 2014. "Edward Coke." In *Constitutions and the Classics: Patterns of Constitutional Thought from Fortescue to Bentham*, edited by Denis Galligan, 86-107. Oxford: Oxford University Press.

Yale, D. E. C. 1972. "Hobbes and Hale on Law, Legislation and Sovereign." *The Cambridge Law Journal* 31(1): 121-156.

Zagorin, Perez. 2009. *Hobbes and the Law of Nature*. Princeton: Princeton University Press.

4장

현대 자유주의의 위기와 지평*

김민혁

I. 서론

이 글은 일차적으로 최근 서구학계에서 '자유주의의 위기'와 관련하여 진행되고 있는 담론들을 구체적이고 비판적으로 검토하고, 이에 대한 대안으로서 자유주의 전통 그 자체를 다양한 변용에 열려있고 '본질적으로 논쟁적인 개념(essentially contested concept)'으로 재해석하고자 하는 일련의 노력을 소개하는 것을 목표로 한다. 나아가, 이 글은 국내학계에서 진행된 자유주의 연구의 주요 성과들과 한계점을 살펴보고, 2000년대

---

* 이 글은 2023년 4월 『서강인문논총』 66호에 게재된 "자유주의 전통의 다양성과 논쟁성: 자유주의 위기담론 및 자유주의 연구방법론 고찰"을 수정·보완한 것이다.

이후 본격적으로 발전하고 있는 비교정치사상(comparative political theory)의 논의를 바탕으로 앞으로 한국 자유주의 연구가 참고해야 할, 혹은 지향해야 할 방법론적 방향을 제시해 보고자 한다.

서구의 자유주의 전통에 대한 국내 학계의 관심은 민주화 이후 한국 민주주의가 나아갈 길에 대한 사회적 담론이 본격적으로 형성되기 시작하던 2000년대 초반부터 눈에 띄게 증가하여 현재까지도 꾸준하게 이어져 오고 있다. 특히, 민주주의와의 관계 속에서 자유주의의 상충적 혹은 상보적 속성들을 이해하려는 연구들이 여러 각도에서 이루어져 왔다(문지영 2011a; 이동수 2013; 정진영 2018). 또한, 한국 근현대사에서의 (서구) 자유주의 전통의 수용과 변용에 관한 연구도 주목할 만큼 성장하고 있다(문지영 2011b; 이나미 2021). 이와 같은 노력은 '자유민주주의'라는 개념이 냉전시기 동안에는 '반공(反共)'의 이데올로기로서, 그리고 90년대 말 외환위기 이후에는 '신자유주의'적 사회체제 개편의 이념적 도구로 동원되어 온 개념사적 맥락을 비판적으로 분석하고 오늘날 자유민주주의가 마주하고 있는 도전과 위기에 어떻게 대응해야 할지에 관한 공적 논의를 진전시키는 데 있어서 중요한 역할을 해왔다.

그러나 자유주의에 관한 국내에서의 기존 연구들은 '자유주의' 전통을 어떻게 정의하고 이해해야 하는지에 대해 최근 20~30여 년간 서구학계에서 이루어진 풍부한 논의와 새로운 관점들에 대해 충분한 관심을 기울이지 못한 채, 체계적인 방법론적 기초가 미발달된 상태로 자유주의를 규정하고 논평하는 경향을 보이고 있다. 이로 인하여, 우리사회에서 자유주의는 다양한 층위에서 — 예컨대, 신자유주의의 기원으로서(김동춘 2018), 친(親)제국주의의 이념으로서(이나미 2021), 혹은 국가의 '사회적 책임'에 관한 관점이 결여된 불완전한 이데올로기로서(최일성 2015) ─과도한 비판의 대상이 되어온 것도 사실이다.

오늘날 자유주의는 현존하는 자유민주주의 시스템에 대한 대중들의 실망과 분노의 증가,[1] 그리고 비-자유민주주의(illiberal democracy) 세력에 의한 자유주의적 가치와 제도에 대한 노골적인 공격 등으로 인하여 새로운 도전에 직면하고 있다. 그리고 이와 같은 현재 진행 중인 자유주의의 위기는 '자유주의' 그 자체에 대한 근본적인 문제제기 혹은 변화의 요구로까지 이어지고 있다(Fukuyama 2022; Luce 2017). 그러나 역사적으로 자유주의는 많은 위기론을 경험하고 극복해 온 과거가 있으며 오늘날 자유주의의 위기도 이러한 맥락에서 이해할 필요가 있다(Cole and Craiutu 2018). 또한, 2000년대에 들어서면서 자유주의 전통의 개방성과 다양성을 강조하는 시각들이 강조되고 있고(Abbey 2005; Bell 2014), 이와 관련하여 주목할 만한 연구들이 꾸준히 출간되고 있다. 이와 같은 대안적 관점에 대한 이해는 오늘날 자유주의가 당면하고 있는 위기에 어떻게 대응하고 진화하고 있는지를 살펴보는 데 있어서 필수적인 과제라고 할 수 있을 것이다.

나아가, 자유주의의 개방성과 다양성을 강조하는 새로운 관점은 국내학계에서 지금까지 이루어진 자유주의 연구의 성과와 한계를 검토하는 데 있어서도 유용한 지표를 제공함을 이 글은 주장한다. 「무엇이 자유

---

1   이러한 분노와 실망의 증가는 최근 십수 년 동안에 진행된 (세계화에 따른) 불평등의 증대, 반복되는 금융위기, 그리고 반(反)이민자 정서의 고조와 긴밀하게 연관되어 있다(Isaac 2017a).

주의인가?」라는 논문에서 정치사상사 연구자 던컨 벨(Duncan Bell)이 지적했듯이(Bell 2014, 682), '자유주의'라는 용어는 수많은 정치사상 혹은 사회과학 연구들에서 "현기증 날 만큼 다양한 방식으로" 사용되고 있다. 따라서 자유주의 전통을 단일하고 경계가 뚜렷한 규범적 정치철학 사조 혹은 이념형(ideal type)으로 규정하거나, 아니면 로크, 칸트, 밀, 롤즈와 같은 자유주의를 대표한다고 여겨지는 사상가들의 저작들로부터 자유주의의 동질적인 이론적 기반을 "추출"하려는 기존의 접근방법은 자유주의의 다양성을 이해하는 데 근본적 한계가 있다.[2] 이러한 문제의식에서 이 글의 Ⅲ절에서는 벨을 비롯한 오늘날 다수의 자유주의 연구자들이 채택하고 있는 맥락주의적·포괄적 접근방법을 알아본 뒤, Ⅳ절에서는 이를 바탕으로 한국 자유주의 연구의 방법론적 토대를 비판적으로 검토한다. 끝으로 Ⅴ절에서는 한국의 자유주의 전통에 대한 연구가 단지 특정 시기와 지역에 국한된 사례연구를 넘어서 전세계적 차원에서의 자유주의의 발전과 변화의 연구에 기여할 수 있기 위해서는 최근 '비교정치사상' 분야에서 제시되고 있는 접근법과 방법론적 논쟁에도 관심을 기울일 필요가 있음을 주장하고자 한다.

---

2   벨의 표현에 따르면, 전자의 접근법은 "약정적 접근법(stipulative approach)", 후자의 접근법은 "정통적 접근법(canonical approach)"에 해당한다(Bell 2014, (685-689).

Ⅱ. 자유주의의 위기에 관한 최근의 논의들

1990년대 초반, 탈냉전의 도래에 즈음하여 프란시스 후쿠야마(Francis Fukuyama)가 『역사의 종언』을 통하여 자신 있게 외쳤던 자유주의의 최종 승리선언, 그리고 자유민주주의의 확산에 대한 낙관은 그 후 지난 30여 년간 동안에 수많은 비판과 도전에 직면해 왔다. '비-자유민주주의(illiberal democracy)'의 부상에 대한 파리드 자카리아(Fareed Zakaria)의 잘 알려진 경고가 이미 1997년도에 제시되었고(Zakaria 1997), 전세계 주요 국가들에서 자유주의적 헌정주의의 쇠퇴에 대한 그의 경고는 극우성향의 정당 및 운동들이 기능부전에 빠진 자유민주주의 시스템에 대한 불만을 등에 업고 자유주의적 정치제도와 원칙들을 정면으로 공격할 때마다 빈번하게 소환되곤 한다. 정치이론가 웬디 브라운(Wendy Brown)이 『민주주의 살해하기(*Undoing the Demos*)』에서 지적하였듯(Brown 2015), 탈냉전 이후 전세계적 차원에서 급속하게 진행된 다양한 영역에 걸친 신자유주의적 구조조정은 자유민주주의의 기본적 구성요소들—예컨대, 자유, 평등, 포용, 헌정질서 존중의 가치들—을 서서히 망가뜨려 왔으며, 이는 민주주의의 위기를 심화시키고 반-자유주의 세력이 영향력을 확대할 수 있는 토대를 마련해주었다.

21세기에 들어서 자유주의의 "실패" 혹은 "쇠퇴"와 관련한 목소리가 본격적으로 터져나오기 시작한 것은 2015-16년에 서구에서 연이어 발생한 극우성향의 정당 및 우파 포퓰리즘 운동의 전례를 찾아보기 힘든 득세와 긴밀히 맞물려 있다. 구체적으로, 2015년 유럽 난민위기가 발생한 직후에 유럽의 주요 민주주의 국가들(e.g., 오스트리아, 핀란드, 네덜란드, 독일 등)에서 이민배척주의(nativism)를 내세운 반-자유주의 운동이 급속히 세력을 확장하였고,[3] 2016년에는 영국의 브렉시트와 미국의 트럼프 대통령 당선 등의 사건들이 발생하며 서구 자유민주주의 시스템의 우파 포퓰리즘으로부터의 공격에 대한 취약성이 주요 이슈로 부각되기 시작했다. 저널리스트 에드워드 루스(Edward Luce)는 2017년에 출간되어 화제가 된 그의 저서『서구 자유주의의 쇠퇴』에서 자유주의 성향의 정치지도자들의 오만함과 서구사회에서의 경제성장 둔화 등을 주요 원인으로 지적하며 이와 같은 흐름이 일시적 현상이 아니라 '서구 자유주의' 그 자체가 쇠퇴하고 있는 증거라고 주장한다.[4] 비슷한 맥락에서, 정치학자 셰리 버만(Sheri Berman) 또한 "자유주의는 어떻게 실패하였나"라는 에세이에서 서구 엘리트들이 "자유주의가 실제로 얼마나 소중한 동시에 불안정한지"에 대해 잊어버리고 말았다고 비판하며 오늘날 자유주의의 위기가 사회경제적 변화에 적절한 대응을 하는 데 실패한 지도자들과 정부들에 기인한다고 주장한다(Berman 2018). 여기서 강조하고 싶은 부분은,

---

3　타키스 파파스(Takis S. Pappas)를 비롯한 많은 논평자들이 주장하였듯이, 이민배척주의를 내세운 유럽의 극우정당들은 증가하는 이민자 규모에 대한 대중들의 '불안심리'와 '특권의 상실' 정서를 자극함으로써 전후 유럽의 핵심이념이라고 할 수 있는 '유럽통합'과 '정치적 자유주의'에 근본적인 도전을 제기하는 전략을 광범위하게 채택하였다(Pappas 2016).

4　미국의 정치이론가 제프리 아이작(Jeffrey C. Isaac)은 루스가 제시하는 "새로운 사회계약" 또는 서구 엘리트들의 "태도 변경"과 같은 해법이 모호하고 불충분하다고 비판한다. 보다 자세한 비평은 Isaac(2017b) 참조.

2015-16년을 기점으로 하여서 자유주의 "쇠퇴" 혹은 "실패"라는 단어가 공적 담론장에서 빈번히 사용되기 시작했다는 점이다. 이와 동시에, 앞서 언급한 루스나 버만 같은 논평가들의 비판은 자유주의 그 자체보다는 자유주의의 근본정신을 망각한 서구의 엘리트 집단을 향하고 있다는 특징이 있다.

반면에, 오늘날 자유민주주의가 처한 위기를 민주주의와 자유주의 사이의 근본적 상충의 문제로 해석하고, 민주주의를 자유주의로부터 분리하려는 자유주의의 근본주의적 비판가들의 시도들도 자유주의 위기 담론에서 중요한 자리를 차지하고 있다. 비-자유민주주의의 대표적 옹호자라고 할 수 있는 헝가리 총리 빅토르 오르반(Viktor Orbán)은 "현재 서구사회는 자유주의는 있지만 민주주의는 상실된 상황에 처했다"고 주장하며 유럽의 전통적인 기독교적 가족가치와 민족적 정체성, 민족적 자긍심을 바탕으로 한 '비-자유주의적' 민주주의만이 유럽 고유의 문명과 민주주의의 정신을 지키는 길이라고 강조한다(Orbán 2018). 자유주의와 민주주의의 정치적 지향점이 근본적으로 대립한다는 오르반의 주장은 자유주의의 비판가로 잘 알려진 바이마르 시기 독일의 법이론가 칼 슈미트(Carl Schmitt 1888-1985)가 한 세기 전에 자유주의적 제도와 가치를 비판하며 자유주의와 민주주의의 양립불가능성을 역설한 것과 상당히 닮아 있다.[5]

미국의 보수주의적 정치이론가 패트릭 드닌(Patrick J. Deneen) 또한

---

5   슈미트와 오르반의 사상적 친화성에 관해서는 Mészáros(2021)을 참조.

오르반과 유사한—그러나 완전히 같지는 않은—관점에서 자유주의 위기의 원인을 진단하고 처방한다(Deneen 2018).[6] 많은 논쟁과 비판을 불러일으킨 그의 2018년 저서 『왜 자유주의는 실패했나』의 핵심주장은 경제적 세계화와 문화적 보편주의를 지향하는 자유주의의 본질적 속성이 공동체주의적 "문화적 규범과 정치적 습관들"을 해체시킴으로써 민주주의의 기반을 파괴한다는 것이다(Deneen 2018, xiv). 그가 보기에, 오늘날의 자유주의의 위기와 친(親)권위주의 포퓰리즘의 득세는 자유주의가 그동안 파괴해 온 가족, 공동체, 종교적 가치와 규범에 대한 대중의 불만과 깊게 연결되어 있다.

그러나 자유주의가 본질적으로 자기모순적이고 반(反)민주적이라는 드닌의 주장은 커다란 논쟁의 대상이 되었으며, 특히 많은 자유주의 이론가들은 드닌의 견해가 자유주의 전통에 대한 심각한 왜곡 혹은 편협한 이해에 기반하고 있다는 점을 지적한 바 있다.[7] 이와 관련해 강조하고 싶은 점은 자유주의의 적실성에 관한 논쟁이 단지 소수의 학자들 사이의 학문적 논쟁의 차원에 국한되는 것이 아니라는 점이다. 오르반의 영향력은 그가 집권하고 있는 헝가리를 넘어서서 미국 보수주의자들의 열렬한 지지를 확보하는 데 이르고 있으며(Hounshell 2022), 자유주의와 반(反)자유주의의 이념적 대립의 심화는 전세계적으로 진행되고 있다. 물

---

6 드닌의 헝가리 방문(2019년)과 오르반에 의한 환대는 두 인물의 이념적 친화성을 강력히 시사한다.

7 드닌의 편향적인 자유주의 비판에 대한 지적에 관해서는 Kuttner(2019)의 논평 참조.

론 앞서 살펴보았듯 오늘날 자유주의가 처한 위기를 자유주의 본연의 문제로 볼 것인지, 아니면 자유주의적 가치를 충분히 구현하지 못하는 정치행위자들의 문제로 볼 것인지에 관해서는 상이한 입장들이 존재한다. 그런데 이 같은 비판들은 '자유주의'라는 경계가 분명하고 일관된 전통이 존재한다는 것을 암묵적으로 전제하고 있는 것으로 보인다. 그러나 자유주의 전통의 등장 및 발전에 관한 최근의 사상사 연구들은 이러한 믿음이 '비(非)역사적'이며 자유주의 전통이 실제로 구성되어 온 역사적 과정에 대한 잘못된 이해에 기반하고 있음을 지적하고 있다. 다음 절에서 이와 관련하여 보다 상세한 논의를 진행하고자 한다.

Ⅲ. 자유주의 전통에 대한 포괄적·맥락주의적 관점

슈미트, 오르반, 드닌 같은 자유주의 비판가들이 자유주의 전통을 단순화시켜 규정하고 이를 바탕으로 부정적인 이미지 — 예컨대, 오만함, 자기모순성, 반(反)민주성, 반(反)사회성 — 를 부각시켜왔던 반면에, 2000년대 이후 자유주의 연구자들 사이에서는 자유주의가 다양한 시·공간적 맥락과 상황 속에서 다양한 주체들에 의해 다양한 형태로 주장되고 발전되어 온 과정을 충분히 고려해야 한다는 시각이 확산되고 있다. 후자의 관점은 '자유주의'가 결코 단일한 개념 혹은 이념으로 압축될 수 없음을 주장하며 자유주의 전통에 대한 포괄적이고 맥락주의적 접근이 필요함을 강조한다. 이하에서는 이에 관한 두 가지 주요한 논의로서 먼저 "본질적으로 논쟁적인 개념(essentially contested concept)"으로서 자유주의를 규정하는 접근법을 살펴본 뒤, 다음으로 던컨 벨이 제시한 자유주의에 대한 맥락주의적 접근법의 필요성 및 구체적 내용을 논한다.

"본질적으로 논쟁적인 개념"은 스코틀랜드의 철학자 월터 브라이스 갈리(Walter Bryce Gallie)가 그의 1955년 논문에서 고안한 용어로, 어떤 특정 개념이 단일한 의미로 정의되기 보다는 다양한 의미의 쓰임들이 양립가능하고 그 의미에 관한 열린 논쟁의 과정이 허용되는 경우를 지칭한다. 이러한 속성은 대상이 되는 개념들이 수반하는 내적 복잡성과 애매성(vagueness)에 기인하며, 그 개념의 의미에 관한 열린 논쟁을 통해 본래의 핵심적 의미가 보존 혹은 진전되는 과정이 수반된다(Gallie 1955). 우리가 일상적으로 사용하는 '민주주의', '예술', '종교', '사회정의' 등의 개념이 발화주체에 따라서 상이한 의미로 사용되고 그 개념의 적합한 사용에 관한 논쟁은 영원히 지속될 수밖에 없는 특성을 지닌다는 갤리의 통찰은 '자유주의'라는 용어 혹은 개념이 수없이 다양한 방식으로 사용되어 온 역사를 이해하는 데 있어서 유용한 분석틀을 제공한다. 호주의 정치이론가 러스 애비(Ruth Abbey)는 2005년에 발표한 논문 「자유주의는 이제 본질적으로 논쟁적인 개념인가?」에서 갤리의 논변을 토대로 오늘날 자유주의를 둘러싼 다양한 견해들의 존재와 그들 사이의 끊임없는 경합이―개념적 혼란의 유발이 아니라―자유주의 전통 스스로를 "비판적으로 사유"하고 "재형성"하는 계기들을 형성한다고 주장했다(Abbey 2005).

물론 모든 자유주의 연구자들이 이러한 관점에 동의한다고는 말할 수 없을 것이다. 동시대 자유주의에 관한 가장 중요한 논평가 중 한 명인

존 그레이(John Gray)가 『자유주의의 두 얼굴』에서 지적하듯이, 근대 자유주의 역사에 있어서 "단일한 삶의 양식"에 대한 '보편주의적' 추구가 존재해 왔던 것도 분명한 사실이다(Gray 2000).[8] 그러나 이와 동시에, (그레이가 강조하듯이) 근대 자유주의 역사에는 홉스, 흄, 벌린, 오크숏 등으로 대표되는 가치다원주의적 전통도 강하게 존재한다. 후자의 전통(즉, 다원주의적 전통)은 다양한 가치와 삶의 양식의 "평화적 공존" 혹은 "잠정협정(modus vivendi)"을 지향한다는 점에서 전자의 전통(즉, 보편주의적 전통)과 분명히 구분된다고 하겠다. '자유주의'라고 불리는 전통 내에도 이 같은 상이한 열망이 병존해왔다는 그레이의 주장은 자유주의의 혼종성을 이해하는 데 유용한 통찰을 제공한다.

자유주의가 단일하고 일관성 있는 이념적 구조를 바탕으로 탄생하고 발전해왔다는 (일종의) 믿음은 '자유주의' 혹은 '자유주의적(liberal)'이라는 단어가 근대정치사상사에서 실제로 등장하고 사용된 과정을 맥락주의적 관점에서 분석한 지성사가들의 연구에 의해 체계적으로 논박되었다. 정치이론가 제레미 월드론(Jeremy Waldron)이 지적하듯이—초기 사회주의 사상의 발전과정을 제외한다면—서양정치사상사에서 특정한 정치적 사조가 '자유주의'나 '보수주의' 같이 특정한 "이념적 지침"이나 "분류법"에 따라서 자기의식적으로(self-consciously) 발전해 온 사례는 찾아보기 힘들다(Waldron 1987, 127). 자유주의의 창시자 중 한 명으로 여겨지는 존 로크(John Locke)조차도 스스로를 자유주의자라고 지칭한 적이 없다는

---

8 그레이는 로크, 칸트, 롤즈, 하이에크 등을 "보편주의적" 자유주의를 추구한 대표적인 인물들로 지적한다.

사실은 '자유주의'가 후대 사상가 혹은 이론가들에 의해 구성된 전통이라는 것을 잘 보여주는 강력한 증거이다.

따라서, 벨이 비판하듯이, 자유주의에 대한 개념적 혹은 정통적(canonical) 탐구를 통해서 초(超)역사적 형태의 자유주의적 원칙 혹은 가치들을 추출하고자 했던 기존의 접근법들(e.g., "약정적" 혹은 "정통적"접근법)은 오늘날 다수의 자유주의 연구자들로부터 자유주의 전통이 "역진적"인 방식으로 구성되어 온 실제 역사적 과정을 반영하지 못한다는 이유에서 비판의 대상이 되고 있다. 이를 대신하여, 자유주의와 관련된 최근의 연구들은 벨이 제시한 "포괄적이고 맥락주의적인 분석"에 초점을 맞추어 "자유주의적 언어들이 등장하고 진화하고 서로 상충해온 다양한 방식들"을 이해하는 데 집중하는 접근법을 채택하고 있다(Bell 2014, 689). 특히, 벨을 비롯하여 얀 베르너 뮐러(Jan-Werner Müller) 등의 연구자들은 오늘날 우리가 일반적으로 '자유주의'라고 여기는 사상적 전통의 서사가 20세기 초·중반의 시기에 "전체주의"에 대항하는 이념전쟁과 냉전체제의 맥락 속에서 형성되었음을 강조한다(Müller 2008). 요컨대 우리가 오늘날 일반적으로 지칭하는 존 로크로부터 시작된 서구 자유주의 전통은 실제로 로크가 기획하고 창시했던 결과물이 아니라 후대의(특히 1930년대에서 50년대에 이르는 시기 동안의) 정치적·이념적 목적에 의해서 "사후적으로" 구성된 서사라는 것이다(Bell 2014, 698). 이에 대한 논거로 벨은 19세기 말에 이르기까지 로크가 자유주의와 관련된 담론에서 큰 주목을 받지 못했다는 문헌적 증거들을 제시한다.

그렇다면 자유주의가 '본질적으로 논쟁적인 개념'이며 자유주의 전통에 대한 서사는 특정한 정치적·이념적 목적들에 따라서 지속적으로 재탄생하고 재형성되어 왔다는 관점은 자유주의 연구에 있어 구체적으로 어떠한 의미를 가질까. 우선 가장 뚜렷한 지점 중 하나로는 자유주의가 영미권의 정치사상사 및 정치문화에 기반한다고 하는 종래의 인식이 변화하고 있으며 자유주의 연구의 공간적 범위가 비약적으로 확장되었다는 측면을 들 수 있다. 이것의 대표적인 예로는 2000년대 이후 출간된 프랑스의 19세기 자유주의 전통 연구와 서구 주요국가(e.g., 프랑스, 영국, 독일, 미국)에서 최근 두 세기에 걸쳐 형성된 다양한 형태의 자유주의에 관한 연구를 비롯하여(Craiutu 2003; Fawcett 2015), 비(非)서구 세계적 맥락에 해당하는 인도나 이란 등에서 발달한 자유주의 전통에 대한 관심도 심화되고 있다(Banai 2021; Bayly 2012). 이들 연구의 주요한 특징으로는 시대와 장소를 초월한 보편적인 자유주의적 원칙이나 형태에 대한 추구를 지양하며, 특정한 관념과 이론이 발달한 구체적인 맥락과 과정을 분석하는 데 초점을 둔다는 것을 들 수 있다. 또한 이들은 '진실된' 혹은 '순수한' 형태의 자유주의가 존재한다는 관점을 거부하며 기존의 영미 중심의 자유주의 전통에 대한 서사에 반론을 제기한다.

그러나 다른 한편으로 자유주의에 대한 포괄적 접근법은 '과연 누가 자유주의자이고 누가 그렇지 않은가?'에 대한 물음에 대한 명확한 판정 기준을 제시하지 못하고 있는 것으로 보인다. 어떤 의미에서 이것은 당연한 귀결일 수도 있다. 왜냐하면 자유주의 그 자체가 본질적으로 논쟁적인 개념이라는 것을 수용한다면 누가 자유주의자인가에 대한 판단 역시 정해진 해답이 없는 논쟁의 대상이 될 수밖에 없기 때문이다. 이와 관련해 벨은 "자유주의 전통은 **시·공간에 걸쳐서 자유주의적이라고 분류된, 그리고 스스로를 자유주의자라고 규정하는 이들에 의해 인정된 논변의 총합으**

로 구성된다"는 방식의 (잠정적) 정의(定義)를 제안한다(Bell 2014, 689-690 [강조는 원문]). 이를 통해 벨은 자유주의 전통의 범위를 판정하는 것은 최대한 유연하고 포용적이어야 하는 동시에, 특정한 형태의 자유주의 전통이 '자유주의'라는 큰 전통의 한 갈래로 유의미하게 인정되기 위해서는 '자유주의'라는 이상을 지지하는 다수의 '자칭 자유주의자들'로부터 일정한 기간(e.g. 최소 두 세대 정도)에 거쳐서 지속적으로 채택되고 이념적 자원으로 사용되어야 한다는 기준의 설정이 필요함을 강조한다.

앞선 벨의 제안에서 엿볼 수 있듯이 포괄적 접근법을 강조하는 시각 또한 '자유주의적'이라는 수식어가 붙은 온갖 종류의 이념적 입장들(예컨대 '자유주의적 파시즘'과 같은 모순적인 입장들)을 자유주의 전통의 구성원으로 무조건 수용하는 것은 아니며, 이들이 정당한 멤버십을 획득하기 위해서는 기존의 구성원들로부터 일정한 승인의 과정을 거쳐야 한다는 기준을 제시한다. 그러나 이 같은 승인과정은 지나치게 엄격한 이념적 동질성의 강조를 지향한다고는 보기 힘들며(Bell 2014, 690-691), 오히려 카한과 아타나쏘우(Alan S. Kahan and Ewa Atanassow)가 언급한 것처럼 자유주의는 일종의 "넓게 확장된 가족"으로서 이에 속하는 여러 계통 사이에서 때로는 정통성 및 멤버십에 관한 논쟁이 일어나기도 하는 다원적 속성을 가지고 있다고 할 수 있다(Kahan and Atanassow 2017).

요컨대, 자유주의 전통에 대한 포괄적 관점은 자유주의의 '경계' 자체가 지속적인 논쟁에 유연하게 열려있어야 한다는 입장을 채택한다. 그러나 이를 위한 논쟁이 생산적으로 진행되기 위해서는 현실적으로 포괄적 관점이 비판의 대상으로 삼았던 약정적·경전적 접근의 언어와 이념적 자원을 일정 부분 활용하는 것이 불가피해 보인다. 왜냐하면 과거의 많은 자유주의 연구들이 약정적 혹은 경전적 접근법을 통해 추구해온 '무엇이 자유주의인가?'라는 질문에 대한 대답들이 (앞서 지적한 한계점에도 불구하고) 이 질문에 대한 오늘날 우리의 논의와 탐구에 유용한 기준점으로 활용될 수 있기 때문이다. 다만 '단일하고 일관된 전통'에 대한 기존 접근법의 추구는 여전히 비판과 경계의 대상이 되어야 하며, 약정적·경전적 접근법이 제공하는 언어와 기준들 역시 그것을 둘러싼 역사적·사회적 맥락에 대한 구체적인 이해를 바탕으로 활용될 필요가 있어 보인다.

IV. 한국에서의 자유주의 연구: 성과와 한계

그렇다면 앞서 살펴본 자유주의 전통에 대한 새로운 패러다임(즉, 맥락적·포괄적 접근법)은 우리가 속한 한국사회의 자유주의 전통을 이해하는 데 있어서 어떠한 적실성과 유용성을 가지는가? 이 질문에 대답하기 위해서 먼저 국내학계의 자유주의 연구 동향에 대한 검토와 더불어 기존의 연구들이 자유주의 전통을 규정하는 방식들을 앞선 논의에 비추어 평가하는 과정이 진행되어야 할 것이다. 나아가, 자유주의는 근대사회에 있어서 "가장 강력한 이데올로기적 영향력"을 지닌 이념으로 여겨지고 있다는 점에서 비추어 볼 때(Heywood 2014, 49), 서구적 근대화를 충실히 이행해 온 한국사회의 이념적 토대를 이해하는 데 있어서도 이러한 작업은 중요한 의미를 지닌다.

한국에서 자유주의가 독자적인 주제로 관심을 받고 논의되기 시작한 것은 탈냉전이 도래하고 우리사회에 자유민주주의가 본격적으로 뿌리내리기 시작한 1990년대 중반부터였다(문지영 2004, 73-74). 이 시점부터 2000년대를 지나 오늘날에 이르기까지 국내 정치사상학계를 중심으로 한 자유주의에 관한 연구들은 기존의 자유주의에 대한 단순화된 시각—예컨대, 자유주의를 친(親)시장경제 자본주의 이념과 동일시하는 좁은 시각—혹은 편견에서 벗어나 서구에서 발전해 온 자유주의의 풍부한 이념적 자원을 소개하고 나아가 이를 한국적 맥락에서 수용하거나 성찰하는 시도를 이어왔다.

구체적으로 살펴보면, 자유주의 전통의 역사적 진화와 다의성(多義性)에 관한 중요한 지적에서부터 출발하여(김비환 2001), 존 로크, 존 스튜어트 밀, 쥬디스 슈클라 등의 주요한 자유주의 사상가들이 제시한 다양한 형태의 자유주의 정치이론에 대한 진지한 연구들이 진행되어 왔다(문지영 2011a; 서병훈 2007; 설한 2009). '자유주의'라는 개념이 오랫동안 한국사회에서 정파적 논쟁과 오용의 대상으로 여겨왔다는 맥락을 고려할 때, 이러한 학문적 성과들은 자유주의에 관한 국내 담론의 질적 수준을 높이고 근대 자유주의 전통에 대한 균형 잡힌 시각을 제공하는 데 있어서 중요한 기반을 마련해 온 것으로 평가할 수 있다.

그럼에도 불구하고, 최근 국내학계에서의 자유주의 담론 및 연구경향과 관련하여 다음의 두 가지 문제를 지적하고 싶다. 첫 번째 문제는 자유주의 전통의 다양성과 관련된 체계적인 방법론적 논의 혹은 고찰이 아직 충분히 이루어지지 않고 있다는 점이고, 두 번째 문제는 '자유민주주의의 위기'와 관련된 담론의 맥락에서 자주 강조되는 자유주의와 민주주의 사이의 긴장관계가 '자유주의'에 대한 지나치게 일면적인, 혹은 단순화된 규정을 바탕으로 전개되는 경향이 있다는 점이다.

먼저 첫 번째로 지적한 방법론 문제부터 살펴보자. 국내학계에서 학술적 단행본의 형태로 한국의 자유주의를 주제로 하여 출간된 2000년대 이후의 저서는 손에 꼽을 정도이며, 그 가운데 가장 체계적인 논의가 이루어진 것은 정치사상연구자 문지영의『지배와 저항: 한국 자유주의의 두 얼굴』이다(문지영 2011b). 이 책은 개화기에서 식민지시기를 거쳐 광복 후 건국시기와 독재정권, 민주화 시기에 이르는 한국 근현대사의 주요 국면들에서 자유주의가 어떠한 형태로 수용되고 발현되었는지를 각 시기별 핵심적인 사상가 혹은 운동을 통해 살펴보고 있다. 뿐만 아니라 이 책은 「'자유주의'와 자유주의 '연구'」라는 제목의 서론을 통해 기존 한국 사회에서 통념적으로 이해되어 온 자유주의 및 자유주의 연구경향을 비판적으로 검토하고 저자 자신의 '한국에서 전개된 자유주의'에 관한 연구 방법론을 분명하게 서술하고 있다는 측면에서 한국 자유주의 연구의 방법론적 고찰에서도 중요한 기여를 하고 있는 것으로 평가할 수 있다. 한국 자유주의 연구의 방법론과 관련한 체계적인 논의가 이 이후에 이어지지 않고 있다는 점을 고려하여, 이하에서는 문지영이 제시한 접근방법에 초점을 두고 논의를 진행하고자 한다.

문지영의 한국 자유주의 연구는 기존 한국사회에 널리 퍼져있는 두 가지 통념과 오해, 즉 한국의 자유주의는 미국에 의해 "이식"되었다는 관념과 계급중심적 관점을 "무반성적으로 한국에 적용"하는 접근법에 대한 비판 및 교정을 목표로 한다. 그리고 이를 바탕으로 저자는 "한국 민주주의의 사상적 근간을 해명"하고 "한국에서 자유민주주의의 새로운 가능성을 확인"한다는 목표를 제시한다(문지영 2011b, 22-31). 문지영의 이 같은 문제의식과 목표설정은 앞 절에서 소개한 자유주의에 대한 포괄적이고 맥락적 접근과 유사하게 자유주의의 '서구중심성'에 대해 비판적 태도를 유지하는 동시에 (한국에서) 자유주의가 발전해 온 구체적이고 현실적 맥락을 역사적으로 추적하는 접근법을 지지하는 것으로 이해된다.

하지만 이와 동시에 자유주의 전통의 '다원성'과 '일관성'의 문제에 있어서 문지영의 접근법은 전자의 속성을 인정하면서도 궁극적으로는 특정하게 일관되고 공통된 형태의 원리가 존재한다는 전제를 채택하고 있는 것으로 보인다. 예컨대, 저자는 자유주의 전통이 다양한 모습으로, 즉 "자유주의'들'로서 존재해 왔다"는 점을 인정하면서도, 자유주의 사상가들 "각각의 관심사나 강조점의 차이에도 불구하고 '자유주의'로 묶여 불린다면, 그들 사이에 **특정한 가정이나 원리, 지향하는 가치가 일관되게 공유되고 있음** 또한 분명하다"고 주장한다(문지영 2011b, 18 [강조는 필자]). 이러한 접근법은, 앞서 소개한 벨의 용어를 빌리자면(Bell 2014, 686-687), 자유주의를 특정한 핵심개념(e.g., 자유, 권위, 자율성, 평등)에 대한 공유된 관점을 바탕으로 정의하는 "약정적 접근법" 및 자유주의를 대표적인 자유주의 사상가들이 제시한 이론의 공통분모로부터 추출하는 "정통적 접근법"이 혼합된 형태에 가깝다고 할 수 있다. 그러나 벨을 비롯한 오늘날 다수의 자유주의 연구자들이 지적하듯이, 자유주의의 '순수한 본질' 혹은 '진실한 형태(authentic form)'를 추구하는 이와 같은 접근방법은 '자유주의'라고 규정할 수 있는 전통의 분명한 경계가 존재한다는 비(非)역사적 전제에 기반하고 있으며 자유주의 전통의 본질적인 논쟁성과 개방성을 충분히 반영하지 못한다는 문제점이 있다(Bell 2014, 690-691).

자유주의 전통에 본질적인 근본가치가 존재한다는 문지영의 방법론적 전제는 아마도 19세기 말에서 20세기 중후반에 걸친 시기에 한국에서 등장한 다양한 사유들을 '자유주의'라는 공통된 개념을 통해 설명하고자 하는 이론적 목표와도 연결이 되어 있는 것 같다. 그런데 개화기에서부터 반독재운동과 민주화에 이르는 폭넓고 상이한 맥락에서 등장한 다양한 사상과 운동을 '자유주의'로 묶어서 부르는 것이 과연 이론적으로 유용한 접근방식인지에 대해서는 비판적 검토가 필요하다.

예컨대 저자는 "민주화 담론과 자유주의"라는 범주로 반독재 민주화 담론을 주도했던 주요 지식인인 장준하, 함석헌, 리영희, 한완상 등을 이 시기에 등장한 "저항적 자유주의"의 사례로 제시한다. 하지만 이들의 자유주의에 대한 문지영의 분석은 이들 지식인이 (저자가 주장하는) 자유주의의 기본가치(e.g., 자유와 관용, 다양성에 대한 존중, 입헌주의 등)를 중시했다는 것을 강조할 뿐, 이들이 '자유주의'에 관해 어떻게 사유하였으며 어떠한 독특한 기여를 했는지에 대해서는 보여주지 못하고 있다. 오히려 저자가 장준하의 '저항적 자유주의'의 특징 가운데 하나로 제시하는 자유와 평등, 권리의 주체로서 '개인'에 대한 인식의 미발달은 근대 자유주의라는 이념적 전통의 출발점이자 중심적 가치인 '개인의 중요성'에 대한 강조가 결여되어 있다는 점에서 '넓게 확장된 가족'으로서의 자유주의에 대한 포괄적 정의로도 포섭되기 힘든 측면이 지적될 수 있다(문지영 2011b, 243). 이런 측면에서 문지영의 연구는 약정적·정통적 접근을 표방하는 듯하면서도 그 경계와 기준을 명확히 제시하거나 적용하지 못하고 있는 것으로 보인다.

다양한 시공간적 맥락에서 각각의 문제의식을 바탕으로 발전하거나 사후적으로 구성되어 온 자유주의의 전통들을 그것이 발생한 맥락을 사상(捨象)시켜서 추상화 혹은 단순화시키는 것에는 또 다른 심각한 문제가 존재한다. 달리 표현하자면, 자유주의 전통의 다양성 및 논쟁성에 대한 불충분한 고려는 종종 자유주의를 지나치게 단순화시키고 자유주의가 민주주의와 본질적으로 상충된다고 하는 과도한 주장으로까지 이어지곤 한다(이나미 2021, 26-32).[9] 이것이 '과도한' 주장으로 지적될 수 있는 이유는, '자유주의'라는 개념과 마찬가지로 '민주주의'라는 개념 역시 각각 '본질적으로 논쟁적인 개념'의 속성을 띄고 있기 때문이다.[10] 민주주의와 자유주의가 각각 지속적인 논쟁과 다양한 해석에 열려있는 이념이라고 한다면, 특정한 형태의 자유주의와 특정한 형태의 민주주의를 상충적 관계에 놓고 이해할 수는 있을지라도 '민주주의'와 '자유주의' 그 자체가 본질적으로 상충된다는 주장은 성립하기 힘들다.

물론, 근대 자유민주주의 이념(들)의 발전과정에서 이를 구성하는 두 가지 핵심요소—즉, 자유주의와 민주주의—사이의 긴장과 충돌이 빈번하게 발생하였던 것은 부인할 수 없는 사실이며, 이러한 긴장관계를 이해하는 것은 오늘날 민주주의 위기의 가장 큰 이슈인 비-자유민주주의(illiberal democracy)의 확산을 분석하고 대응하는 데도 필수적인 과제이

---

9 예컨대, 이나미는 다음과 같이 주장한다: "사실상 자유민주주의는 어불성설이었다. 자유주의와 민주주의는 본래 서로 화해할 수 없는 이념인 것이다"(이나미 2021, 32). 이 책의 "들어가는 말"에서 저자는 자유주의에 대한 비판적 태도를 명시적으로 피력하며 자유주의의 "본질적으로 보수적" 측면에 대한 비판적 고찰이 필요함을 주장한다.

10 '자유주의'가 본질적으로 논쟁적인 개념에 해당한다는 것에 관한 구체적인 논의는 이 장의 Ⅲ절에서의 논의를 참조.

다. 이러한 이유에서, 최근의 많은 논의는 두 이념이 본질적으로 충돌한다고 보기보다는 상충과 상보의 관계가 상황과 조건에 따라서 다양한 형태로 발생할 수 있다고 인정하고 있다(이동수 2013). 이와 같은 맥락에서, 자유주의의 본질적 논쟁성과 다원성에 대한 구체적인 논의와 방법론에 대한 체계적인 검토는 자유민주주의의 두 핵심적 구성요소인 '자유주의'와 '민주주의' 사이의 관계를 분석하는 데도 중요한 과제라고 할 수 있다.

V. 한국 자유주의 연구와 비교정치사상 방법론

그렇다면 자유주의의 다원성을 강조하는 포괄적 접근법은 한국의 자유주의 전통을 연구하는 데 있어서 구체적으로 어떠한 함의를 지니고 있을까? 그리고 한국의 자유주의 전통(들)에 대한 연구가 단지 특정 시기와 특정 지역의 역사를 이해하는 데 도움을 주는 것에 그치지 않고 전지구적 차원에서의 자유주의의 발전과 진화를 파악하는 데 기여할 수 있는 보다 넓은 의미를 갖기 위해서는 어떠한 방법론적 고려가 필요할까? 이절에서는 앞선 논의들을 바탕으로 하여, 한국 자유주의 연구가 나아가야할 방향에 관한 논의를 발전시키고자 한다. 그리고 이러한 고민에 있어서 '비교정치사상' 연구분과에서 제시된 방법론적 제안들을 참고할 필요가 있음을 주장하고자 한다.

한국 자유주의의 역사와 전통, 그리고 현대적 의미 및 전망에 관한 국내외적 관심은 최근 들어 빠르게 증가하고 있다. 하지만 19세기 말에서 20세기에 이르는 한국 및 동아시아 근대국가 형성과 발전과정에서 자유주의 이념이 어떻게 전파·수용·채택·변용·진화 등의 과정을 거쳐 왔는지에 대한 체계적인 학문적 접근은 아직 본격적으로 이루어지지 않은 것으로 보인다.[11] 물론 개화기 조선에서의 자유주의적 사유의 등장에 관한 연구들이 2000년대를 전후로 상당수 등장하였지만, 개화기 조선의 자유주의 수용론과 관련된 연구들은 자유주의에 대한 일면적이고 단순화된 규정을 바탕으로 논의를 전개하는 경향이 있으며,[12] 무엇보다도 개화사상가들이 '자유주의'라는 개념을 직접적이고 체계적으로 사유하고 사용했다는 것을 보여주지 못하고 있다. 이러한 이유에서 개화기 조선의 자유주의 수용론에 관한 연구들은 개화사상가들이 자유주의의 일반 원리로 여겨지는 개념들(e.g., 자유, 권리, 제한정부, 입헌주의 등)을 중시하고 채용했다는 것을 바탕으로 그들이 자유주의를 수용했다고 결론짓는 경향이 있으며, 이들이 구체적으로 자유주의 내의 어떠한 전통 혹은 관념을 어떠한 문제의식에서 어떠한 과정과 방식으로 수용하고 변용하였는

---

11 예외적인 사례로는 '자유', '권리', '주권', '사회'와 같은 주요 개념들이 서구에서 동아시아(특히 일본)으로 번역되고 수용된 과정을 추적한 Howland(2001)의 연구를 들 수 있다.

12 문지영(2003) 참조. 예컨대, 개화기 자유주의 사상이 "엘리트주의적"이었을 뿐만 아니라 "친제국주의적"이었다고 주장하는 이나미(2001)의 연구는 이러한 요소들이 "자유주의 일반이 갖는 특징"이라고 서술한다. 물론 자유주의의 다원적 전통 속에서 이러한 입장이 실제로 존재하였다는 것을 부인할 수는 없으며 던컨 벨 같은 연구자도 자유주의를 "이념적 모순들의 저장고"라고 인정한다(Bell 2014, 691). 그러나 자유주의 전통의 일면을 근거로 자유주의가 본질적으로 특정한 이념이라는 주장은 자유주의에 관한 비역사적이고 단순화된 이해의 오류를 범하고 있다.

지에 대해서는 나아가지 못하고 있다.

이러한 한계점을 고려할 때, 한국 자유주의 전통에 대한 체계적 접근은 (a) 자유주의 전통의 다원성에 대한 이해, (b) 특정한 자유주의 이념들이 전파되고 수용된 맥락, (c) 수용된 개념이나 이론이 한국의 맥락에서 재해석되고 변용된 방식 등에 대한 분석 등에 대한 포괄적인 검토가 필요하다. 이 가운데 첫 번째 요소인 자유주의 전통의 다원성에 관해서는 앞에서 살펴보았으므로, 이하에서는 (주로 2000년대 이후에 이루어진) 비교정치사상 분야의 방법론적 담론을 참고하여 두 번째와 세 번째 요소에 관해 논의를 전개하고자 한다.

구체적 논의에 앞서서 비교정치사상의 필요성이 대두되기 시작한 2000년대의 맥락을 간단히 소개하는 것이 비교정치사상 방법론의 한국 자유주의 연구에 있어서 유용성을 이해하는 데 도움이 될 것 같다. 동·서양의 사상과 전통을 비교하는 시도들은 그 이전부터 있었지만, '비교정치사상'이라는 개념과 문제의식이 본격적으로 등장한 것은 프레드 달마이어(Fred Dallmayr)가 2004년 에세이 「Beyond monologue: For a comparative political theory」에서 '비교정치사상'적 관점의 필요성을 주창하면서부터이다. 2001년 발생한 9·11테러 이후 새로운 형태의 '문명의 충돌'에 대한 우려가 확산되는 맥락에서, 달마이어를 비롯한 정치사상연구자들은 기존 정치사상의 서구중심성에 대해 자기반성을 시도하고 지구촌의 다양한 문화와 지적전통 사이의 대화와 **"상호**변환적 학습과정"의 필요성을 강조하기 시작하였던 것이다(Dallmayr 2004, 254 [강조는 원문]).**13**

이러한 문제의식에는 대부분 공감하면서도, 어떠한 방법으로 비교

정치사상 연구를 진행할 것인가에 관한 방법론적 논쟁은 초기부터 꾸준히 이어져 왔다. 이 논쟁을 구성하는 입장에는 리 젠코(Leigh Jenco)와 같이 각 문화별 특수성과 지적 맥락에 대한 세심한 고려를 강조하는 관점(Jenco 2007)에서부터 루브나 엘 아민(Lubna El Amine)처럼 '근대라는 공통의 조건'을 강조하는 관점에 이르기까지 다양한 스펙트럼이 존재한다. 따라서 비교정치사상 연구자들 사이에 하나의 공유된 방법론은 존재하지 않는다.

그럼에도 불구하고 서로 다른 문화권 사이의 적극적인 이해와 배움을 추구한다는 지향점을 공유하는 가운데 비교정치사상 연구자들은 폭넓은 시대적·장소적 맥락에서 정치적 개념들이 해석되고 활용되는 다양한 방식을 분석하는 데 유용한 방법론적 고찰을 제시해왔다. 대표적으로 리틀과 같은 연구자는 대부분의 정치적 개념들이 논쟁적이고 가단적인(可鍛的, malleable) 특성을 가지고 있다고 규정하며, 따라서 구체적인 상황 속에서 개념들이 수반하는 가지각색의 의미를 정확히 파악하기 위해서는 '개념에 대한 맥락적 분석'이 이루어져야 함을 주장한다(Little 2018, 94-95). 구체적으로 리틀은 개념에 대한 맥락화된 접근법이 (a) 유사한 개념들이 맥락의존적 방식으로 상이하게 적용될 수 있으며, (b) 맥락적 상황들이 특정 개념의 의미를 근본적으로 변화시킬 수 있고, (c) 특정 맥락에서 발전한 개념들이 다른 맥락으로 옮겨질 수 있지만 이 과정에서 새로운 맥락이 처한 문제들에 상응하는 방식의 변용이 발생하며, (d) 이

---

13 비슷한 문제의식의 연구들로는 El Amine(2016), Williams and Warren(2014)을 참조.

같은 다양한 의미변화들을 제대로 이해하기 위해서는 '비교'의 관점에서의 개념분석이 필수적이라고 설명한다.

　나아가, 한국 자유주의 연구는 앤드류 마치(Andrew F. March)가 「What is comparative political theory?」에서 지적하였듯, 단지 서구와 비(非)서구에서 등장한 사유들의 유사성 혹은 차이점을 비교하는 데 머물러서는 안되며 오늘날의 중요하고 긴급한 문제들에 관한 다양한 문화 간의 '도덕적 대화'를 촉진함을 통하여 정치사상연구의 실천적 차원에의 기여를 확장시킬 필요가 있다(March 2009). 이를 위해 마치는 (a) 각기 다른 문화권에 존재하는 인간의 보편적 고민들(e.g., 안보, 인정, 존엄 등)에 관한 고유한 관점과 이해의 다양성을 인정하고, (b) 이를 토대로 상이한 문화권 사이에서 발생하는 도덕적 가치 혹은 관점의 충돌 문제를 분석하며, (c) 비교 관점의 접근을 통하여 수평적이고 상호이해적인 규범적 토대를 넓혀나가야 한다고 강조한다. 이 같은 마치의 주장은 일찍이 달마이어가 강조한 바 있는 "지구적 차원의 민주적 협력"과 "[서구중심의] 헤게모니적 일방주의와 독백을 넘어서는 대화적 상호작용"이라는 비교정치사상의 근본적인 지향점과 연결되어 있다(Dallmayr 2004, 254).

　비교정치사상 연구자들의 상호이해와 가치의 다원성에 대한 강조가 서구중심주의적 정치사상 연구에 대한 강한 자기반성과 성찰의 의미를 지니고 있듯이, 한국 자유주의 연구자들 역시 서구 자유주의에 대한 일면적이고 단순화된 이해를 넘어섬으로써 자유주의 전통의 다원성과 논쟁성을 제대로 인식하고 한국의 역사적 경험과 노력들이 비교의 관점에서 어떠한 실천적·이론적 함의가 있는지를 구체적으로 보여줄 수 있어야 한다. 물론 이와 유사한 문제의식을 공유하며 의미 있는 학문적 발전이 2000년대 이후 꾸준히 이어져 온 것(특히, 문지영의 연구들)은 합당한 인정을 받아야 할 것이다. 하지만 이와 동시에 앞서 지적하였듯 현 단계의 한국 자유주의 연구는 체계적 개념분석 및 지성사 연구의 측면에서 많은 허점들을 보여주고 있다. 이러한 맥락에서, 이 절에서 짧게 소개한 비교정치사상의 방법론적 논의들은 체계적 대안 제시에 앞서 한국 자유주의 연구방법론과 관련한 논의가 보다 풍부해질 수 있는 하나의 가능성에 대한 모색이었다.

VI. 결론

이상의 논의를 통하여 이 글은 오늘날 '자유주의의 위기'를 외치는 많은 주장에서 발견되는 한 가지 유형의 중요한 문제점, 즉 '자유주의'에 대한 탈(脫)-맥락적 단순화의 오류를 지적하고, '자유주의'를 본질적으로 논쟁적인 개념으로 바라보는 최근의 관점을 살펴보았다. 나아가, 이 글은 자유주의적 전통의 다원성과 개방성을 인정하는 포괄적 접근이 2000년대 이후 (서구의) 자유주의 연구자들 사이에서 광범위하게 받아들여지고 있는 흐름을 소개하고, 이러한 관점이 자유주의 '위기론' 혹은 '실패론'이 유행하는 오늘날의 상황에서 자유주의의 내적 다양성과 유연성을 환기함으로써 자유주의에 대한 성급한 사망선고가 가지는 한계점을 분명히 보여줄 수 있음을 강조하였다.

앞서 살펴보았듯, 2000년대 이후 국내학계에서의 자유주의 연구는 정치사상연구자들의 노력을 중심으로 하여 서구의 주요 자유주의 이론가들의 정치사상에 대한 관심의 확장과 더불어 자유주의 이념이 한국사회 민주주의의 위기를 극복하고 성숙시키는 데 있어 어떠한 함의를 지니는지에 대한 다각적인 접근이 이루어져 왔다. 하지만 자유주의 연구와 관련한 체계적인 방법론적 고찰의 부족으로 인하여, 국내에서의 논의는 종종 자유주의 전통의 본질적인 논쟁성과 개방성을 충분히 인지하지 못한 채 일면적인 형태로 진행되는 한계점이 발견되기도 한다.

　　이 글에서는 '비교정치사상'이라는 공통된 가치 아래에서 정치사상의 서구중심성을 극복하고 다양한 문화권 사이의 평등하고 호혜적인 대화와 배움을 추구하는 최근의 담론과 방법론적 제안들이 한국 자유주의 전통에 대한 연구가 나아갈 방향에 관한 유용한 지침을 제시한다고 주장하였다. 자유주의 전통의 개념, 규범, 언어, 이론 등이 전지구적 차원에서 다양한 형태로 수용되고 진화해 온 20세기 이래의 역사적 맥락을 고려할 때, 자유주의의 다원성과 논쟁성에 대한 이해에 기반을 둔 포괄적이고 맥락적인 접근방법은 한국의 근대국가 형성과정에서 자유주의가 어떻게 발전해왔으며 어떠한 정치적·이론적 함의를 지니는지를 분석하는 데 있어서 반드시 고려되어야 할 것으로 보인다. 나아가 자유주의를 논쟁과 경합, 다양한 관념에 열려있는 전통으로 해석하는 관점은 오늘날 '자유주의의 위기'에 관해 사유하고 대응하는 데도 중요한 실천적 함의를 가진다.

참고문헌

김동춘. 2018. "한국형 신자유주의 기원으로서 반공자유주의: 반공국가, 발전국
    가와 신자유주의의 연속성."『경제와사회』118호, 240-276.

김비환. 2001. "20세기 자유주의의 진화와 21세기의 과제: 민족주의, 다원주
    의 그리고 민주주의와의 관계를 중심으로."『국제정치논총』41권 3호,
    7-24.

문지영. 2003. "개화기 조선의 "자유주의" 수용론?: 기존 논의들에 대한 비판과
    제언."『사회과학연구』11집, 213-232.

문지영. 2004. "한국에서의 자유주의와 자유주의 연구: 문제와 대안적 시각의 모
    색."『한국정치학회보』38권 2호, 73-94.

문지영. 2011a. "자유주의와 근대 민주주의 국가: 명예혁명의 정치사상."『한국
    정치학회보』45권 1호, 35-60.

문지영. 2011b.『지배와 저항: 한국 자유주의의 두 얼굴』. 서울: 후마니타스.

서병훈. 2007. "서구 자유주의의 기원과 특성."『사회과학논집』38권 2호, 23-
    39.

설한. 2009. "자유주의, 다원주의, 그리고 타협의 정치."『21세기정치학회보』19
    권 1호, 23-46.

이나미. 2001. "19세기 말 개화파의 자유주의 사상."『한국정치학회보』35권 3
    호, 29-47.

이나미. 2021.『한국 자유주의의 기원』. 서울: 책세상.

이동수. 2013. "자유민주주의에서 '자유'와 '민주'의 관계: 슈미트의 논의와 그 비
    판을 중심으로."『평화연구』21권 2호, 69-102.

정진영. 2018. "세계화와 자유민주주의 위기의 두 얼굴: 신자유주의와 포퓰리즘
    의 정치적 동학."『한국정치학회보』52권 4호, 81-102.

최일성. 2015. "국민국가적 민주주의의 위기: 자유주의와 '국가책임'의 상관관계를 중심으로." 『사회과학연구』 23집 1호, 300-326.

Abbey, Ruth. 2005. "Is Liberalism Now an Essentially Contested Concept?." *New Political Science* 27(4): 461-480.

Banai, Hussein. 2021. *Hidden Liberalism: Burdened Visions of Progress in Modern Iran*. Cambridge, UK: Cambridge University Press.

Bayly, Christopher Alan. 2012. *Recovering Liberties: Indian Thought in the Age of Liberalism and Empire*. Cambridge, UK: Cambridge University Press.

Bell, Duncan. 2014. "What is Liberalism?." *Political Theory* 42(6): 682-715.

Berman, Sheri. 2018. "How Liberalism Failed." *Dissent* 65(4): 119-123.

Brown, Wendy. 2015. *Undoing the Demos: Neoliberalism's Stealth Revolution*. Cambridge, MA: MIT Press.

Cole, Daniel H. and Aurelian Craiutu. 2018. "The Many Deaths of Liberalism." *Aeon Magazine* (June 28), https://aeon.co/essays/reports-of-the-demise-of-liberalism-are-greatly-exaggerated(검색일: 2022년 10월 31일).

Craiutu, Aurelian. 2003. *Liberalism Under Siege: The Political Thought of the French Doctrinaires*. Lanham, MD: Lexington Books.

Dallmayr, Fred. 2004. "Beyond Monologue: For a Comparative Political Theory." *Perspectives on Politics* 2(2): 249-257.

Deneen, Patrick J. 2018. *Why Liberalism Failed*. New Haven, CT: Yale University Press.

El Amine, Loubna. 2016. "Beyond East and West: Reorienting Political Theory through the Prism of Modernity." *Perspectives on Politics* 14(1): 102-120.

Fawcett, Edmund. 2015. *Liberalism: The Life of an Idea*. Princeton, NJ: Princeton University Press.

Fukuyama, Francis. 2022. *Liberalism and It's Discontents*. New York, NY: Farrar, Straus and Giroux.

Gallie, Walter Bryce. 1955. "Essentially Contested Concepts." *Proceedings of the Aristotelian Society* 56(1): 167-198.

Gray, John. 2000. *Two Faces of Liberalism*. New York: The New Press.

Heywood, Andrew 저·양길현·변종헌 역. 2014. 『사회사상과 정치이데올로기』. 서울: 오름.

Hounshell, Blake. 2022. "Why American Conservatives Love Viktor Orban." *New York Times* (August 4), https://www.nytimes.com/2022/08/04/us/politics/viktor-orban-cpac-republicans.html(검색일: 2022년 10월 31일).

Howland, Douglas. 2001. *Translating the West: Language and Political Reason in Nineteenth-Century Japan*. Honolulu, HI: University of Hawaii Press.

Isaac, Jeffrey C. 2017a. "Is There Illiberal Democracy? A Problem with No Semantic Solution." *Public Seminar* (July 12), https://publicseminar.org/2017/07/is-there-illiberal-democracy/(검색일: 2022년 10월 31일).

Isaac, Jeffrey C. 2017b. "Does Liberalism Still Have a Future?." *Los Angeles Review of Books* (November 23), https://lareviewofbooks.org/article/does-liberalism-still-have-a-future/(검색일: 2022년 10월 31일).

Jenco, Leigh K. 2007. "'What Does Heaven Ever Say?' A Methods-centered Approach to Cross-cultural Engagement." *American Political Science Review* 101(4): 741-755.

Kahan, Alan S. and Ewa Atanassow. 2017. *Liberal Moments: Reading Liberal Texts*. New York: Bloomsbury Publishing.

Kuttner, Robert. 2019. "Blaming Liberalism." *The New York Review of Books*

66(18): 36-38.

Little, Adrian. 2018. "Contextualizing Concepts: The Methodology of Comparative Political Theory." *The Review of Politics* 80(1): 87-113.

Luce, Edward. 2017. *The Retreat of Western Liberalism.* New York: Atlantic Monthly Press.

March, Andrew F. 2009. "What is Comparative Political Theory?." *The Review of Politics* 71(4): 531-565.

Mészáros, Gábor. 2021. "Carl Schmitt in Hungary: Constitutional Crisis in The Shadow of Covid-19." *Review of Central and East European Law* 46(1): 69-90.

Müller, Jan-Werner. 2008. "Fear and Freedom: On 'Cold War Liberalism'." *European Journal of Political Theory* 7(1): 45-64.

Orbán, Viktor. 2018. "Prime Minister Viktor Orbán's Speech at the 29th Bálványos Summer Open University and Student Camp." *Website of the Hungarian Government* (July 29), https://miniszterelnok.hu/prime-minister-viktor-orbans-speech-at-the-29th-balvanyos-summer-open-university-and-student-camp/(검색일: 2022년 10월 31일).

Pappas, Takis S. 2016. "The Specter Haunting Europe: Distinguishing Liberal Democracy's Challengers." *Journal of Democracy* 27(4): 22-36.

Waldron, Jeremy. 1987. "Theoretical Foundations of Liberalism." *The Philosophical Quarterly* 37(147): 127-150.

Williams, Melissa S. and Mark E Warren. 2014. "A Democratic Case for Comparative Political Theory." *Political Theory* 42(1): 26-57.

Zakaria, Fareed. 1997. "The Rise of Illiberal Democracy." *Foreign Affairs* 76: 22-43.

5장

다층적 통치성: 자기통치와 타인통치의 접점을 중심으로*

김정부

I. 서론

푸코(Paul-Michel Foucault)는 1978년 2월 1일 Collège de France에서 행한 강의에서 통치성(governmentality) 개념을 처음으로 제시하고 이를 "인구를 그 대상으로 하고, 정치경제를 주요 지식형태로 하며, 안보기구(apparatuses of security)를 필수불가결한 기술적 수단(technical instrument)으로 하는, 매우 특정적이면서도 고도로 복잡한 권력의 행사를 가능하

---

*   이 글은 2022년 12월 『한국행정논집』 34권 4호에 게재된 "다층적 통치성, 재정·예산 제도, 그리고 영원한 감옥: 재정투명성 및 조세윤리에 대한 시론적 분석을 중심으로"의 전반부를 수정·보완한 것이다.

게 하는 제도·분석·숙고·계산·기술(tactics)의 조화롭고 일관된 전체(en-semble)"라고 정의한다(Foucault 2007, 109). 푸코의 통치성 개념은 국가기구 내외의 사회(인구)와 개인들 간의 권력작용의 방식, 범위 및 엄밀성에 주목하게 함으로써 사회과학의 많은 분야에 활발히 적용되고 있다(Bang and Esmark 2009; Burchell et al. 1991; De Beistegui 2018; Dean 2010; Gürkan 2018; Kim 2021; Lemm and Vatter 2014; Luke 1995; 2011; Peng 2019; Rose 1992; Rose and Miller 1992). 근대국가에서의 자유주의 통치성의 형성과 착근, 신자유주의로의 전화·심화를 다룬 푸코의 1977-1979년 강의들(Foucault 2007; 2008)은 지식-권력의 프레임워크 안에서 보다 폭넓게 정의된 통치(government)의 문제에 천착한다. 이제 통치는 국가체제 내에서의 집행적 행정적 결정들(즉, 지배)이라는 전통적 의미뿐만 아니라, '지식의 대상으로 정의되는 사람들을 인도하기 위한, 그들의 행동을 지도하기 위한 메커니즘과 절차들'이라는 보다 폭넓은 의미를 갖게 된다(Foucault 2014, 12). 이로써 푸코는 국가기구와 사회, 개인들 간 권력작용의 논리와 절차·기술 및 장치를 아우르는 통치성 개념을 통해 그 자신이 1960년대 말부터 1970년대 초반에 걸쳐 천착하였던 규율권력과 국가권력의 작용을 일관되게 통합적으로 분석할 수 있게 되었다. 이와 같은 당초의 통치성에 대한 개념정의, 그리고 푸코의 분석에서 통치성이 차지하는 의의는 이보다 훨씬 깊고, 그 파장은 훨씬 근본적이다. 이 장은 푸코의 이 통치성 개념의 외연과 내포를 살펴 어떻게 개인들이 근현대 국가에서 스스로 국가권력의 통치대상이 될 뿐만 아니라 국가의 권력작용 안에서 스스로를 정의하고 국가가 안내해 주는 행복을 추구하는 존재가 되는지에 주목한다.

　　푸코는 『생명관리정치의 탄생(*The Birth of Biopolitics*)』이라는 타이틀로 진행한 1979년의 강의에서 주로 독일과 미국에서의 신자유주의 통치성에 대해 다루면서, 이를 생명관리정치에 대한 본격적인 분석의 서막이될 것으로 보았다(Foucault 2008). 하지만 이후 1980-84년의 강의들(Foucault 2005; 2010; 2011; 2014; 2017)에서는 생명관리권력(biopower) 및 그 정치(biopolitics), 그리고 이를 관통하는 통치성의 문제, 즉 1978년 및 1979년의 문제설정에 더 이상 구애받지 않는 것처럼 보인다. 대신 그는 권력, 진리현시(manifestation of truth) 및 진리담론(truth discourse), 자아·주체의 구성 간 관계의 문제에 몰두함으로써 얼핏 1977-1979년에 주목했던 국가기구, 정치경제, 인구를 중심에 놓는 통치성의 문제설정(problematic)에서 멀어진 것처럼 보였다. 하지만, 본 장은 푸코가 생의 마지막 국면에서 행한 일련의 강의들에 대한 분석을 통해 그가 마지막까지도 '권력과 진리, 자아와 영혼의 문제를 관통하는 통치성'의 문제설정에 천착했음을 보이고자 한다.

푸코는 1980년 11월 미 다트마우스대 강의에서 "개인들이 다른 사람들에 의해 인도되는 것이 그들 자신이 행동하는 방식과 연결되는 접점"[1]을 통치(government)라고 보았다(Foucault 1993, 203-204). 즉, 통치는 타인에 대한 권력행사(conduct)와 자기 자신의 행동·품행(conduct)에 대한 관리가 만나는 지점을 의미한다. 또한 1981년의 미출판 강의록에서는 통치성이 "개인들을 인도하는 방식과 자기 자신을 인도하는 방식이 서

---

1   "The contact point, where the individuals are driven by others is tied to the way they conduct themselves, is what we can call, I think government"(Foucault 1993, 203-204).

로 얽히는 접점의 표면(surface of contact)"이라고 간주한다(Gros 2005, 548).
여기서 '자기 자신을 인도하는 방식'은 자기보살핌(care of the self) 및 자아
의 기술(technologies of the self)을 의미한다. 푸코는 또 1982년의 강의에서
통치성은 권력 또는 정치권력의 맥락에서도 자기 자신에 대한 관계(rela-
tionship of self to self)로 정의되는 주체의 요인과 결부될 수밖에 없다고 본
다(Foucault 2005). 이어 1983년의 강의에서는 통치성의 문제들(problems
of governmentality)이 정치공동체(politeia)에 대해 갖는 복잡한 관계를 고려
할 때 통치성은 진리담론을 통한 권력행사와 '용기있는 진리말하기(par-
rhesia)'의 관념을 전제한다고 주장한다(Foucault 2010). 이렇듯 통치성은
'자기 자신의 진리 및 자신과의 관계(주체), 자기보살핌의 기술, 타인에 대
한 지도(conduct), 통치에 필연적으로 결부되는 진리의 현시(manifestation),
그리고 국가의 권력작용'이라는 긴 사슬을 수미일관하고 있는 것이다.

　이렇듯 통치성 개념은 국가기구, 정치경제, 인구를 중심으로 한 권
력작용의 논리·기제·기술·관행의 일관된 전체라는 당초의 의미에서
나아가, 1980년대 초 강의들에서는 개인들의 자기 자신에 대한 관계(주
체성), 개인과 다른 개인들 간의 관계, 개인과 조직의 관계, 정치체 내에
서 통치자들의 권력행사 논리와 방식을 일관되게 통합하는 개념으로 심
화되고 있다. 이제 통치성은 개인의 타인통치의 논리와 기술은 물론이
거니와 자아 및 자기통치, 자아의 기술을 아우르는 개념으로 다뤄지고
있는 것이다. 이 점에 주목하여 본 장에서는 푸코가 말년에 Collège de
France에서 행한 강의록에 초점을 두고 그의 통치성 개념의 다층성 또는
다차원성을 고찰하고자 한다. 이를 통해 통치성 개념이 주체의 구성, 타
인과의 권력관계, 개인들(인구)과 국가와의 권력관계, 그 관계를 관통하

는 지식·진리의 문제를 이해하는 데에 매우 적실한 개념이 될 수 있음을 밝힌다.

이하 제Ⅱ장에서는 푸코의 평생에 걸친 연구를 '사유의 역사' 기획으로 이해한 바탕 위에서 여기서 통치성 개념이 갖는 의의를 살펴본다. 이어지는 제Ⅲ장에서는 통치성 개념의 다층성에 주목하여, 정부화한(gov-ernmentalized) 권력의 작용·논리·기법으로서의 통치성, 권력작용에 필수불가결한 진리검증 및 현시(manifestation)의 논리·기술로서의 통치성, 그리고 자기보살핌 및 자기통치 논리·관행·기술로서의 통치성을 구분하고 그 각각의 작용논리를 분석한다. 이를 통해 근대국가에서 통치성은 개인적 수준에서는 주체화 및 자아(자기보살핌)의 기술로써 표현되며, 타인과의 관계에서는 타인통치의 논리·기술로, 정치체에서는 인구와 개인에 대한 생명관리정치(biopolitic)의 논리·기술·제도로 드러난다. 이어지는 Ⅳ장은 결론이다.

Ⅱ. 푸코의 '사유의 역사' 기획

푸코는 1983년 1월 5일의 강의에서 1960년대 말부터 자신이 '사유의 역사(the history of thought)'에 천착해왔다고 밝히면서, 이때 '사유'란 '경험의 초점(focal point of experience)'[2]에 대한 분석을 의미하며, 이 경험의 초점은 가능한 지식(a possible knowledge)의 형태, 개인들에게 적용되는 행태의 규범적 틀, 가능한 주체들(possible subjects)의 잠재적 존재양식(potential modes of existence)이 서로 연결되는 지점이다. 이러한 관점을 서양문화의 맥락에서 '광기 경험'에 대한 그의 분석에 적용해 보면, 광기는 일련의 지식형태들이 형성되는 지점으로서 의학을 비롯하여 정신의학(psychiatric), 심리학, 사회학 등의 지식체(bodies of knowledge)의 매트릭스가 얽혀드는 '초점'이다. 나아가, 경험의 초점으로서 광기는 규범들의 집합으로서 이는 사회 내에서 무엇이 일탈(deviance)로서 특정되는지에 대한 규범과 동시에 정상적 개인들과 의사, 정신의학 종사자들이 따라야 할 행태에 대한 규범을 포함한다. 또한 광기의 경험(experience of madness)은 '미친 주체(mad subject)'와 대조되는 정상적 주체의 존재양식을 규정한다(Foucault 2011). 즉, 푸코는 광기에 대한 분석에서 지식의 형태, 행태형식의 매트릭스, 주체의 존재양식의 구성(constitution) 등 광기에 대한 경험의 세 가지 차원을 일관되게 연결하고 있는 것이다.[2]

이런 점에서 보면, 우선 행태의 규범적 매트릭스에 대한 분석은 제도화된 큰 권력(Power)이나 지배(domination)의 제도적 형식에 대한 것이 아니라, 타인의 행동에 대한 지도(conducting the conduct of others), 즉 통치(government)를 가능하게 하는 기법과 절차에 대한 것이다. 푸코는 행태규범의 문제를 분산된 권력(decenterd power)[3], 어떤 사람·조직이 행사하

---

2 아래에서 보이듯이, 푸코는 광기에 대한 경험, 질병에 대한 경험, 성(sexuality)의 경험, 정치적 게임(political game) 등을 '경험의 초점'으로서 중대한 의미를 갖는다고 본다. 현대국가에서는 시장경제나 공공재정(public finance) 또한 '경험의 초점'으로 볼여지가 있다.

3 푸코는 국가 및 그 기구들에 의해 소유되고 행사되며 지배하는 권력(Power)과 대비되는, 권력관계를 통해 유통되며 분산된 권력(power)을 구분한다. 이 점에 대해서는

는 권력의 관점에서 제기하며, 범죄성(criminality)과 규율(disciplines)에 대한 분석에서와 같이 통치절차(procedures of government)의 장(field)으로서의 권력을 분석한다. 이 첫 번째 차원의 전환은 분석의 초점을 국가권력, 또는 제도화된 권력에 의한 지배(domination)로부터 통치성을 구현시키는 절차와 기술(procedures and technologies of governmentality)의 역사 및 이들에 대한 분석으로 옮긴다(Foucault 2010). 푸코의 1977-1979년의 통치성에 대한 강의들이 그 예가 된다. 둘째, 17-18세기의 자연사, 일반문법, 경제학에 대한 푸코의 연구는 지식의 내용(connaissance)이 아닌 지식형태(forms of knowledge, savoirs)의 형성에 대한 분석으로 이해할 수 있다. 푸코의 지식형태에 대한 관심은 진리검증(veridiction)의 규칙과 관련한 담론적 관행·실천(discursive practices)에 대한 관심으로 나아갔다. 푸코의 "사유의 역사"에서 세 번째 영역은 주체의 존재양식의 구성, 즉 인간이 자신을 주체로서 구성하게 되는 다양한 형식에 대한 분석이다. 여기서는 인간의 주체화(subjectivation) 형태와 이 과정에 개입하는 자기 자신(자아)과의 관계(relationship of self to self)의 기법 및 기술이 초점이 된다. 인간이 자신을 성적 행동의 도덕적 주체로서 구성하는 데 있어, 자아와의 관계 형식에 대한 분석이 그 예가 된다(Foucault 1978; 2017). 이렇듯 푸코의 '사유의 역사'에 대한 천착은 지식의 역사를 넘어 진리검증의 형식에 대한 역사적 분석, 지배(domination)의 역사 대신 통치성의 절차에 대한 역사적 분석, 주체에 대한 이론 또는 주체성의 역사가 아닌 자아의 구성 및 그 형

다음 소절에서 푸코의 대안적 권력개념에서 다시 논한다.

태에 대한 역사적 분석으로 대별된다(Foucault 2010, 41-42; Foucault 2017, 5).

또 푸코는 1984년 자신의 마지막 강의들에서 파레시아(parrhesia)의 관념에 대한 탐색을 통해 1) 진리검증의 방식에 대한 분석, 2) 통치성의 기법에 대한 연구, 3) 자기보살핌의 실천관행(practice) 형태에 대한 확인이 서로 얽혀있음을 드러낼 수 있다고 보면서, 기실 자신의 평생에 걸친 연구가 이 세 가지를 일관되게 연결하는 작업에 다름 아니었다고 밝힌다(Foucault 2011). 동시에 푸코는 자신의 연구주제들이 지식·권력으로부터 진리검증으로, 지배(domination)에서 통치성으로, 그리고, 개인(the individual)에서 자아의 실천관행(practices of self)으로 세 가지 측면에서 전환함으로써 진리, 권력, 주체의 관계를 보다 잘 규명할 수 있게 되었다고 주장한다. 푸코는 진리검증, 통치성, 자아의 실천을 일관하는 당위적 요청으로 파레시아를 제시한다. 파레시아는 "진리를 말할 의무, 통치성의 절차와 기술, 자기 자신에 대한 관계 등 ['사유의 역사'의] 세 가지 차원이 만나는 지점에 위치하고 있다. 타인이 우리를 어떻게 통치하느냐에 있어 핵심적 요소인 "진실말하기(truth-telling)"는 우리가 우리에게 덕성과 행복을 가져올 우리 자신들에 대한 올바른 관계를 형성할 수 있게 하는 핵심적 조건"이다(Foucault 2010, 45). 진리에 직면하고 이를 말하는 것, 즉 파레시아는 내가 나의 자아와 올바른 관계를 맺는 데뿐만 아니라 나와 타인의 권력관계에 있어 핵심적 요소가 된다. 이런 점에서 파레시아를 통해 통치성은 진리검증·현시(진리), 타인에 대한 통치(권력), 자기 자신과의 관계설정(주체성)에 있어 핵심적인 논리·절차·기술을 포괄하는 개념으로 자리매김된 것이다.

이하의 논의에서는 푸코의 이러한 '사유의 역사' 기획에 따른 통치성 개념의 다층성(multilayeredness)에 주목한다. 이를 통해 사회과학에서 흔히 원용하는 통치성 개념이 푸코의 기획에서 권력의 절차와 기술(procedures and techniques of power)의 측면에 제한되어 있음을 보인다. 더불어 푸코의 통치성 개념이 권력과 진리검증·진리현시, 자기보살핌 및 자아의 기술, 자기통치와 타인통치의 문제설정에 일관되어 있음을 밝힌다. 따라서 통치성 개념의 다층성에 따라 근대국가에서 권력의 논리·제도·기술·관행들이 개인의 자아정체성 및 주체성의 형성 및 유지에 근본적으로 작용하는 자아의 기술을 전제로 할 뿐만 아니라 이 자아의 기술에 동전의 양면처럼 일관되게 통합되어 있음이 분명해진다.

Ⅲ. 다층적 통치성

1. 정부화한(governmentalized) 국가의 권력작용 논리·제도·기법으로서의 통치성

푸코의 통치성 개념은 1970년대에 천착했던 미시적 규율권력 분석에 대한 비판적 관점에 대한 대응의 일환으로 처음 제시되었다. 사실 푸코는 그간 국가권력에 의한 지배(domination) 보다는 광기, 질병, 범죄성, 규율, 성 등 경험의 초점에서 작동하는 권력, 타인의 행동 범위를 설정하는 권력, 조직-개인들 간 관계에 녹아 있는 권력, 개인을 개인으로 구성하는 권력의 문제를 다루었다. 이에 따라 권력이 사회 곳곳으로 뻗은 미세혈관을 순환하며 작동하는 절차와 기술이 분석의 초점이 되었다(Foucault 2011). 권력의 미시적 작용에 주목한 푸코는 병원, 감옥, 학교 등에서 환자, 죄수, 학생들이 어떻게 특정한 영혼을 갖는 개인들로 구성되고 통치되는 것은 규율권력(disciplinary power)의 효과라고 보았다. 즉 규율권력에 의해 "영혼이 몸의 감옥(the soul is the prison of the body)"(Foucault 1995, 30)이 된다고 본 것이다. 근대에서 규율권력은 봉건적 속박으로부터 자유로워진 사람들을 권력의 내려다보는 시야에 붙잡고 이들을 환자, 어린이, 학생, 군인, 노동자 등 특정한 행동특성과 의무를 갖는 개인들로 구성해 냈다. 하지만 당시 푸코의 분석은 "광기의 경우이든, 정신병이라는 범주의 구성에서든, 형벌제도에 의한 규율의 메커니즘과 기술의 통합에서든, 국가가 점진적이지만 연속적으로 그 관행들 및 일을 하는 방법들을 장악해 갔다"는 점을 정면으로 다루지는 못하였다(Foucault 2008, 77). 푸코의 미시적 규율권력 작용에 대한 천착은 정작 국가기구로 뒷받침되는 거대한 근대국가가 사회 곳곳의 모세혈관에 권력작용을 미쳐 이들을 조직하고 통치하는 논리와 그 관행에 대한 분석은 담지 못하고 있었던 것이다. 즉, 개인과 사회에 대한 근대국가의 권력작용에 대해서는 분석의 공백이 생기게 된 것이다(Collier 2009; Gordon 1991).

이런 점에서, 통치성 개념은 분석의 초점을 미시적 규율권력에서 국가의 문제로 확대한다는 의미가 있다(Senellart 2007). 미시적 규율권력 분석의 비판에 대응하면서 푸코는 1975년 강의에서 자유주의와 마르크스주의가 공유하는 권력개념('쟁취, 소유 및 거래할 수 있는 것')을 비판하고 '중심을 갖지 않고 관계 속에 녹아 흘러 다니면서 불균등하게 분포하는 것'

이라는 대안적 권력개념을 제시한다(Foucault 1982; 2003; Kelly 2010). 권력은 오직 권력관계(relations of power)를 통해서만 존재하며 그 관계에 생명을 불어넣음으로써 그 관계에 매인 존재들(개인들)에게 그 효과를 남긴다(Foucault 1982; 2007). 권력관계에서 권력은 '타자의 행동(품행)에 대한 지도(conduct of conducts)' 능력을 통해 작용한다. 즉, 권력은 권력관계의 노드들(개인 및 조직)이 선택할 수 있는 행동범위를 설정하는 능력을 의미한다. 이렇게 설정된 행동범위에 따라 개인은 자신을 (특정한 권력관계에 따라 행동선택의 일정한 범위를 갖는) 개인으로 구성하게 된다.

푸코는 이러한 대안적 권력개념에 따라 1977-1979년의 강의들에서 국가에 의한 거시적 권력이 어떻게 일관된 논리와 기술(technologies)에 따라 미시적 규율권력의 작용을 포섭하고 통합하는지를 분석한다. 즉 권력의 거시물리학(macrophysics of power)과 미시물리학(microphysics of power)을 하나의 문제설정에서 통합하고 있다. 특히 근대국가의 형성과정에서 정치공동체 자체의 존망을 건 대규모 전쟁이 빈번히 발생하고 또 장기화함에 따라, 국가의 권력작용은 독립적 개인들로 구성된 유기적 집합체인 인구(population) 수준의 변수들, 가령 인구수·출산·성장·건강·수명·교육·고용·산업생산·무역 등에 대한 통계생산 및 전략적 관리, 즉 인구 및 그 구성인자들에 대한 생명관리정치(biopolitics)로 나타나게 되었다(Foucault 2003). 인구에 대한 생명관리권력(biopower)의 작용은 필연적으로 인구 및 그 활동, 노동력의 재생산, 나아가 경제적 사회적 활동 자체 및 그 활동의 대상 전반에 대한 지식의 축적과 활용을 필요로 한다. 이는 인구와 그 활동에 대한 지식의 축적 및 그 축적을 가능하게 하는 국가기구를 동반하여야 한다. 인구 및 그 활동에 대한 지식의 체계로서의 '정치경제(political economy)' 및 통계학(statistics), 국가의 역할과 운영에 대한 경찰학(Polizeiwissenshaft) 및 관방학(cameralism)의 발전[4], 그리고 이러한 지식의 축적과 활용을 가능하게 하는 국가기구(관료제)의 발전은 생명관리권력의 작용의 논리와 방식으로서 하나의 일관되고 유기적인 전체(ensemble)를 구성하며 이를 뒷받침한다. 이렇듯 푸코는 통치성 개념을 통해 국가의 통치대상으로서의 인구를 분석대상으로 삼으면서, 인구에 행사되는 생명관리권력의 논리, 절차 및 기술(technologies)에 주목할 수 있게 되었다.

한편, 푸코는 근대국가의 형성과 제도화 과정에서 통치성이 행정국가의 기구들을 통해 정부화되었다고(governmentalized) 본다(Foucault 2007). 통치성이 '정부화되었다'는 것은 인구와 그 경제활동에 대한 지식, 분석, 권력작용의 관행·기술 및 제도가 국가기구에 의해 생산·축적되고, 재생산되며, 실행된다는 의미이다. 이러한 국가기구는 국가 자체의 존속과 안전·질서를 가장 근본적 수준에서 보장하는 군대·경찰 등 안보기구들, 안보기구 및 다른 기구들의 구축과 운용에 필요한 재정자원을 제공하는 징세체제, 대내외 경제활동과 산업간 집단간 재원배분을 기획하고 관리할 재정부(Ministry of Finance) 및 통계전담 기구, 그리고, 인구의 재생산과 건강에 관한 지식을 축적하고 이에 대한 개입·조정을 담당할 보건관료제, 자본주의 경제에 필요한 노동력을 공급하는 교육기관 등의

---

4   물론 17-18세기 독일에서 풍미한 경찰학 및 관방학은 영국의 정치경제 지식이 전파되면서 급속히 영향력을 상실하여, 근대국가를 중심에 놓은 '경험의 초점'에서 유효한 지식의 형태로서의 의의를 잃게 된다(김정부 2023).

유기적 전체를 의미한다. 그리고 국가기구들 각각은 인구의 특정한 파라미터들에 대한 지식은 물론 국가기구 자체의 조직·운영에 관한 지식의 축적을 필요로 한다. 앞서 언급한 경찰학, 정치경제학, 통계학, 관방학, 행정학 등 지식의 출현과 발전은 근대국가 자체의 통치기구화 과정, 즉 정부화 과정에 다름 아니다. 이러한 지식의 체계와 형태는 근대국가 통치성이 행정국가 기구로 정부화하는 데에서 핵심적인 논리와 기술을 제공한 것이다.

근대국가의 통치성은 안보기구, 재정관료제, 보건관료제 및 교육관료제를 통해 인구전반에 대한 변수들과 그 구성인자인 개인·가계의 경제적 사회적 활동에 대한 지식을 축적하고 이를 권력작용을 정당화하는 진리(truth)로 제시한다. 이러한 지식의 체계와 국가기구, 즉 정부화된 통치성은 인구전반, 사회 내 조직들, 개인들을 일정하게 허용되는 행동과 허용되지 않는 행동의 범위에 가두게 된다. 근대의 자유로운 개인들은 지식-권력(knowledge-power)의 작용에 따라 어떤 행동을 하거나 할 수 없는 존재들로 구성된다. 이렇듯 인구에 대한 지식의 생산자 및 체현자로서의 국가기구는 자유로운 개인을 국가 및 국가기구와의 관계 속에서 국가의 시민으로 구성하고 자신의 자아를 정의하게 만드는 방식, 즉 주체화의 방식에 그 권력을 행사한다. 이렇게 자유주의에서든, 신자유주의에서든(Foucault 2008), 통치성은 국가기구를 통해 정부화하였으며, 개인들을 국가와의 관계에서는 납세자-공공서비스향유자-유권자-시민으로, 시장에서는 기업가(entrepreneurs)-소비자로 구성한다. 이에 따라 개인들은 국가와의 관계 속에서 국가가 허용하는 행동의 범위 안과 그 경계에서 삶의 의미·목적·방식을 정의하게 된다. 시장에서는 기업을 창업하여 이윤을 추구하는 존재, 또는 그 스스로 기업이 되는 존재이면서, 동시에 시장거래를 통해 소비함으로써 행복을 추구하는 존재가 된다. 이는 국가기구를 통한 거시적 권력과 사회의 모세혈관으로 뻗은 규율권력 간의 일관된 상호작용의 결과이다.

따라서 푸코의 통치성은 근대국가에서 생명관리권력의 거시적이면서도 미세혈관적 작용의 논리와 제도적 관행을 아우르는 개념이다. 여기서 통치성은 생명관리정치가 작동하는 근대국가의 안보기구, 인구에 대한 정치경제 지식, 이들이 구현하는 제도, 기술(tactics), 분석의 유기적 융합에 의한 작용양상을 의미한다. 위로는 국가권력의 개인들에 대한 일반화시키는(totalizing) 작용, 아래로는 미시적 규율권력의 구분하는(differentiating) 작용이 통치성에 의해 일관되게 가능해진다(Foucault 1994). 근대국가의 통치성을 이렇게 이해하면, 당초 규율권력의 작용 및 국가의 역할에 대한 푸코의 분석도 통치성의 관점에서 새롭게 해석된다. 가령, 사회문제를 보는 범주의 구성, 규율의 기술(disciplinary techniques)을 형벌제도에 담아내는 데에서 국가에 의한 통제가 강화되어 간 과정을 "국가화(statification)"로 개념화할 수 있다. 이렇게 볼 때 국가는 규율권력의 강화과정과 더불어 나타난 것으로서, 그 자체로서는 "어떤 보편적인 존재이거나 권력의 자율적인 원천이 아니다. 국가는 다만 영구적인 국가화 과정의 효과, 그 양상 또는 가변적인 모양에 다름 아니다…국가는 다중적 통치성들[5]의 레짐(a regime of multiple governmentalities)의 가변적인 효과

---

5   여기서 "다중적 통치성들"은 사회 내에 편재하는 규율권력의 작용논리, 행태규범, 제도, 절차, 기술의 총합을 의미한다.

에 불과하다"(Foucault 2008, 77). 사회 내 여러 장소에서 규율권력을 통해 타인에 대한 통치가 이뤄지고, 그 통치의 관행은 국가에 의해 점점 더 위로부터 통제되고 있다. 이런 점에서 국가와 그 통치관행(practices)은 통치성의 효과이자 그 구체적 표현이라 하겠다.

이렇듯 1977-1979년의 푸코에게 있어 통치성은 근대국가에서 권력이 국가기구를 통해 작동하는 방식과 기제를 주로 의미하였다. 푸코는 이를 통해 1) 권력작용의 효과로서 개인들-시민들이 구성된다는 점, 2) 개인들이 권력작용의 대상인 인구의 구성요소로서 존재한다는 점, 3) 거시적 국가권력과 미시적 규율권력이 국가-인구·사회-개인들 속에 일관되게 작용하여 국가의 존속·번영과 개인의 행복이 국가 안에서 가능해진다는 점을 드러냈다. 그러나 국가기구에 체현된 통치성의 개념으로는 권력과 진리의 관계, 주체화와 자기통치의 문제가 적극적으로 제기될 수 없었다. 이에 따라 푸코는 1980년 이후 강의들에서 근대국가의 통치성이라는 문제설정을 진리담론과 주체성을 아우르는 보다 근본적인 문제설정으로 포섭하고 심화시킨다.

2. 권력작용에 필수불가결한 진리검증 및 현시(manifestation)의 논리·기술로서의 통치성

"권력의 행사는 거의 항상 진리의 현시를 동반한다"(the exercise of power is almost always accompanied by a manifestation of truth)(Foucault 2014, 6). 권력이 있는 곳에, 권력이 행사되는 곳에, 통치가 이뤄지는 곳에 진리담

론이 있을 수밖에 없다(Foucault 2014). 권력의 행사는 반드시 진리현시(manifestation), 진리주장을 전제하고 또 이를 강화한다. 그리고 이 진리는 다만 수단적으로 통치에 유용한 지식에 그치지 않고, 이러한 지식의 생산과 유통 및 활용 전반을 관통하는 상징적 실제적 진리의 레짐을 통해 축적되고, 표현되며 강화된다. 진리현시는 효과적인 통치에 필요한 지식의 구성(constitution), 형성(formation), 축적(concentration)을 의미할 뿐만 아니라, 이러한 지식을 통치에 유용한 것으로 만드는 데에 보충적인 역할을 하는 기제들도 포괄한다(Foucault 2014). 그리고 근대에 통치의 기예(art of government)와 정치적 경제적 사회적 합리성 간의 관계가 형성되기 훨씬 이전부터 진리현시와 권력행사 간의 연결은 매우 심층적 수준에서 항존해 왔다(Foucault 2014).

그런데 푸코는 1977-1979년의 강의들에서 합리적 통치성의 대상이 국가와 인구·사회, 그리고 이 둘 간의 관계라고 보았다. 하지만, 푸코는 국가를 합리적 통치성(rational governmentality)의 가능하고도 필요한(possible and necessary) 대상으로 분석할 때도 통치와 진리의 관계, 또는 통치에 반드시 결부되는 진리현시의 의미를 명확하게 특정하지는 않았다(Foucault 2014). 다만, 경찰학, 정치경제, 통계학, 관방학, 행정학 등은 권력작용을 뒷받침하는 수단적 지식으로 이해될 뿐이었다. 여기서 진리란 보편적으로 타당하다고 생각되는 지식의 내용, 또는 공식적이고 보편적인 기준에 의해 정의되는 어떤 것이 아니라, 사람들이 그 자신들에게 구체화하여 주체성 안에 담고 있는 의무의 체계(system of obligations)로서 자기 자신과의 관계(relation to the self)의 구체적 내용이 된다. 주체가 내면화한 어떤 의무의 체계가 진리담론, 진리선언, 진리검증에 고유하게 녹아있는 한 정신병리학이나 범죄학도 진리라고 할 수 있다(Foucault 2017). 그러므로 진리는 지식의 내용이나 지식의 형식적 구조뿐만 아니라 결속 (bond), 의무(obligation), 정치(politics)로 이해된다.[6]

　푸코는 1980년의 강의(Foucault 2014)에서 원래 계획이었던 "살아있는 존재들에 대한 통치(On the Government of the Living)"가 아니라 "사람에 대한 통치, 주체성 형태에서의 진리의 현시, 모든 개개인과 인류의 구원 간의 관계(the relations between the government of men, the manifestation of the truth in the form of subjectivity, and the salvation of each and all)"라는 문제설정 을 제시하면서, 사람에 대한 통치가 작동하는 가장 근본적인 전제로서 진리와 주체성의 문제에 주목하기 시작한다(Foucault 2014, 94).[7] 즉 지식-권력을 중심테마로 한 분석에서 '진리에 의한 통치' 문제로 분석의 초점 이 전환된 것이다. 이로써 "주체성 형태에서의 진리현시를 통한 사람들 에 대한 통치(the government of men through the manifestation of the truth in the form of subjectivity)"(Foucault 2014, 99)의 문제로 그의 통치성 개념이 확장 되는 계기가 마련된다. 사람에 대한 통치로 표현되는 권력작용은 그 대 상자들에게 복종과 순응뿐만 아니라 진리현시 절차의 대상으로서 '진리 행동(truth acts)'을 요구한다(Foucault 2014). 일례로, 서구의 기독교 문화에 서 진리행동이란 영적 인도(지도)를 받는 사람들에게 요구되는 것으로서

6　근대국가의 재정·예산제도에 녹아있는 재정투명성의 원칙 및 납세의무는 공공재정 에 대한 진리검증 및 현시의 양태라고 할 수 있다.

7　푸코는 1980년의 강의에서 이러한 주체-진리현시-통치의 삼각 문제설정을 바탕으 로 소포클레스의『오이디푸스왕』에서의 진리현시와 통치, 초기 기독교에서의 영적 인도(통치)의 문제를 분석하고 있다.

인도자에게 어떤 일(사건)의 진실을 말해야 할 뿐만 아니라 그 자신에 대한 진실, 잘못, 욕망, 영혼의 상태 등에 대해서도 진실을 말하는 것을 의미한다(Foucault 2014). 또한 통치자들에게도 윤리적 차이성(ethical differen-tiation) 또는 진리의 차이성(difference of the truth)에 의거한 진리행동이 요구된다.[8] 즉 주체성과 긴밀히 연계된 진리의 레짐(regime of truth)[9]이 권력관계들의 레짐에서 필수불가결과 구성요소가 된다. 이렇게 하여 타인에 대한 권력의 행사(통치)를 위해서는 먼저 자기 자신과의 관계에서 진리의 문제를 다루는 것이 필수적인 것으로 이해된다. 푸코는 아이들이나 가정, 국가에 대한 통치뿐만 아니라, 영혼과 양심에 대한 통치, 자기 자신에 대한 통치에서도 양심과 고백(즉, 진리)의 문제를 자기 자신과의 관계 및 주체성의 구성에서 핵심적 이슈로 문제설정하고 있는 것이다.

이렇듯 권력의 행사는 반드시 일정한 논리와 절차에 따른 진리의 현시를 동반한다. 푸코는 1980년의 강의에서 자기 자신에 대한 관계 및 그 관계에 체현된 진리를 드러내는 절차, 즉 진리현시의 논리와 절차를 지칭하기 위해 "알리터지(alethurgy)"라는 용어를 제시한다. 알리터지는 진리의 현시 또는 진리의 발견법으로서 "거짓되거나, 숨겨졌거나, 표현할 수 없거나, 예견할 수 없거나, 또는 잊혀진 것과 대조되는 진실된 것으로 제시된 어떤 것을 밖으로 드러내는 가능한 언어적 또는 비언어적 절차들

---

8 이에 대해서는 다음 소절에서 논한다.

9 진리의 레짐은 사람들을 일정한 진리행동(가령, 과학이나 기독교에서의 고해성사)에로 제약하는 것으로서, 이러한 진리행동의 형식을 정의하고 결정하는 동시에 그 행동들이 구체화되어 특정한 효과를 갖게 되는 조건들을 설정하는 역할을 한다(Foucault 2014).

의 조합"으로 정의된다(Foucault 2014, 7). 영매나 예언자에 의한 예언, 주술, 의식(rituals), 과학적 객관적 지식생산 등은 진리를 드러내는 알리터지의 서로 다른 형식들(forms of alethurgy)이라고 할 수 있다. 나아가 푸코는 근대에서 국가이성(raison d'État)이 권력의 행사에 고유한 알리터지를 제공한다고 본다. 근대국가에서는 통치자들이 자신들의 결정과 선택, 행동을 합리적으로 구축된 원칙과 지식체계(bodies of knowledge)에 연동시키게 되었는데, 이때 이러한 원칙·지식은 통치의 대상에 고유한 합리적 구조에 근거한 것이어야 한다.

물론 근대에서 통치의 대상은 국가 및 이를 구성하는 인구인 바, 바로 국가이성의 관념이 근대국가에서의 권력의 작용과 진리의 현시를 관리 가능하면서도 유용한 방식으로 연결하는 고리 역할을 한다. 국가이성은 통치행동의 합리성이며, 드러나야 할 진리는 통치행동의 대상으로서의 국가의 진리(the truth of the State)이다. 알리터지로서의 국가이성의 확립과정은 예언자(seers), 점성술사 등 비합리적 알리터지를 몰아내는 한편, 동시에 합리적 공리적(utilitarian) 지식생산의 절차와 그러한 절차에 의한 지식의 생산 및 활용의 체계, 즉 근대적 진리레짐의 정착과정이다. 근대에서는 알리터지가 합리적 절차와 기법을 통해 이뤄지게 됨에 따라 통치의 합리적 기예(a rational art of government)[10]를 통해 권력의 행사가

---

10 푸코는 통치의 합리적 기예의 등장과 그 내용을 1977-1979년의 강의들에서 통치성 개념을 중심으로 분석하면서, 이것이 정치경제, 사회, 인구, 즉 통치의 대상들에 대한 지식의 생산과 활용을 필수불가결하게 동반하며, 이러한 지식에 의존하고 있다고 갈파한다(Foucault 2007; 2008).

합리화되었다. 진리현시의 관점에서 볼 때 국가이성은 "권력행사에 필수불가결한 진리현시의 모든 방법들을 재조직화한 것(reorganization of all those manifestations of truth)"이다(Foucault 2014, 10).[11]

정치체(politeia)에서의 권력의 행사가 진리담론 및 진리현시를 필수불가결하게 동반할 수밖에 없다는 점에서 (죽음과 같은) 위험을 무릅쓰고 진실을 말하는 용기 및 진실말하기(truth-telling)를 의미하는 파레시아(parrhesia)는 권력과 진리현시를 잇는 핵심고리가 된다. 푸코는 파레시아를 자기통치(the government of self)와 타인통치(the government of others) 간의 관계의 문제를 푸는 열쇠로 본다(Foucault 2011).[12] 푸코는 정치체(politeia)에서의 권력행사를 정치적 게임으로 보면서, 이것을 그 자체의 규칙과

---

11 이외에도 권력행사와 진리현시의 연결방식에는, 첫째, 통치가 현실과정(부의 창출, 일, 상업 등)에 대한 정확한 지식에 근거하여 이뤄지는 것이라면, 통치자들은 다만 피통치자들에 대한 진리의 전달자에 불과하고, 실제로 통치하는 것은 현실의 일들(things) 그 자체가 될 것이라는 관점이다. 이 입장에서는 통치는 다만 사회 및 경제의 진리가 통치자들의 마음에 반영된 것에 불과하다. 둘째, 통치의 기예와 통치대상에 대한 객관적 지식 간의 근본적 연결은 전문화된(specialized) 형태의 지식의 구성 및 이러한 지식에 대한 전문가의 형성으로 뒷받침된다. 이러한 전문화는 어떻게든 정치에 영향을 미칠 수밖에 없는 일·사물들과 관계들의 조합을 정의하는 어떤 영역을 구성하게 된다. 셋째, 사회 내 모든 개인들이 경제와 사회에서 실제 일어나고 있는 일들과 그 본질(착취, 지배)에 잘 알고 있다면, 이는 소수에 의한 통치와 양립할 수 없다는 로자 룩셈부르크(Rosa Luxembourg)의 입장이다. 넷째, 모든 사람들이 현실의 사회·경제에서 일어나고 있는 일들을 잘 알고 있기 때문에 사회주의 체제가 지속한다는 솔제니친(Solzhenitsyn) 원리가 있다. 솔제니친의 원리에 따르면 테러는 적나라하고 냉소적이면 음흉한 국가에서의 통치성에 다름 아니다.

12 같은 맥락에서 푸코는 군주에 대한 통치(government), 또 군주의 영혼에 대한 (철학자들의) 진리담론을 통한 통치 문제를 다룬다.

규범성(normativity)을 갖는 (광기, 정신병, 성정체성 등과 같은) '경험의 초점 (focal point of experience)'으로 이해한다. 그리고 정치적 게임은 '경험'으로서의 진리말하기(truth-telling)와 불가분의 관계로 엮여(indexed) 있으며, 게임의 플레이어로서의 자기 자신 및 타인들에 대한 일정한 관계를 전제하고 동반한다(Foucault 2010). '경험'의 장으로서의 정치적 게임에서는 정치체(politeia)가 파레시아가 작동할 수 있는 장소를 정의하고 또 파레시아가 작동할 수 있도록 한다. 그리하여 정치적 인간의 진실말하기, 즉 파레시아가 정치적 게임이 적절히 이뤄지도록 보장한다.

푸코는 한 사회가 실제로 통치될 수 있도록 하는 고유한 권력관계라는 문제설정의 근본에는 바로 용기 있는 진실말하기 또는 파레시아가 자리잡고 있다고 본다. "통치성 문제들(problems of governmentality)은… 처음부터 진리담론을 통한 권력행사와 파레시아라는 관념을 배경으로 등장하였던 것이다"(Foucault 2010, 159). 진리담론과 그 등장이 정치체(politeia)에서 통치성의 작동을 근본적으로 뒷받침하는바, 민주주의체제가 통치되고 있다면, 바로 이 파레시아를 근간으로 한 진리담론 때문인 것이다 (Foucault 2010; 2011). 진리의 용기(courage of the truth), 푸코에게 있어 진리담론은 자기 자신과 타인들에 대한 통치와 뗄 수 없는 관계이다. 동시에 권력의 구조(structures)는 지식 및 주체화의 형식(forms)과 동전의 양면과 같은 관계이다. 주체화의 양식(modes)은 반드시 정치적 함의를 가지며 이는 진리와의 일정한 관계를 전제한다(Gros 2011, 346). 즉, 주체화의 양식을 다루자면 어쩔 수 없이 통치와 진리의 관계에 대해 다루어야 한다. 동시에 권력의 구조, 주체화의 양식, 진리담론은 어느 하나로 환원될 수 없을 뿐더러(irreducibility), 어느 하나가 다른 것보다 더 우월적인 지위를 차지하는 것도 아니다. 각각이 그 고유한 논리와 관행(practices)을 갖고 있으면서도, 동시에 어쩔 수 없이 서로 긴밀히 연관(necessary correlation)되어 다른 두 차원을 가능하게 한다. 이렇듯 파레시아로 뒷받침된 진리담론이 민주적 정치게임을 진실되게(authentic) 한다(Gros 2011, 345). 이렇듯 푸코는 정치적 게임을 광기의 경험, 질병의 경험, 성의 경험 등과 같이 경험의 장으로 이해하고, 이 장에서 진리검증과 주체화, 통치성의 핵심적 연결고리로서 파레시아를 꼽고 있는 것이다.

권력의 작용, 진리검증, 파레시아에 대한 이와 같은 이해는 1984년의 강의에서 더 구체화된다(Foucault 2011). 푸코는 진리담론(true discourse)이 이를 사용하는 주체에게 부여하는 존재양식(modes of being)에 대한 탐구, 즉 진리담론의 존재론(ontology)에서 다시 파레시아의 위치에 주목한다(Gros 2011). 푸코는 진리주장에 결부되는 자기 자신과 타인들과의 관계유형을 기준으로 하여, 파레시아에서의 진리말하기와 그 밖의 다른 방식의 진리말하기(가르침, 예언, 지혜)를 구분한다. 이 점에서 파레시아는 자기 자신과의 올바른 관계설정, 자기보살핌(care of the self) 및 이를 전제로 한 타인과의 관계설정을 지향하며, 이를 통해 '타인의 변화'를 추구한다. 따라서 파레시아는 그 발화자에게 어쩌면 죽음과 같은 위험을 동반한다. 파레시아가 특정한 방식의 자기 자신과의 관계(relation to self)를 전제하고 있다는 점에서, 인간 개개인의 자기 자신과의 관계는 파레시아를 통해 진리담론으로 연결되며, 이러한 진리담론이 서로 부딪히는 정치적 게임을 통해 통치가 가능해 진다. 이렇게 하여 통치성은 '자기 자신의 진실과의 관계, 진리담론, 정치적 게임, 타인에 대한 통치의 과정 전반에 걸친 논리와 기술들(technologies)'까지 아우르는 개념으로 전화한다.

3. 자기 자신과의 관계, 자기보살핌 및 자기통치의 논리·관행·기술로 서의 통치성

푸코는 1979년의 신자유주의 통치성에 대한 강의 이후, 이듬해부터 갑자기 초점을 진리현시(manifestation of truth), 자기 자신과의 관계(relations to the self)와 자아의 기술(technologies of the self)이라는 문제설정으로 전환하여, 초기 기독교에서 자신의 내면 깊숙이 존재하는 죄에 대한 직시와 이에 대한 고백, 헬레니즘시대 성윤리의 형성, 스토아학파의 자기보살핌과 자아의 기술, 정치체(politeia)에서의 정치인의 자기보살핌과 권력작용 등을 다룬다. 하지만, 푸코가 통치성의 문제들을 관심에서 내려놓은 것은 아니다. 이 시기 푸코는 통치성 연구가 이중적 목적을 갖는다는 점을 분명히 하고 있기 때문이다(Foucault 2017). 우선 기존의 권력개념에 대한 비판으로서, 이때 권력은 그 원천으로서 국가라는 중심의 주위에 조직된 단일한 체계이면서 그 내적 동학에 따라 끊임없이 확장하고자 하는 것으로 이해된다. 기존 권력개념에 대한 대안으로서 통치성 연구는 앞 절들에서 논의한 바와 같이 권력을 개인들 또는 집단들 간의 전략적 관계의 장 또는 영역(domain)에서 작용하는 분산되어 장을 형성하고 유지하는 힘으로 다루고 있다. 이러한 전략적 관계들에서 권력작용은 타인(들) 및 그들의 행동(품행)에 대한 지도(conduct of conducts)이며, 여기에는 다양한 절차(procedures)와 기법(techniques)이 동원된다. 이는 1978-79년의 강의들에서 주로 다룬 이슈들이다.

한편, 푸코는 1982년의 강의들에서 권력 또는 정치권력에 대한 질문이 통치성의 맥락에서 제기된다면 '자기 자신에 대한 관계(relationship of self to self)'로 정의되는 주체의 요인을 회피할 수 없다고 본다(Foucault 2005). 즉 권력행사와 주체의 문제가 통치성의 문제설정에 모두 포함된다고 본 것이다. 물론 푸코는 이때에도 통치성을 넓은 의미에서 '권력관계의 전략적 장'으로서 이해하는데, 이 전략적 장에서 권력관계는 유동성(mobility), 전화가능성(transformability), 가역성(reversibility)을 특징으로 한다(Foucault 2005). 가역성을 갖는 관계들의 조합(a set of reversible relationships)으로서의 권력 및 그 권력의 작동논리·기술·관행, 즉 통치성에 대한 분석은 자기 자신에 대한 관계로 정의되는 주체의 윤리를 회피할 수 없다는 것이다. 이리하여 푸코의 분석에서는 "권력관계, 통치성, 자신과 타인에 대한 통치 및 자기 자신에 대한 관계는 하나의 사슬, 실타래를 형성하며, 이 지점에서 정치의 문제와 윤리의 문제가 만나게 된다"(Foucault 2005, 252). 즉 통치성은 윤리의 영역으로까지 그 개념적 내포가 심화되어, 정치체(politeia)에서의 타인통치와 자아의 자기통치가 하나의 문제설정에 담기게 되었다. 이런 점에서 자기 자신과의 관계설정, 자기보살핌의 기술과 논리, 즉 자아의 통치성에 대한 분석은 주체의 구성을 밝히는 작업이 된다.

여기서는 자아의 기술(technologies of the self)이 어떤 논리에서 구성되어 실천되는지가 논점이 된다. 자아의 기술은 "어떤 목적을 위해서 그리고 자기통제(self-mastery)나 자기지식(self-knowledge)의 관계들에 의거하여 자신의 정체성을 결정·유지·전변시키기 위해 개인들에게 장려되거나 처방된 절차들(procedures)"을 의미한다(Foucault 2017, 293). 그럼으로써 이제 주체성은 자기 자신과의 관계설정 및 그 전환, 그 과정의 기술적 골격(technical armature) 및 지식효과를 통해 형성되는 것으로 이해된다. 이 지점에서 통치성의 문제설정은 타인들과의 관계(relations with others) 및 타인통치를 가능하게 하거나 제약하는 전제적 요건이 되는 자기 자신과의 관계, 자기통치(the government of self by self), 그 기술 및 효과를 다룰 수밖에 없다(Foucault 2017). 이렇게 하여 통치성의 문제설정은 정치적 권력행사의 맥락을 벗어날 수 없는 주체화(subjectivation)의 기술·기법과 주체성의 역사를 관통하게 된다.

자기 자신과의 관계 및 타인에 대한 통치는 필연적으로 주체성의 문제로 이해되며, 여기서는 자기 자신과 세계의 진리에 대한 검증과 현시(manifestation), 즉 진리담론이 규정적 역할을 한다. 진리검증의 담론들, 가령 스토아학파에서 주목한 자기 자신과 세상에 대한 앎, 결혼 중심의 성윤리학, 그리고 근대적 정신병학, 국가론, 정치경제, 관방학, 경찰학 등은 그 자체로서 현실의 필연적 결과물 또는 반영물은 아닐지라도, 사법적, 정치적, 행정적, 경제적, 의학적 결정에 녹아들어 개인들로 하여금 이러한 담론들의 주장들(statements)에 근거하여 자신의 정체성, 즉 주체성을 구성하도록 한다(Gros 2017). 자아와 타인들에 대한 경험의 결정체로서 주체성(subjectivities)은 진리를 직시하고 드러낼 의무 및 진리검증의 결속을 통해 구성되는 것이다. 그리고 정치적 게임에서는 자아와 타인들에 대한 경험의 구성이 진리검증의 정치적 과정 및 그 역사를 통해 이뤄진다(Foucault 2017). 이렇듯 개인으로서의 주체성(individual-subject)은 지배의 기법과 자아의 기법이 교차하는 지점에서 단생하였다. 즉 인간에 대한 예속화(subjection)의 과정과 인간의 주체화 과정이 겹치는 지점에서 개인-주체가 등장하게 된 것이다(Gros 2005).

그러므로 "주체성의 역사, 즉 주체-진리 관계의 역사는 세계에 대한 지식의 영성(spirituality of knowledge)과 주체의 진리실천(practice and exercise)에 의해 정의되는 주체성의 장치들(dispositif)이 느리고도 장구한 과정을 거쳐 바로 우리시대의 주체성의 장치, 즉 주체 자신에 대한 지식(connaissance)과 법에 대한 주체의 순종을 통해 작동하는 장치로 전환하게 된 것을 밝혀내야 한다"(Foucault 2010, 319). 고대 그리스나 로마에서 주체와 진리실천의 관계에 관한 질문은 진리를 알고 말하며, 그 진리를 실천하고 행동에 옮긴다는 사실이 주체로 하여금 당위적으로 옳은 방식으로 행동하게 할 뿐만 아니라 그 자신이 응당 지향하는 그 존재 자체가 될 수 있도록 하는 정도(extent)에 관한 것이었다. 따라서 주체의 영적 경험이 세계에 대한 지식을 구성하였다. 반면에, 근현대에서는 주체-진리의 관계에 관한 질문이 지식의 어떤 분야에서 주체의 객체화(objectifica-tion) 또는 대상화 가능성 여부에 관한 것으로 바뀌었다(Foucault 2010, 318-319). 그러므로 근현대에서는 지식(앎)과 실천(삶)의 비동조화(decoupling), 나아가 주체성의 내적 자기분열이 가능해졌다.

　　푸코가 1980년대 초에 자기 자신과의 관계와 주체성의 문제를 푸는 열쇠로 주목한 것은 '자기보살핌(care of the self)'의 '경험(experience)'이다. 그전까지 푸코의 주체성의 역사에 대한 연구는 광기, 질병, 범죄, 성 등 다양한 '경험들'의 범주에 따라 개인들에 대한 구분(division)이 어떻게 형성되고 작동하는지, 그리고 이러한 범주와 구분의 관행들이 개인들로 하여금 자신을 합리적이고 정상적인 주체로 구성하게 하는 데에 미치는 효과들에 대한 분석이었다(Foucault 2017). 이들 '경험들'을 둘러싼 지식의 형성 및 이에 따른 행위규범의 규율적 강제에 따라 주체가 구성되는 방식에 주목한 것이다. 그러나, 푸코는 1981년 Collège de France에서 행한 일련의 강의들에서 플라톤의 『알키비아데스(*Alcibiades*)』에 등장하는 자기 보살핌(epimeleia heautou)의 개념을 통해 자기 자신과의 관계 및 자기보살 핌(즉, 주체화의 기술 및 주체성)의 정치적 의미를 탐색한다. 여기서 자기보 살핌은 근본적으로 자기 자신에 대한 지식(자기앎, self-knowledge)에 대한 요청이다. 자기보살핌을 '경험'으로 이해하면, 자기보살핌의 경험을 개 발·전환시키는 기술과 그 효과, 즉 주체성의 역사에 주목할 수 있게 된 다. 즉, '경험'으로서의 자기보살핌에 대해서도 광기, 질병, 성의 경험에 서와 유사한 분석이 가능하다. 이렇듯 자기보살핌은 '주체성의 역사'와 '통치성의 형식'에 대한 분석이라는 두 가지 테마의 접점에 자리잡고 있 다(Foucault 2017).[13] '경험'으로서 자기보살핌이 갖는 정치적 의미를 염두 에 둔다면, 자기 자신과의 관계의 기술, 즉 자아의 기술이 타인통치와 어 떻게 일관되게 연결되어 있는지를 드러낼 수 있다. 통치성은 그 연결의 논리이자 기술의 총합이다.

통치성의 문제설정이 주체성의 문제와 정치체(politeia)에서의 통치 문제를 포괄하고 있다는 푸코의 이러한 입장은 스토아학파와 초기 기독 교 간의 자기 자신과의 관계의 기술 및 자기보살핌에 대한 상이한 이해, 그리고 스토아학파 및 초기 기독교의 성윤리에 대한 푸코의 분석에서 잘 드러난다. 먼저, 자기 자신과의 관계 및 자아의 기술과 관련하여, 푸코는 초기 기독교와 스토아학파를 극명하게 대조시킨다. 우선, 푸코는 1980 년의 강의에서 죄사함을 받기 위해 자기 자신이 누구인지, 자신의 죄가

---

13 물론 푸코의 주체성의 역사에 대한 연구는 또한 언어, 노동, 삶과 관련한 지식의 형태 들에서 주체가 객체화되는 방식(modes of objectivation)에 주목한다.

무엇인지를 드러내는 초기 기독교의 침례(baptism) 준비과정을 분석하면서, 기독교에서 자기 자신과의 관계는 본질적으로 불안정하며 두려움(fear)을 내장한다고 본다(Foucault 2014). 여기서 두려움이란 자기 자신에 대한 두려움, 자기 자신이 누구인지에 대한 두려움이다. 이러한 두려움은 자기 자신과의 관계, 자기 자신에 대한 자기행사(exercise of self on self), 내면 깊숙이 똬리를 틀고 있는 진실·진리, 즉 주체성의 핵심적 요소이다. 즉, 주체성의 형성에서 자기 내면의 죄와 진실을 드러내는 것은 자기 자신에 대한 탐색, 자기 자신과의 관계 설정을 전제로 하는 것이다. 고해성사는 자신에 대한 탐색을 통해 직시한 자기 진리(죄)의 고백이다. 진리의 고백이 비로소 타인에 대한 통치를 가능하게 한다.

반면, 스토아학파에서 자기보살핌은 자신의 덕성과 영혼에 대한 것으로서, 하나의 원칙일 뿐만 아니라 꾸준한 실천적 관행(abiding practices)을 지칭한다. 스토아학파에게 '자신을 보살핀다'는 것은 우선 '자기 자신에게로 되돌아간다', '관심을 자기 자신에게로 집중한다'는 의미가 있다. 이는 자기 자신이 세계에서 어떤 존재인지를 이해하는 것, 즉 세계 속 자신의 위치·가치에 대한 지식의 함양을 의미한다. 푸코의 해석에 따르면, 세네카는 세상에서 물리적으로 벗어나지는 않으나 세상을 위에서 관조하면서 세상에 내재한 합리성(이성)을 인식하는 것이 삶을 완성하는 의미가 있다고 본다. 반면, 아우렐리우스에게 자기보살핌은 세상의 모든 대상과 움직임을 그 구성부분과 순간들로 분해하고 포착하여 우리 자신이 이 광활한 우주와 무한에서 얼마나 보잘 것 없는 찰나의 점에 불과한지를 자각하는 실천적 노력이다. 이들은 모두 세계에 대한 지식의 획득이 자기보살핌의 본질적 내용을 구성한다고 보고 있는 것이다(Foucault

2010).

철학과 동일시되기까지 하는 자기보살핌은 평생에 걸쳐 이뤄져야 하지만, 젊은 시절에 특히 중요하다. 이와 함께, 여기서 보살핌(epimeleia)은 어떤 일정한 방법과 목적을 갖는, 복잡하고 정규적인 일·과업(occupation; work), 의무(obligation), 기법(technique)이면서 동시에 세심하게 고안된 행동방식(ways of behaving)을 의미한다(Foucault 2010, 494). 이러한 자아의 기술(technologies of the self)과 자기보살핌을 통해 이전에는 몰랐던, 그리고 자기 자신에 내재되지 않았던 진리가 일종의 "준주체(quasi-subject)"가 된다(Foucault 2010, 501). 즉, 스토아학파에서 자기보살핌은 진리와 주체를 연결하는 핵심적 고리 역할을 한다.

이러한 관점에서 보면, 스토아학파에서 강조한 금욕·수련(askēsis)은 자아의 기술로서 자기 자신에 대해 완전하면서도 독립적인 관계를 구성하도록 한다(Foucault 2010). 금욕주의적 실천을 통해 형성되는 그 관계의 핵심에는 '방비(防備, paraskeuē)'가 있다. 이는 세계에 내재하는 합리성 즉 진리의 로고스(logos)가 자기실천(practices of the self)을 통해 몸과 마음과 영혼에 체현된 것으로서 불행한 사건(event; mishap)이 닥칠 경우 자동적이고 즉각적인 도움(aid)으로 작용하는 준비된 덕성을 의미한다. 금욕·수련은 이러한 방비(paraskeuē)를 형성하고 공고히 한다. 또한 금욕·수련은 뜻밖의 불행한 사건에 맞닥뜨려 활성화시키고, 강화시킬 수 있는 절차들(procedures) 또는 기술의 지속적 연마과정이다(Foucault 2010). 금욕·수련으로 갖춰진 방비(paraskeuē)는 합리적 행동을 낳는 진리담론의 주형(matrix)으로서, 주체의 진리담론과 도덕적 행동의 원칙이 시간에 따라 전환해 가는 과정에서 일정한 틀을 제공한다. 이렇게 보면, 방비(paraskeuē)

는 로고스가 에토스로 전환되는 데에서 핵심적인 요소라고 할 수 있다. 세계의 합리성과 진리에 대한 지식과 금욕·수련은 방비(paraskeuē)를 통해 자기 자신에 대한 진리현시(truth-telling)를 주체의 존재양식으로 만든다. 이렇듯 스토아학파의 자기보살핌은 자기 자신의 진리를 직시하여 이를 드러내고 실천하는 자아의 기술(technologies of self)을 내장하고 있다.

한편, 푸코는 1981년의 강의들(Foucault 2017)에서 2세기 무렵 고대 그리스의 아르테미도루스(Artemidorus)의 『*Oneirocritica*』[14]를 분석하면서 기독교 시대 이전의 성윤리 형성, 성을 통한 자기 자신과의 관계설정 과정에 주목한다. 아르테미도루스에게 성윤리의 핵심 원리는 활동성·주도성(activity), 사회적-성적 동형성(socio-sexual isomorphism)이다. 성행위에서의 주도성이 높게 평가되고, 또 주도적인 행위자가 사회적 지위에서도 높아야 한다는 것이다. 반면, 푸코는 결혼에 대한 스토아학파 문헌들을 분석하여, 헬레니즘 문화에서의 결혼제도와 부부간 결속의 도덕적 원칙들은 『*Oneirocritica*』에 나타난 성윤리와 본질적으로 다르다고 주장한다. 헬레니즘에서 성은 엄밀하게 부부간의 관계로 국한되며, 동시에 성관계의 목적은 후손생산이다. 이러한 부부간 성관계와 생활공유에 따라 서로 간에 애착과 신뢰가 형성된다. 이들은 각각 부부관계 내로의 성의 배타적인 국지화(exclusive localization), 탈쾌락(de-aphrodization), 호혜적 애착(reciprocal affects)의 원리이다(Gros 2017). 성과 결혼제도(matrimonial institutions)에 대한 스토아학파의 이해는 성과 사회 간 연속성(socio-sexual

---

14 '해몽(解夢)'이라는 의미이다.

continuum)에서의 일정한 단절, 즉 성의 탈사회화(desocialization)를 뒷받침한다. 결혼 속에서의 부부간 결속은 계층과 지배를 특징으로 하는 가족 외부적 사회적 관계로 환원될 수 없다. 이리하여 성의 사회적 성격이 탈색되었다. 또 스토아학파에 따르면 결혼제도 안에서의 성관계에 대한 아내의 동의(consent)와 호혜적 애착은 아내가 더 이상 수동적인 존재가 아니라는 점을 의미한다.

이러한 스토아학파의 원리가 초기 기독교에서는 일부일처제를 기반으로 하는 성(monogamous sexuality), 후손생산만을 위한 성관계와 같은 엄격한 경제성(strict economy), 사회적 일상적 활동으로부터 성적 활동의 고립(isolation) 및 비밀성(secrecy), 성관계 이후의 정화(purification; ablution)의 원칙으로 나타난다(Foucault 2014, 15-16). 성의 범위가 결혼 내 부부간의 관계로 제한되고, 부부간 관계가 애착과 신뢰를 바탕에 둔 대등한 관계로 전환됨에 따라, 남성성은 사회적 계층·지배 관계에서는 제거되고 오직 가정에서 아내의 동의를 전제로 드러나게 되었다. 이렇게 하여 결혼한 남성은 공적인 영역과 사적인 영역 사이에서 남성성의 단절을 경험하게 된다. 이에 따라 결혼한 남성은 이 두 영역에 걸쳐 지속적인 성적 자기통제(self-control)를 효과적으로 수행해야만 한다. 즉, "가장 원초적인 욕망 및 유혹과 관련하여 자기 자신 및 자기정체성에 대한 깊은 성찰, 규율, 절제를 위한 기법(techniques of the self)"을 연마해야 한다(Foucault 1993; Foucault 2017, 296). 성에 대한 자아의 기술은 성이 "불가능한 유혹이거나 쾌락 없는 의무라는 이중적 형식(double ethical form of impossible temptation or duty without pleasure)"을 취하게 하여 주체성의 영원한 요소로 자리매김하였다(Gros 2017, 308).

이렇듯 1980-1981년 강의들에서 푸코는 통치성의 문제설정을 자기보살핌(care of the self)이나 성의 경험 등에 대한 분석을 통해 '자기 자신에 의한 자기통치를 바탕에 둔 타인들과 맺는 권력관계의 논리 및 기술의 문제'로 전환하였다. 이러한 문제의식은 1982년의 강의들에서도 계속된다(Foucault 2005). 푸코의 1982년 강의,『주체의 해석학(The Hermeneutics of the Subject)』은 자기 자신과의 관계(relation to self)를 자기보살핌의 관점에서 탐구하며, '자기 자신에 대한 통치성'의 문제를 다루고 있다. 여기서 주체는 자기 자신과의 관계를 설정하는 데 사용하는 기법(techniques)과 실천·관행(practices)을 통해 자기 자신의 존재형태를 얻게 되며, 나아가 이를 바탕으로 다른 사람들 및 세상과의 관계를 정립하게 된다(Gros 2010).

나아가 푸코는 1984년 봄의 강의(Foucault 2011)에서 자기통치와 타인통치를 연결하는 중요한 조건으로서 통치자에게는 자기 자신과 맺는 관계설정에서 윤리적 차이성(ethical differentiation) 또는 여론이나 일반적 확실성과는 구별되는 진리의 차이성(difference of the truth)이 있다(또는 있어야 한다)고 본다(Gros 2011, 345). 즉, 지도자는 윤리적으로 일반대중과는 구분되는 양식으로 자기 자신과의 관계를 설정하는데, 이러한 윤리적 차이성은 오직 주체의 자기 자신과의 관계에서의 진리의 차이성(difference of truth)의 효과라는 것이다. 여기서도 앞에서 논의한 '자기보살핌, 자기 자신과의 관계, 파레시아, 정치적 경험, 민주적 통치 가능성을 관통하는 일관된 논리구조'가 드러난다. 이렇듯 푸코는 1981-1984년의 강의 전반에 걸쳐 자기 자신과의 관계설정(주체성)을 기반으로 한 자기보살핌, 자기보살핌과 파레시아를 통한 타인과의 진실한 관계설정 및 타인통치, 진실담론에 근거한 정치적 게임을 통한 정치공동체의 통치 등을 관통하는 논리와 절차, 기술들에서 통치성이 다층적(multilayered)으로 일관되게 작용하고 있다고 주장한다. 이제 통치성은 나 자신과의 관계, 타인과의 관계, 나와 타인들로 구성된 공동체 전반 등 여러 층위에 걸친 통치의 논리와 실제(기술 및 관행)를 의미하게 되었다.

Ⅳ. 결론

푸코의 통치성 개념은 그동안 일반화시키는(totalizing) 거시적 권력과 구분하는(dividing) 미시적 규율권력의 작용이 근대국가에서 어떻게 일관되게 통합적으로 작용하여 인구와 개인들을 권력관계의 망에 묶어 통치하는지에 대한 이해를 가능하게 해 주었다. 하지만 1978년의 통치성 개념은 권력관계의 망으로 분산된 권력(decentered power)에 주로 초점을 맞춤으로써 '권력과 진리의 관계'나 '자기 자신과의 관계를 중심으로 한 주체의 구성' 문제를 통치의 관점에서 일관되게 분석할 수 없는 한계가 있었다. 푸코는 1980년대 Collège de France에서 행한 일련의 강의들을 통해 통치성 개념을 다층적으로 확장하여 이 문제를 다루고 있다. 이제 통치성은 자기 자신과의 관계 및 자아의 기술, 자기 자신의 진리에 대한 탐색 및 직시, 타인과의 관계에서의 진리검증 및 현시, 정치체에서의 권력행사와 진리의 현시 등 자기통치와 타인통치의 다층적(multilayered) 연쇄를 일관하는 논리·제도·기술(technologies)·기법(tactics)의 조화로운 전체를 의미하게 되었다.

통치성 개념의 이러한 다층성(multilayeredness)은 현대국가의 자유주의 및 신자유주의 통치성 하에서 인구의 구성인자로 포섭된 개인들이 어떻게 국가와 시장에서 시민-납세자이면서 동시에 기업가-소비자로 구성되어 행복을 추구하는 존재로서 "탁월하게 통치될 수 있는지(eminently governable)"를 드러낸다(Foucault 2008, 270). 일례로 (신)자유주의 통치성이 일반화한 현대국가의 공공재정을 경험의 초점으로 볼 경우, 그 재정·예산제도들은 자유로운 개인들을 한편으로는 사법적으로 일반화시키는(totalizing) 거시적 권력과 다른 한편으로 나누고 구분하는(differentiating) 미시적 규율권력을 일관되게 통합시키는 논리, 기술(technologies), 관행적 실천(practices)으로서 개인-시민들을 납세자이면서 동시에 공공서비스의 향유자로 구성·주체화한다. 현대국가에서 시민들은 공공재정을 통해 작용하는 국가권력을 통해 그 진리검증(veridiction of truth) 및 진리현시에 포섭된다. 그리고, 현대국가의 재정·예산제도들은 납세자에 대한 국가의 재정책임성 확보에 불수불가결한 전제인 재정투명성 제고하여 (미시적 규율권력을 약화시키는 것이 아니라) 오히려 보다 깊은 수준에서 납세자를 자유주의 통치성의 권력작용에 포섭하게 한다. 이제 시민-납세자-공공서비스향유자들은 국가를 대상으로 하여 납세에 대한 정당한 대가를 요구하는 존재가 되었다. 물론 국가는 시민의 납세의무에 윤리성까지 부과하여 이를 징세행정 및 공교육에 내재화시키고 있다. 시민들은 납세에 대해 스스로를 성실납세자, 절세자, 탈세자로 구분하여 자기진실에 직면하도록 하였다.

다른 한편 개인들은 시장에서 스스로를 기업가와 소비자로 주체화하였다. 이는 비단 신자유주의 통치성하에서 개인들이 국가의 권력작용의 그물망에 포섭된 존재로서 통치의 대상이 되었다는 점(즉, 푸코의 1977-1979년 강의에서 주목한 통치성의 차원) 뿐만 아니라, 개인 스스로가 자기 자신과의 관계에서 보살핌(care of the self)의 내용이 무엇인지를 정의하고 자기 자신이 직면하는 진리(truth)가 무엇인지를 구성하고 자아의 기술을 통해 재생산해 낸다는 것을 의미한다. 신자유주의 통치성에서 개인들은 삶의 모든 국면과 순간들에서 인적자본(Becker 1962; 1964)에 투자하고 이를 축적하여 물질적 안전·안락·행복을 추구해 가는 존재이다. 필요한 인적자본의 내용(substance)과 질적 수준은 전적으로 시장경쟁에 따라 결정되는바, 개인의 삶 전체가 인적자본에 대한 투자·축적·활용에서 경쟁적 우위(advantage)를 확보하거나 열위(disadvantage)를 회피하는 데 집중하게 된다. 자기 보살핌 및 자아의 기술에 대한 판단 척도는 이러한 자유시장경제의 진리인바, 개인들의 인적자본 축적과 활용에서 이러한 자본주의적 진리담론과 진리현시가 개인의 주체화 및 주체성에 깊이 내장된 것이다. 그리하여 자유주의 현대국가의 위로부터의 통치성과 신자유주의 개인들의 자기보살핌 및 자아의 기술이라는 아래로부터의 통치성은 현대국가의 재정예산제도를 통해, 그리고 신자유주의적 시장경제 원리(진리)를 통해 진리담론을 확증한다. 결국, 신자유주의 개인들은 국가와 시장 모두에서 탁월하게 통치 가능한 존재가 된다. 그리고 이는 우리가 2024년 현재 대한민국 사회에서 목도하는 부·세대·지역·고용에서의 극심하고 중첩적인 양극화, 경쟁, 소외, 차별, 불신, 대립, 절망이 결코 쉽사리 파쇄될 수 없는 깊은 심연을 갖는 감옥의 효과임을 시사한다.

참고문헌

김정부. 2023. "신자유주의 통치성과 관방주의의 재발견: 공기업·국부펀드 활용의 '공공재정'에 대한 시사점을 중심으로." 『한국행정논집』 35권 4호, 649-687.

Bang, Henrik and Anders Esmark. 2009. "Good Governance in Network Society: Reconfiguring the Political from Politics to Policy." *Administrative Theory & Praxis* 31(1): 7-37.

Becker, Gray S. 1962. "Investment in Human Capital: A Theoretical Analysis." *Journal of Political Economy* 70(5): 9-49.

Becker, Gray S. 1964. *Human Capital: A Theoretical and Empirical Analysis with Special Reference to Education.* New York: National Bureau of Economic Research.

Burchell, Graham, Colin Gordon, and Peter Miller. 1991. *The Foucault Effect: Studies in Governmentality.* Chicago: University of Chicago Press.

Collier, Stephen J. 2009. "Topologies of Power: Foucault's Analysis of Political Government beyond 'Governmentality'." *Theory, Culture & Society* 26(6): 78-108.

De Beistegui, Miguel. 2018. *The Government of Desire: A Genealogy of the Liberal Subject.* Chicago: University of Chicago Press.

Dean, Mitchell. 2010. *Governmentality: Power and Rule in Modern Society* (2nd ed.). California: SAGE Publications.

Foucault, Michel. 1978. *The History of Sexuality, Volume I: An Introduction.* New York: Pantheon Books.

Foucault, Michel. 1982. "The Subject and Power." *Critical Inquiry* 8(4): 777-

795.

Foucault, Michel. 1993. "About the Beginning of the Hermeneutics of the Self: Two Lectures at Dartmouth." *Political Theory* 21(2): 198-227.

Foucault, Michel. 1994. "Omnes et Singulatim: Toward a Critique of Political Reason." In *Power: The Essential Works of Foucault 1954-1984*, Vol. 3, edited by James D. Faubion, 298-325. New York: The New Press.

Foucault, Michel. 1995. *Discipline and Punish: The Birth of the Prison*. New York: Vintage Books.

Foucault, Michel. 2003. *Society Must Be Defended: Lectures at the Collège de France 1975-1976*. New York: Picador.

Foucault, Michel. 2005. *The Hermeneutics of the Subject: Lectures at the Collège de France 1981-1982*. New York: Picador.

Foucault, Michel. 2007. *Security, Territory, Population: Lectures at the Collège de France 1977-1978*. New York: Palgrave Macmillan.

Foucault, Michel. 2008. *The Birth of Biopolitics: Lectures at the Collège de France 1978-1979*. New York: Palgrave Macmillan.

Foucault, Michel. 2010. *The Government of Self and Others: Lectures at the Collège de France 1982-1983*. New York: Palgrave Macmillan.

Foucault, Michel. 2011. *The Courage of Truth(The Government of Self and Others II): Lectures at the Collège de France 1983-1984*. New York: Palgrave Macmillan.

Foucault, Michel. 2014. *On the Government of the Living: Lectures at the Collège de France 1979-1980*. New York: Palgrave Macmillan.

Foucault, Michel. 2017. *Subjectivity and Truth: Lectures at the Collège de France 1980-1981*. London: Palgrave Macmillan.

Gordon, Colin. 1991. "Governmental Rationality: An Introduction." In *The

Foucault Effect: Studies in Governmentality*, edited by Graham Burchell, Colin Gordon, and Peter Miller, 1-52. Chicago: The University of Chicago Press.

Gros, Frédéric. 2005. "Course Context." In *The Hermeneutics of the Subject: Lectures at the Collège de France 1981-1982*, edited by Michel Foucault, 507-550. New York: Palgrave Macmillan.

Gros, Frédéric. 2010. "Course Context." In *The Government of Self and Others: Lectures at the Collège de France 1982-1983*, edited by Michel Foucault, 377-391. New York: Palgrave Macmillan.

Gros, Frédéric. 2011. "Course Context." In *The Courage of Truth(The Government of Self and Others II): Lectures at the Collège de France 1983-1984*, edited by Michel Foucault, 343-358. New York: Palgrave Macmillan.

Gros, Frédéric. 2017. "Course Context." In *Subjectivity and Truth: Lectures at the Collège de France 1980-1981*, edited by Michel Foucault, 301-315. New York: Palgrave Macmillan.

Gürkan, Ceyhun. 2018. "Foucault, Public Finance, and Neoliberal Governmentality: A Critical Sociological Analysis." *Yönetim ve Ekonomi Dergisi* 25(3): 677-694.

Kelly, Mark G. E. 2010. *The Political Philosophy of Michel Foucault*. New York: Routledge.

Kim, Jungbu. 2021. "Rethinking Public Administration and the State: A Foucauldian Governmentality Perspective." *International Review of Public Administration* 26(2): 175-191.

Lemm, Vanessa and Miguel Vatter. 2014. *The Government of Life: Foucault, Biopolitics, and Neoliberalism*. New York: Fordham University Press.

Luke, Timothy W. 1995. "On Environmentality: Geo-Power and Eco-Knowledge in the Discourses of Contemporary Environmentalism." *Cultural Critique* 31: 57-81.

Luke, Timothy W. 2011. "Environmentality." In *The Oxford Handbook of Climate Change and Society*, edited by John S. Dryzek, Richard B. Norgaard, and David Schlosberg, 96-110. Oxford: Oxford University Press.

Peng, Yongpeng. 2019. "The Role of Governmentality in Social Studies." Paper presented at the Proceedings of 2019 2nd International Conference on Education Technology Management in Barcelona, Spain. December.

Rose, Nikolas. 1992. "Governing the Enterprising Self." In *The Values of the Enterprise Culture: The Moral Debate*, edited by Paul Heelas and Paul Morris, 141-164. London: Routledge.

Rose, Nikolas. and Peter Miller. 1992. "Political Power beyond the State: Problematics of Government." *The British Journal of Sociology* 43(2): 173-205.

Senellart, Michel. 2007. "Course Context." In *Security, Territory, Population: Lectures at the Collège de France 1977-1978*, edited by Michel Foucault, 369-401. New York: Palgrave Macmillan.

6장   소셜미디어와 다층적 참여 시민*

송경재

I. 정보통신기술 발전과 민주주의

    정보통신기술(Information and Communication Technologies, 이하 ICT) 의 기반이랄 수 있는 인터넷은 과학자와 전문 연구자 손에서 상용화된 1993년부터 인류의 삶에 큰 영향을 미쳤다. 특히, 정보사회학자 카스텔 (Castells 2009)의 지적과 같이 인터넷은 기술 차원에서만이 아니라 정치· 경제·사회·문화적인 측면에서 우리 사회를 근저에서부터 흔드는 패러 다임 전환(paradigm shift)을 가져왔다고 평가받고 있다. 이에 학자들은 디

---

*   이 글은 2020년 6월 『한국정치연구』 28권 3호에 게재된 "한국의 소셜미디어 사용과 다층적 참여 시민에 관한 연구" 논문을 수정·보완한 것이다.

지털 전환이 가속화되면서 ICT와 사회 발전이 공진화(co-evolution)되고 있다고 평가한다(Howard 2011).

ICT 발전은 단지 기술 영역만이 아닌 정치·사회적으로 주목받고 있다. 초기 ICT의 민주주의 잠재력을 강조한 학자들은 ICT가 네트워크 연계와 정치정보 확산을 통해 시민참여적 속성을 가지고 있음에 주목한다. ICT의 정치적 활용은 네트워크 연계성(network connectivity)으로 인해 정보가 시민에게 공개되어 투명한 정책결정과정 참여가 가능하고, 많은 시민의 실시간 참여를 가능하게 한다(김용철·윤성이 2005; 장우영·송경재 2017; Barabási 2002; Heeks 2001). 그리고 2010년 12월 초기 아랍의 봄(Arab's Spring)을 분석한 서키(Shirky 2010)는 아랍의 봄이 ICT와 소셜미디어를 이용한 민주주의 이행이라 평가하고 있다. 그리고 다른 학자들은 대의민주주의에서 자신의 주권행사를 대의하지 못하는 시민들이 ICT를 활용해 직접 자신의 목소리를 높이고 있다고 강조한다(임혁백 외 2017; Chadwick 2006; Tapscott 2009). 그리고 2016년 미국 대선에서도 확인되듯이, 빅데이터와 소셜미디어 등이 선거캠페인에 활용되면서 ICT는 정치과정에서 떼려야 뗄 수 없는 중요한 도구가 되었다(임혁백 외 2017; Shaper 2012, 277-289).

그러나 ICT의 민주주의 강화 효과는 피상적이라는 비판도 있다. 대표적으로 소셜미디어 정치토론은 양극화로 민주주의 왜곡이 심화할 것이란 우려도 있다(김용호·박성우 2005; Chadwick 2006; Harari 2018). 전자민주주의가 당초 대의민주주의를 보완할 것이란 기대와는 달리 목소리 큰 사람들(big mouth)만의 공간으로 변질하거나, 정치적 편향을 가진 사람들이 조직적으로 활동할 경우 심각한 분열을 겪기도 한다. 윌리엄스

(Williams 2018, 180-181)는 ICT가 이념·세대·지역·젠더 대립이 강할 경우, 합리적 토론보다는 분열을 조장하는 도구로 전락한다고 경고한다. 그녀는 2016년 미국 대선에서 나타난 가짜뉴스와 챗봇(chatbot)[1], 소셜미디어 등이 미국정치 양극화(polarization)를 강화했다고 지적했다. 선스타인(Sunstein 2007) 역시 ICT로 형성된 사이버 토론방은 반향실 효과(echo chamber effect)로 인해 양극화 경향이 확고하게 나타난다고 지적했다. 그는 소셜미디어 공간에서 토론량의 상당수가 잡스러운 글에 불과하고 질적 토론은 오히려 줄어들고 있다고 강조한다.

　　이러한 ICT와 민주주의에 대한 학계의 인식 변화는 시민을 어떻게 바라볼 것인가에 관한 논쟁도 촉발했다. ICT의 민주적 잠재력을 바라본 학자들은 '자유의 기술, 민주주의 기술'을 강조하며 시민참여, 대의민주주의 보완, 직접 참여 확대, 비판적인 시민 등에 주목한다(e.g. 임혁백 외 2017; 조희정 2017; Diamond and Plattner 2012; Norris 2011). 그렇지만 일부 학자들은 ICT는 시민이 주도하는 민주주의 강화 효과는 있지만, 근본적인 변화를 만들 수는 없고 오히려 통제의 도구가 되어 시민권이 위축될 것을 경계한다(e.g. Sunstein 2007; Williams 2018). 빅데이터와 소셜미디어는 아직 시민의 기술이 아니라 소수 정보 권력을 가진 집단만이 활용할 수 있을 뿐이다(조영임 외 2018; Diamond and Plattner 2012). 이렇듯 ICT 발전에 따른 새로운 민주주의 정치실험은 진행 중이지만, 분명하게 시민에게 이로울 것이란 결과는 아직 제한적이다.

1　문자 또는 음성으로 대화하는 기능이 있는 인공지능을 지칭한다(한국정보통신기술협회 2017).

이 연구는 ICT 진화에 따른 시민과 정치인, 시민과 시민 간의 정치적 상호작용이 가능한 플랫폼으로 등장한 소셜미디어의 정치참여 효과를 분석하고자 하는 시도이다. 연구에서는 첫째, 한국의 소셜미디어 사용자와 비사용자 간의 정치참여 행태 간의 차이를 살펴보고, 둘째, 소셜미디어 사용과 정치참여의 인과성이 있는지를 분석했다. 그리고 셋째, 소셜미디어 사용자를 한정하여 9가지 정치참여 유형별 소셜미디어 사용 특성과 사회경제적 특성을 살펴볼 것이다. 그리고 이를 종합하여 한국의 소셜미디어 사용자의 정치참여 특성을 다층적 참여 시민(multi-participatory citizen)으로 재해석할 것이다. 연구방법론은 이메일 설문조사를 활용한 계량적 방법론(quantitative methodology)을 적용했다.

II. 선행연구

전자민주주의는 1980년대부터 제기된, 오래된 논의이다. 전자민주주의가 등장한 배경은 무엇보다 전통적 대의민주주의가 가지는 한계를 보완할 수 있는 대안적 정체(政體, polity)로서 나타났다. 전자민주주의의 핵심은 정치과정에 ICT를 도입함으로써 기존 대의민주주의 제도가 갖는 정치적 무관심, 다수의 횡포, 정치부패 등의 문제점들을 해결하고 진정한 직접·참여민주주의(direct and participatory democracy)를 실현하는 데 있다(김용호·박성우 2005; 임혁백 외 2017 재인용).

전자민주주의 논의가 활발하게 된 것은 2가지 원인에서 찾을 수 있다. 첫 번째, 정치이론적인 측면에서 대의민주주의 문제점을 지적하고 이를 극복하려는 방편으로 참여민주주의자들이 1970년대 등장하면서부터이다. 참여민주주의자들은 대의민주주의가 경직되면서 시민과 대의하는 정치인 간의 간극이 벌어지고, 심지어 선진 민주주의 국가라고 할 수 있는 미국과 영국에서는 엘리트 민주주의로 빠지고 말았다고 비판했다. 두 번째 전자민주주의 등장 원인은 1980년대 이후 비약적으로 발전하는 ICT의 영향이다. 인터넷의 상용화로 웹페이지를 활용한 웹 1.0 방식의 전자민주주의 가능성에 대한 논의가 진행되었다. 지리적 한계와 너무 많은 인구수의 증가 같은 물리적인 제약의 어려움을 극복하고 ICT를 이용하여 과반수가 참여하고 상호 책임감 있는 정책결정이 가능한 논의가 시작되었다(박동진 2000; 송경재 2019 재인용; Toffler 1980). 그런 맥락에서 ICT의 발전은 참여민주주의와 직접민주주의의 가능성을 가속화시켰다고 해도 과언이 아니다.

초기 전자민주주의 실험의 기술 수준은 매우 낮았다. 초기 시도는 1980년대 중반 미국의 오하이오주 콜럼버스에서 운영되었던 케이블 TV 시스템에 가입한 가정들이 버튼을 통한 여론수렴 기술이었다. 이것이 기록된 최초의 ICT를 이용한 전자민주주의적인 의견수렴 시스템이었다(김용호·박성우 2005 재인용; Dahlberg 2001). 이후 인터넷이 본격적으로 등장하면서 전자민주주의의 첫 번째 물결은 1990년대 후반부터 본격화된다(Loader and Mercea 2012). 이 시기 전자민주주의 논의는 주로 가상 공론장(virtual public sphere)에 주목했다. 시민과 대표자, 그리고 정책결정권자들이 ICT를 이용해 개방적이고 동등한 심의가 가능하다는 점에 주목한 것이다(Tsagarousianou et al. 1998). 심지어 발로우(Barlow 1996)와 같은 정보자유주의들은 정부의 간섭이 없는 사이버 공론장에서 새로운 민주주의로의 대체(replacement)가 가능하다는 주장도 제기했다. 이같이 정보사회의 정치적 현상에 관한 초기 연구자들은 기술에 대한 유토피아적인 환상과 낙관에 근거했다.

초기 정보자유주의자들이 가진 ICT의 민주주의 강화와 대의민주주의 대체에 관한 낭만은 오래지 않아 난관에 봉착했다(Loader and Mercea 2012, 1). 시민의 정치참여와 미디어 효과를 분석한 힐과 휴(Hill and Hughes 1998, 182)는 낙관주의적인 전자민주주의의 첫 번째 물결에 관한 연구가 근시안적이라고 비판한다. 그들은 뉴미디어가 대의민주주의를 대체하는 것이 아니라 보완하고 있으며 현실 사회경제적 이해관계를 반영하고 있다고 제시한다. 이른바 정상화 가설(normalization hypothesis)을 주장한 것이다. 일부 학자들은 ICT가 도입된다고 하더라도 민주주의 자체의 문제가 아닌 주변부의 새로운 문제가 나타나고 결국 이에 따라 시민권이나 정부 통제가 강화될 것을 제시한다. 이 입장은 ICT가 고도화되면서 소셜네트워크의 연계가 확산하고 오프라인 공간이 유리처럼 투명한 공간이 되는데, 이때 시민들이 오히려 권력자에 의해 프라이버시(privacy) 침해와 정보감시를 당할 수 있다고 경고하고 있다. 마치 조지 오웰(George Orwell)이 상상했던 소설『1984』에서와 같이 전면적으로 감시받지는 않지만, 권력자는 마음만 먹으면 시민을 감시하고 나아가 인터넷이 시민의 기본권을 위축시킬 수 있다는 불안감도 커지고 있다(송경재 2019 재인용; Chadwick 2006). 비관론자들은 ICT가 민주주의 강화와 확산효과는 있을 것이지만 결국 제한된 것에 불과하다고 지적한다(조희정 2011; Morozov 2012). 이들은 ICT가 전통적인 정치 질서를 위협하여 고대 그리스의 아테네에서 등장한 민주적 독재의 가능성과 포퓰리즘의 우려감도 있다고 지적한다. 아울러 ICT가 민주주의가 아닌 독재정권을 강화할 위험성도 발견된다. 연구에 따르면, 권위주의 국가에서는 오히려 ICT를 이용해 독재를 강화할 수도 있음을 경고하고 있다(송경재 2015, 231-262; Diamond and Plattner 2012).

그렇지만 최근 전자민주주의의 몇 가지 문제점을 극복하고 새로운 소셜미디어 플랫폼을 활용한 기술적 낙관주의가 확대되고 있다. 로더와 메르체아(Loader and Mercea 2012, 2-4)는 이를 전자민주주의의 두 번째 물결(second wave of digital democracy) 또는 네트워킹 민주주의(networking democracy)로 규정하고 있다. 그들은 트위터, 페이스북, 유튜브, 위키, 블로그 스피어 등을 기반으로 하는 전자민주주의의 두 번째 물결이 시작되었으며, 네트워크 시민에 의한 새로운 전자민주주의가 가능하다고 강조한다. 로더와 메르체아는 이를 네트워크 시민 기반의 민주주의(networked citizen-centered democracy)로 전망한다. 이들은 두 번째 전자민주주의 물결의 의미를 정치적 공간의 다층성에서 찾는다. 기존 온라인과 오프라인의 이분법적인 구분이 아니라 현실정치에 영향을 미칠 수 있는 정치공간을 선택하여 가상이나 현실공간의 다층적인 정치행위가 확대된다는 것이다.

소셜미디어가 전자민주주의의 새로운 가능성을 제시했다고는 하지만 ICT의 민주주의 강화에 대한 의문도 여전히 계속되고 있다. 뭉크(Mounk 2018)는 2016년 미국 대선 과정에서 가짜뉴스(fake news)로 대표되는 트위터와 페이스북, 유튜브 바이러스성 콘텐츠의 문제가 심각했음을 지적한다. 그는 TV나 신문과 같은 정규 언론의 제약을 받지 않는 소설미디어가 가짜뉴스를 생산하여 유권자의 현명한 정치적 선택과 정치참여를 왜곡할 우려도 있다고 지적하고 있다. 소셜미디어를 이용한 정치참여는 증가하지만, 정치선택의 제약이 민주주의를 왜곡할 것이란 문제점을 드러낸 것이다.

한편, 소셜미디어의 정치효과에 관한 연구가 국내 학계에서도 활발하다. 가장 대표적인 연구 흐름은 역시 소셜미디어 정치참여 효과 연구이다. 초기 연구는 소셜미디어의 정치참여 효과와 관련된 연구가 주류였다면(민정식 2012; 송경재 2011; 조진만 2011), 최근 2~3년간의 연구는 주로 온라인과 오프라인 정치참여와의 연관성을 규명하고자 하는 연구가 활발하다(전진오 외 2019; 하승태 2012). 즉 소셜미디어가 네트워크 시민의 참여지향적인 성격을 가지고 있어 정치참여에 적극적이란 가설을 검증하는 것이다.

초기 소셜미디어의 정치참여 효과는 ICT의 정치참여 강화 또는 쇠퇴 효과를 검증하는 연구가 주를 이루었다. 송경재(2011, 57-88)와 조진만(2011, 273-296)은 소셜미디어의 등장으로 시민의 정치참여적 특성이 강화됨을 강조한다. 이들은 공통적으로 다양한 참여의 유형화에 따라서 시민들이 소셜미디어를 이용한 정치참여가 활발하게 나타난다고 주목한다. 이들의 연구는 소셜미디어 사용이 온라인 정치활동에 활발하게 나타나고 있음에 주목하고 장기적으로 오프라인 참여로 확장될 것을 예측하기도 했다.

민정식(2012, 274-303)은 소셜미디어 중에서 트위터를 중심으로 정치참여 현상을 실증적으로 분석했다. 그의 연구는 트위터의 기능적 특징에 따라서 다양한 유형의 정치참여가 나타남을 확인했다. 기본적으로 트위터 이용자들은 비이용자에 비해 정치토론에 많이 참여하는 경향이 강하다. 그리고 네트워크의 특성에 따라 정치참여 수준이 다르게 나타나는데 트위터의 팔로워 수가 많으며, 트윗 작성 건수가 많을수록, 정치참여의 수준은 높게 나타났다. 김은이 외(2015) 역시 소셜미디어 사용 채널별로 정치참여가 다르게 나타남을 연구했다. 이들은 트위터와 페이스북 사용자들의 사회적 자본의 형성과 네트워크 형태에 따라 정치참여 유형도 차이가 난다는 연구를 발표했다.

　　초기 연구가 소셜미디어의 온라인과 오프라인의 참여 증가에만 주목하지만, 최근 연구는 소셜미디어의 오프라인 참여와의 연관성을 규명하는 연구가 다수 발견된다. 소셜미디어가 단순히 온라인 내에서의 참여에 그치는 것이 아니라 오프라인 행동주의에도 영향을 미칠 수 있다는 것이다. 장우영·송경재(2017)의 연구에서는 소셜미디어 네트워크의 크기와 강도가 정치참여와 효능감에 인과성이 있다고 밝혔다. 이들은 소셜미디어를 단지 사용하는 것이 중요한 것이 아니라, 많은 시민들과 네트워크가 연계될수록, 그리고 사용시간이 길수록 정치참여(투표와 시위)에 적극적이라고 분석했다. 하승태(2012, 575-606)는 소셜미디어 이용량과 이용목적에 따라 정치사회적 태도가 차이가 있으며 온라인과 오프라인에서의 정치참여와 인과성이 있음을 규명했다. 그는 소셜미디어를 정치사회적으로 이용할 경우, 더욱 강한 온라인과 오프라인 정치참여 행태가 나타남을 확인했다. 전진오 외(2019, 169-205)의 연구 역시 2016-2017년 박근혜 전 대통령 탄핵 과정을 분석하면서 소셜미디어 이용자들의 읽기와 쓰기 행태에 따라 단순히 온라인 공간의 참여가 아닌 오프라인의 광화문 촛불집회 참여에 어떤 영향이 있는지를 규명하고자 했다. 즉 소셜미디어 사용을 넘어서 읽기와 쓰기적인 온라인 기반 참여를 규명하여 오프라인의 촛불집회 참여와의 상관관계를 규명한 것이다.

한편, 최근에는 동영상이 소셜미디어의 주류가 됨에 따라 유튜브 사용자들을 대상으로 한 분석도 활발하다. 오대영(2018)은 유튜브 정치동영상 이용과 정치사회화에 대해 분석했다. 그는 정치동영상 유튜브의 정보습득과 네트워크 형성에 따라 정치 효능감, 정치관심도, 정치참여와 인과성이 있음을 확인했다. 그리고 네트워크 형성 유형은 정치참여에 직접적인 영향을 더 많이 주고 있어 네트워크적인 연계성이 온라인과 오프라인의 정치참여에 중요함을 파악했다.

선행연구는 전자민주주의의 첫 번째와 두 번째 물결을 지나서 소셜미디어 기반의 네트워크 민주주의의 전망을 모색하고 있다. 이러한 흐름에 부합하여 연구에서는 구체적으로 소셜미디어를 사용하는 시민들의 정치참여 유형별 특성을 분석하고자 한다. 소셜미디어의 사용에 따른 시민의 정치참여 유형의 차이와 변화가 제시하는 기술과 행위자의 상호작용을 중심으로 분석하고자 한다. 아울러 정치참여 유형의 세분화를 통해 다양한 정치참여에서 시민들의 다층화가 나타나고 있음을 제시하고, 민주주의적인 함의와 문제점을 제시하고자 한다.

III. 연구가설

버바와 니(Verba and Nie 1974)는 유명한 *The Model of Democratic*

*Participation*에서 민주정치를 단순하게 시민에 의한 정치(rule by the people)라고 정의하면서 참여가 낮을수록 민주정치 수준이 낮으며, 참여가 강할수록 민주정치 수준이 높을 것이라고 제시한 바 있다(이승종·김혜정 2011, 5 재인용). 그리고 정치참여의 범주를 상당히 협소한 의미로 한정했다. 그러나 밀브레드와 고엘(Milbrath and Goel 1977)은 정치참여의 개념을 대단히 광범위하게 해석했다. 그들에 따르면, 정치적인 관심을 유지하는 것 자체를 정치참여로 보고 신문 뉴스를 찾아보는 것도 정치참여의 한 형태로 해석했다.

이러한 협의 또는 광의의 정치참여 정의는 현대 민주주의 국가에서는 적용하기 힘들다. 사회가 다원화되고 복잡해짐에 따라 다양한 정치참여 형태가 등장했으며 이에 대한 해석 또한 다각적이기 때문이다. 노리스(Norris 2002, 194-195)는 정치참여를 정부 인사의 선임과 그들에게 영향을 미치려는 행위로 보는 것도 중요하지만, 정보화·세계화 등의 시대적 변화에 따라 지나치게 협소한 개념화의 함정에 빠지게 된다고 비판했다. 그러한 예를 비판적 시민(critical citizen)의 저항적 행동주의에 따른 참여로 보았다. 그녀는 비판적 시민들에 의해 주도되는 저항적 행동에 의한 참여를 온라인-오프라인의 청원서 서명, 인터넷 시위, 보이콧 참여, 시위 참여, 비공식적 파업참여, 점거 등을 측정요인으로 분석했다(송경재 2014, 59-94 재인용).

이처럼 정치참여는 전통적인 시각에서 바라본 협소하고 정치한 개념에서 현대적인 해석에 이르기까지 폭넓게 정의될 수 있다. 기존 정치참여와 관련된 논의는 참여를 지나치게 정태적으로 분석하고 있다는 점에서 한계점을 가지고 있다. 결국, 참여의 개념은 동태적으로 사회발전과 민주주의 공고화와 함께 확장되는 개념이라고 할 수 있다. 따라서 변화하지 않는 도그마(dogma)로 본다는 것은 결국 정치참여의 개념을 지나치게 협소하게 볼 가능성이 크다(송경재 2014).

현대적 시각에서 본다면, 정치참여 유형화 방식은 세 가지가 많이 사용된다. 첫 번째, 참여활동을 분류하여 유형화하는 방식과 두 번째, 활동양태 유형화 방식, 셋째, 참여자 유형화 방식이다. 먼저, 참여활동의 대표적인 유형화는 안슈타인(Arnstein 1969)의 8가지 참여단계에 의한 분류가 있다. 그는 페이트만(Pateman 1970)의 실질적 참여, 형식적 참여, 비참여를 세분화하여 8가지 유형의 참여 단계를 구분했다. 시민들이 정책결정과정에 참여하는 단계를 구분한 모델로서 시민통제(citizen control) 참여단계에서 권한 이양(delegated power), 협동관계(partnership), 회유(placation), 상담(consulting), 정보제공(informing), 치료(therapy), 조작(manipulation) 단계까지이다(이승종·김혜정 2011, 95-96).

또 시민의 활동양태에 의한 구분도 가능하다. 대표적으로 반즈와 카아스(Barnes and Kaase 1979)는 정부의 제도적인 경로를 통해 이루어지는 투표, 정치토론, 정당지원, 정치집회 참여를 지칭하는 관습적 참여(conventional participation)와 상대적으로 새로운 형태의 참여유형으로 서명운동참여, 보이콧, 시위참여 등을 지칭하는 비관습적 참여(unconventional participation)로 구분한다. 이외에 제도화 수준에 따른 분류, 합법성 또는 비합법적 참여에 따른 분류, 온라인과 오프라인에 따른 분류 등 다양하게 참여행태를 구분할 수 있다.

참여자의 유형화에 따른 분류 역시 연구자들이 관심을 가지고 활용되고 있다. 버바와 나이(Verba and Nie 1974)는 투표, 선거운동, 지역사회

참여, 공무원 접촉 등의 4가지를 기본으로 참여자의 유형을 구분했다. 하지만 이들은 기본적으로 정치참여의 범위를 상대적으로 협소하게 정의하여 정치활동만을 대상으로 했다는 점에서 한계가 있었다. 밀브레드와 고엘(Milbrath and Goel 1977)은 정치참여를 참여자 유형을 중심으로 세분화했다. 밀브레드와 고엘은 정치참여에 나서는 시민의 7가지 유형을 제시했다. 정치참여자의 유형은 행태에 따라 항의형(protesters), 지역사회 활동형(community activists), 정당·선거운동원형(party and campaign workers), 의사소통형(communicators), 공직자 접촉형(contact specialists), 투표자형(voters), 비참여자형(inactive) 등 7가지로 구분했다(이승종·김혜정 2011, 116-121).

항의형은 집회 및 시위에 참여하거나 공직자의 정치적 부패를 시정하기 위한 폭동이나 정부의 도덕적 잘못에 대한 공식적인 항의 등에 참여하는 유형이다. 지역사회 활동가형은 지역사회 문제를 해결하기 위한 활동에 적극적인 유형을 지칭한다. 정당·선거운동원형은 유권자설득, 정당과 후보자를 위한 활동적인 운동, 정치관련 회의와 집회참석, 정당 또는 정치클럽에 가입, 선거운동에 참여하는 선거관련 활동 유형이다. 의사소통형은 정치에 관한 정보의 제공, 정치지도자에 대한 지지 또는 항의의 메시지 전달, 정치토론에 참여, 신문 편집자에게 편지를 쓰는 것 등으로 시민과 시민, 시민과 정부 간의 의사소통활동에 적극적인 유형이다. 공직자 접촉형은 시민들이 그들에게 직접적으로 영향을 미치는 문제에 대해 정부의 공직자와 접촉하는 유형을 말한다. 투표자형은 가장 기초적인 참여활동으로 투표행위에만 참여하는 참여 유형을 지칭한다.

그렇지만 선행 정치참여 연구에서 제시하고 있는 것은 주로 오프라인 기반 정치참여 행태를 분석한 것이다. 따라서 소셜미디어의 온라인 활동과 온라인 정치참여를 측정하기에는 한계가 있다. 이를 위하여 오프라인 정치참여 변인과 함께 온라인 변인을 추가해야 한다. 서키(Shirky 2008)는 소셜미디어 기반의 온라인 정치활동과 참여행태가 새로운 참여의 아키텍처(architecture of participation)가 되었다고 지적한다. 즉 집합행동을 위한 정보공유와 확산, 그리고 온라인 토론과 결집과정이 정치적 영향력을 측정하는 데 중요하다는 지적이다. 달톤(Dalton 2009)은 오프라인 정치참여와 함께 온라인 가상공간에서의 글쓰기와 정보 확산, 토론, 정치적 지지의사 등의 정치참여 유형도 새로운 참여로 간주하고 있어, 이에 대한 변인도 분류에 포함해야 한다고 강조한 바 있다. 그리고 정한울 외(2019)의 연구에 따르면, 한국에서도 다양한 유형의 온라인 정치참여가 시작되고 있으며 이에 대한 경로분석을 시도한 바 있다. 정한울 외(2019)는 혜화동 시위와 성소수자 시위, 동물권 시위, 촛불시위 등에서 나타난 다층적인 시민(다중, Multitude)들의 정치참여 유형이 반드시 오프라인 시위에만 국한되는 것이 아니란 점에 주목했다. 서복경(2018) 역시 '혜화역 시위'를 분석하면서 여성운동에서 소셜미디어, 카페 등의 온라인 공간은 이미 주요한 정치적 진지가 되었다고 지적한다. 온라인 참여공간의 등장은 기존 오프라인과 함께 온라인 공간도 새로운 참여의 광장이 되었으며, 온라인에서 주도권을 가진 집단의 직접행동이 오프라인으로 확산되기도 한다는 실증분석도 있다(정한울 외 2019). 이처럼 최근 다양한 시민들의 소셜미디어 정치참여 연구에서 온라인 참여는 뺄 수 없는 새로운 참여유형이 되었다.

이에 연구에서는 참여자의 유형화를 시도한 밀브레드와 고엘(Milbrath and Goel 1977)의 전통적인 정치참여 유형화를 오프라인 정치참여 변인으로 설정했다. 그리고 정보사회 특성에 부합하여 카스텔(Castells 2009)과 서키(Shirky 2008) 등의 논의를 반영한 온라인 정치참여 변인을 추가하고자 한다. 연구를 보다 체계적으로 수행하기 위하여 연구자는 소셜미디어 사용자와 비사용자라는 두 층위로 구분하여 연구가설을 제시한다.

첫째 연구가설은 소셜미디어 사용자와 비사용자 집단 간의 정치참여 행태의 차이를 살펴볼 것이다. 앞서 연구에서 소셜미디어는 정치참여의 독립변인 또는 매개변인 역할을 수행한다. 소셜미디어라는 ICT 환경의 도입이 시민의 정치행태에 어떤 영향을 주었는가는 전자민주주의를 연구하는 학자들의 중요한 연구주제이기도 하다(Chadwick 2006; Han 2012). 서키(Shirky 2010)는 소셜미디어가 정치참여를 확대하며 장기적으로 온라인과 오프라인으로 확대될 것을 강조했다. 반대로 모로조프(Morozov 2012)는 정치참여가 실제 진행되기 위해서는 과대평가(overvalue)된 소셜미디어보다 정치적으로 활용하고자 하는 행위자가 중요하다는 주장도 있다. 그리고 조희정(2011)의 연구에 따르면 소셜미디어가 시민들의 다양한 참여활동을 촉진하기는 하지만 매개변인 역할을 수행했음을 선행연구에서 규명한 바가 있다. 이 연구에서는 오프라인 참여는 밀브레드와 고엘이 분류한 참여자 유형에 참조하여 6가지 형태를 분석했다. 다만 비참여자 유형은 투표 또는 여타 정치참여 활동을 하지 않는 것으로 측정 가능한 분석지표로 설정하기 어려워 제외했다. 오프라인 정치참여자 유형은 밀브레드와 고엘이 제시한 ①항의형, ②지역사회 활동형, ③정당·선거운동원형, ④의사소통형, ⑤공직자 접촉형, ⑥투표자형으로, 그리고 온라인 참여자 유형은 카스텔과 서키의 선행연구를 종합하여 ①정치관심형, ②온라인 의사소통형과 ③온라인-오프라인 연계형 등으로 측정했다.

> **연구가설 1** : 한국의 소셜미디어 사용자는 비사용자보다 정치참여적이다.
>
> **1-1**: 한국의 소셜미디어 사용자는 비사용자보다 오프라인 정치참여적이다.
>
> **1-2**: 한국의 소셜미디어 사용자는 비사용자보다 온라인 정치참여적이다.

그리고 2단계로 소셜미디어 사용자의 정치참여 유형의 특성을 파악할 것이다. 소셜미디어 사용자만을 2차 표본 추출하여 정치참여 유형을 결정하는 변인이 무엇인지를 분석할 것이다. 선행연구에서는 소셜미디어 사용의 네트워크 강도와 목적, 다양한 사회경제적 변인과 효능감, 정치사회화 등의 변인을 추적했으나(송경재 2011; 전진오 외 2019; 하승태 2012; Castells 2009; Dalton 2009; Shirky 2008), 이 연구에서는 달튼(Dalton 2009), 장우영·송경재(2017), 전진오 외(2019)가 사용한 사회경제변인과 소셜미디어 사용강도와 네트워크 규모(크기)를 중심으로 분석할 것이다. 소셜미디어 강도는 사용시간을 측정하여, 평균 이상의 고사용자와 평균 이하의 저사용자를 분류했다. 그리고 네트워크 규모 역시 소셜미디어로 연계된 사람들의 규모를 측정하였다. 네트워크 규모는 100명 단위로 구분하여 100명 이내, 101~200명 등의 5척도로 구분했다.

연구가설 2 : 한국의 소셜미디어 사용자의 정치참여 결정변인은 차
이가 있을 것이다.

2-1: 한국의 소셜미디어 사용자의 오프라인 정치참여 결정변인은 차
이가 있을 것이다.

2-2: 한국의 소셜미디어 사용자의 온라인 정치참여 결정변인은 차이
가 있을 것이다.

이상의 연구가설을 증명하기 위해 조작적으로 정의된 설문은 다음
과 같다.

<표 6-1> 설문 문항과 측정

구 분		설문 문항	측 정
소셜미디어 사용	소셜미디어 사용	선생님께서는 소셜미디어(페이스북, 인스타그램, 트위터, 카카오 스토리 등)를 사용하십니까?	사용한다/ 사용 안 한다
오프라인 정치참여 유형	항의형	최근에 2016-17년 촛불시위, 태극기시위 등 집회 에 참여한 적이 있다.	리커트 척도 1=전혀 없다
	지역사회 활동형	지역이나 회사, 종교, 봉사 등의 모임이나 공동체의 문제가 발생할 경우 이를 해결하기 위해 주변 사람 들과의 활동에 참여한 적이 있다.	리커트 척도 1=전혀 없다
	정당· 선거운동원형	정당이나 후보를 위해 일을 하거나 자원봉사 운동 에 참여한 적이 있다.	리커트 척도 1=전혀 없다
	의사소통형	본인이 생각하신 시사적인 문제나 사회 문제에 대 해 신문이나 잡지의 편집자에게 투고한 경험이 있 다.	리커트 척도 1=전혀 없다
	공직자 접촉형	중요한 정치, 사회적 이슈에 대해 전화나 편지로 공 무원, 국회의원 등과 접촉한 적이 있다.	리커트 척도 1=전혀 없다
	투표자형	선생님께서는 가장 최근 전국선거인 2018년 지방 지방선거에서 투표를 하셨습니까?	참여했다/참여 하지 않았다.
온라인 정치참여 유형	정치관심형	최근 1개월 동안 소셜미디어를 통해 사회정치적인 문제에 대해 댓글을 작성하거나 리트윗, 좋아요 등 의 참여를 한 적이 있다.	리커트 척도 1=전혀 없다

온라인 정치참여 유형	온라인 의사소통형	최근 1개월 동안 소셜미디어에서 진행하는 토론에 참여한 적이 있다.	리커트 척도 1=전혀 없다
	온라인-오프라인 연계형	최근 1개월 동안 소셜미디어의 정보를 보고 동감하 여 직접 오프라인 모임이나 집회에 참여한 적이 있 다.	리커트 척도 1=전혀 없다

IV. 분석

1. 표본 개요

설문조사에서 소셜미디어는 한국에서 많은 사람들이 사용하는 유튜브(YouTube), 카카오(Kakao), 페이스북(Facebook), 트위터(Twitter), 인스타그램(Instagram) 등으로 한정한다. 설문조사는 이메일 서베이 전문기관인 ㈜ 마크로밀엠브레인에 의뢰해 2019년 기준 선거권을 가진 만 19세 이상 국민을 대상으로 2019년 6월 17일부터 6월 21일까지 5일 동안 조사했다. 이메일 발송 건수는 7,984건이며 응답은 1,283건을 완료해서 응답률은 16.35%이다. 성별, 연령별, 인구수 비례에 따른 할당표집 추출법을 사용하여 1,138명을 추출하였고 추출된 표본은 남성 576명(50.6%), 여성 562명(49.4%)이다. 표본은 선거권이 있는 19세 이상 성인을 추출하였고, 19세~29세 223명(19.6%), 30대 229명(20.1%), 40대 258명(22.7%), 50대 260명(22.8%), 60대와 70대 168명(14.8%)로 구성되었다. 학력은 고졸 미만 21명(1.8%), 고졸 188명(16.5%), 대재와 대졸 797명(70.0%), 대학원재학 이상 132명(11.6%)로 표집되었다. 보너스를 포함한 월 평균 가

계소득은 200만 원 이하 104명(9.1%), 201~400만 원 403명(35.4%), 401 ~600만 원 343명(30.1%), 601~800만 원 170명(14.9%), 801만 원 이상 118명(10.4%)이다. 구체적인 통계분석은 IBM SPSS(Statistical Package for the Social Science) ver. 24의 빈도분석, 다변량 회귀분석, 독립표본 *t-test* 등을 이용해 연구가설을 검증하였다.

〈표 6-2〉 표본 요약

구 분		표본 집단 (N=1,138)		소셜미디어 사용자 (N=870)		소셜미디어 비사용자 (N=268)	
		빈도	%	빈도	%	빈도	%
성별	남성	576	50.6	442	50.8	134	50.0
	여성	562	49.4	428	49.2	134	50.0
연령	19~29세	223	19.6	195	22.4	28	10.4
	30대	229	20.1	173	19.9	56	20.9
	40대	258	22.7	177	20.3	81	30.2
	50대	260	22.8	191	22.0	69	25.7
	60대 이상	168	14.8	134	15.4	34	12.7
학력	고졸미만	21	1.8	15	1.7	6	2.2
	고졸	188	16.5	144	16.6	44	16.4
	대재/대졸	797	70.0	609	70.0	188	70.1
	대학원재 이상	132	11.6	102	11.7	30	11.2
소득	200만 원 이하	104	9.1	79	9.1	25	9.3
	201~400만 원	403	35.4	301	34.6	102	38.1
	401~600만 원	343	30.1	266	30.6	77	28.7
	601~800만 원	170	14.9	136	15.6	34	12.7
	801만 원 이상	118	10.4	88	10.1	30	11.2
지역 규모	대도시 (광역시 이상)	68	16.3	450	51.7	124	46.3
	중소도시	298	51.2	376	43.2	127	47.4
	군도시	935	28.8	44	5.1	17	6.3

2. 소셜미디어 사용자와 비사용자의 정치참여 유형 차이

먼저, 소셜미디어 사용자와 비사용자 간의 정치참여 차이는 두 층위에서 분석했다. 오프라인 정치참여 6가지 유형과 온라인 정치참여 3가지 유형을 구분하여 검증할 것이다. 분석은 소셜미디어 사용자와 비사용자 두 집단 간의 평균을 이용한 독립표본 *t-test*를 실시했다.

오프라인 정치참여는 관습적 참여로 투표자형을 제외하고 5가지 정치참여 유형 모두 통계적으로 유의한 것으로 나타났다. 첫째, 항의형은 소셜미디어 사용자가 통계적으로 유의한 수준에서 비사용자보다 높은 것으로 나타났다(t=-2.915, p=.004). 둘째, 지역사회 활동형 역시 소셜미디어 사용자가 비사용자에 비해 더 적극적인 것으로 나타났다(t=-4.960, p=.000). 셋째, 정당·선거운동원형 역시 소셜미디어 사용자가 비사용자보다 높은 참여를 보였다(t=-2.306, p=.021). 넷째, 의사소통형은 소셜미디어 사용자가 통계적으로 유의한 차이가 존재한다(t=-3.291, p=.001). 다섯째, 공직자 접촉형의 정치참여 유형도 소셜미디어를 사용하는 사용자가 더욱 높은 것으로 나타났다(t=-2.861, p=.004). 마지막으로 투표자형은 소셜미디어 사용여부에 관계없이 통계적으로 유의하지 않았다(t=-.818, p=.414). 이상 결과는 소셜미디어 사용자는 오프라인과 온라인 정치참여에 적극적이지만, 투표참여는 소셜미디어 사용자와 비사용자가 통계적인 차이가 없음을 확인했다. 하지만 투표자형 역시 소셜미디어 사용자는 통계적인 의미는 없지만, 비사용자보다 높게 나타났다(소셜미디어 사용자 1.82 > 소셜미디어 비사용자 1.80).

<표 6-3> 소셜미디어 사용자와 비사용자의 오프라인 정치참여 유형별 차이

오프라인 정치참여 유형		소셜미디어	M	t	p
비관습적 참여	항의형	non-user (N=268)	1.38	-2.915	.004 (**)
		user (N=870)	1.56		
관습적 참여	지역사회 활동형	non-user (N=268)	1.41	-4.960	.000 (***)
		user (N=870)	1.70		
	정당·선거운동원형	non-user (N=268)	1.20	-2.306	.021 (*)
		user (N=870)	1.30		
	의사소통형	non-user (N=268)	1.16	-3.291	.001 (**)
		user (N=870)	1.29		
	공직자 접촉형	non-user (N=268)	1.14	-2.861	.004 (**)
		user (N=870)	1.25		
	투표자형	non-user (N=268)	1.80	-.818	.414
		user (N=870)	1.82		

주: $+ p < .1$, $* p < .05$, $** p < .01$, $*** p < .001$

다음으로, 온라인 정치참여 유형에 대한 분석이다. 온라인 정치참여는 3가지 유형 모두 통계적으로 유의하며, 오프라인 정치참여와 마찬가지로 소셜미디어 사용자가 비사용자보다 더 적극적 참여를 하고 있음을 확인할 수 있다. 첫째, 정치관심형은 소셜미디어 사용자가 통계적으로 비사용자보다 강한 것으로 나타났다($t=-7.391$, $p=.000$). 둘째 온라인 의사소통형 참여 역시 소셜미디어 사용자가 비사용자보다 높은 것으로 분석되었다($t=-5.062$, $p=.000$). 셋째 온라인-오프라인 연계형은 통계적으로 소셜미디어 사용자들이 더욱 강한 것으로 나타났다($t=-3.480$, $p=.001$).

<표 6-4> 소셜미디어 사용자와 비사용자의 온라인 정치참여 유형별 차이

온라인 정치참여 유형	소셜미디어	M	t	p
정치관심형	non-user (N=268)	1.47	-7.391	.000 (***)
	user (N=870)	1.94		
온라인 의사소통형	non-user (N=268)	1.20	-5.062	.000 (***)
	user (N=870)	1.44		
온라인-오프라인 연계형	non-user (N=268)	1.17	-3.480	.001 (**)
	user (N=870)	1.32		

주: $+p<.1$, $^{*}p<.05$, $^{**}p<.01$, $^{***}p<.001$

이상 결과는 소셜미디어 사용자가 오프라인과 온라인 정치참여 여러 유형에서 매우 적극적임을 확인할 수 있다. 오프라인 정치참여 유형에서는 투표참여를 제외하고 5가지 측정 변인이 모두 비사용자보다 높았다. 그리고 온라인 정치참여 역시 소셜미디어 사용자가 더욱 강한 것으로 나타났다. 이러한 결과는 선행 연구자들 중에서 ICT의 정치참여 강화효과가 일정하게 나타나고 있음을 확인할 수 있다. 로더와 메르체아(Loader and Mercea 2012)의 선행 연구결과와 같이 한국에서도 소셜미디어 사용자들은 지역사회 활동과 정당선거운동원, 의사소통이나 공직자 접촉만이 아니라 비관습적 항의형 정치참여에도 더욱 적극적이다.

3. 소셜미디어 사용자의 오프라인 정치참여 유형별 결정요인

ICT 확산에 따라 시민들의 소셜미디어 사용은 점점 증가하고 있다. 그렇다면 소셜미디어를 사용하는 집단의 정치참여 요인을 결정하는 변인은 무엇인지, 그리고 그 영향은 어떠한지를 파악하는 것은 의미가 있다. 연구에서는 소셜미디어 사용자만 2차 표본 추출하여 이를 분석했다. 사회경제변인과 소셜미디어의 사용강도와 네트워크 규모 변인을 일괄 투입한 최소자승법(OLS) 다중회귀분석을 실시했다. 이를 통해서 소셜미디어 사용자들의 사회경제적 특성과 소셜미디어 사용강도와 네트워크 규모에 따른 정치참여와의 인과성을 파악하고자 했다. 종속변인은 오프라인과 온라인 정치참여자의 9가지 유형을 설정했다.

첫째, 오프라인 정치참여 모델은 6가지 유형으로 세분했다. 우선 오프라인 정치참여 모델의 통계적인 적절성을 파악하기 위해 측정한 F 값의 통계적 유의성은 모두 유의한 것으로 나타났다. 그리고 회귀모형에 자기상관이 있는지를 검정하는 통계량을 검정하기 위해 더빈 왓슨(Durbin-Watson, 이하 D-W) 검정통계량을 도출했다. 6개 모델의 D-W계수는 1.989~2.127로 나타났다. D-W계수가 2.0에 근접하여 6개 모델의 잔차들 간의 상관관계는 존재하지 않았다.[2]

세부적인 모델별 분석 결과, 첫째 항의형 모델은 소셜미디어 변인이 통계적으로 유의한 것으로 나타났다. 소셜미디어 사용강도가 강할수록(p<.05), 소셜미디어 네트워크 크기가 클수록(p<.1) 항의형 정치참여가 강한 것으로 도출되었다. 유의할 점은 항의형 정치참여가 소셜미디어의 사용강도와 네트워크적인 속성과 매우 높은 인과성이 있다는 점이

---

2 D-W통계량은 자기상관을 검증하는 기법으로 0에 가까울 경우 양(+)의 자기상관, 4에 가까우면 음(-)의 자기상관을 의미한다. 그리고 2에 근접할수록 자기상관이 없는 것으로 판명할 수 있다.

다. 이는 후술하겠지만 서키(Shirky 2010)와 카스텔(Castells 2009)이 제기한 소셜미디어 사용과 강도에 따른 정치참여의 강화와 연계되어 해석할 수 있다. 둘째, 지역사회 활동형은 연령이 높을수록($p<.001$), 소셜미디어 사용강도가 강할수록($p<.001$), 소셜미디어 네트워크가 많을수록($p<.01$) 지역사회 활동형 정치참여에 적극적인 것으로 나타났다. 셋째, 정당·선거운동원형은 연령이 높을수록($p<.001$), 소셜미디어 사용강도가 강할수록($p<.001$), 소셜미디어 네트워크가 많을수록($p<.01$) 활발한 것으로 나타났다. 넷째, 의사소통형은 연령이 높을수록($p<.001$), 소셜미디어 사용강도가 강할수록($p<.01$), 소셜미디어 네트워크가 많을수록($p<.001$) 활발했다. 다섯째, 공직자 접촉형은 연령이 높을수록($p<.01$), 학력이 높을수록($p<.05$), 소셜미디어 사용강도가 강할수록($p<.01$), 소셜미디어 네트워크가 많을수록($p<.001$) 강했다. 마지막으로, 투표자형은 남성($p<.01$), 연령이 높을수록($p<.01$), 학력이 높을수록($p<.1$) 강한 투표참여 행태를 보인다.

둘째, 온라인 정치참여 유형 역시 사회경제변인과 소셜미디어의 사용강도와 네트워크 규모 변인을 투입했다. 분석결과 첫째, 온라인 정치참여 중에서 정치관심형은 학력이 높을수록($p<.05$), 소셜미디어 네트워크 규모가 클수록($p<.01$) 강한 것으로 집계되었다. 둘째, 온라인 의사소통형은 남성일수록($p<.05$), 연령이 높을수록($p<.05$), 소셜미디어 사용강도가 강할수록($p<.001$), 소셜미디어 네트워크 규모가 클수록($p<.001$) 참여행태가 강했다. 셋째, 온라인-오프라인 연계형 정치참여 유형은 소셜미디어 변인들이 통계적으로 유의한 것으로 나타났다. 소셜미디어 사용강도가 강할수록($p<.001$), 소셜미디어 네트워크 규모가 클수록($p<.05$) 온라인-오프라인 연계형 정치참여가 강한 것으로 나타났다.

이상 결과를 요약하면, 소셜미디어 사용자들은 사용강도가 강하고, 소셜미디어 네트워크 규모가 클수록 강한 온라인과 오프라인 정치참여가 강한 것으로 나타났다. 그리고 사회경제변인 중에서는 오프라인 정치참여는 연령변인이 매우 중요한 것으로 도출되었지만 온라인 정치참여에서는 일관적인 방향성은 발견되지 않았다. 오프라인 정치참여는 주로 연령이 높은 소셜미디어 사용자들이 적극적이었다. 반면에 온라인 정치참여에서 연령변인은 온라인 의사소통형만 연령변인이 채택되었다.

〈표 6-5〉 소셜미디어 사용자의 오프라인 정치참여 유형별 결정요인

| | 비관습적 참여 | | | | | | 관습적 참여 | | | | | |
| | 항의형 Protesters | | 지역사회 활동형 Community activists | | 정당·선거운동원형 Party and campaign workers | | 의사소통형 Communicators | | 공직자 접촉형 Contact specialists | | 투표자형 Voters | |
	B	t	B	t	B	t	B	t	B	t	B	t
상수	1.152	4.704 ***	.663	2.791 **	.720	4.268 ***	.899	5.364 ***	.777	5.048 ***	1.649	15.707 ***
성	-.081	-1.304	.0741	1.217	.045	1.058	-.059	-1.389	-.048	-1.212	-.073	-2.738 **
연령	.013	.568	.154	6.876 ***	.086	5.394 ***	.084	5.314 ***	.049	3.394 ***	.029	2.923 **
학력	.068	1.277	.052	1.002	-.013	-.342	.023	.620	.067	1.999 *	.044	1.911 +
가구소득	.030	1.080	.021	.791	.000	-.021	-.023	-1.217	-.018	-1.002	.017	1.427
도시규모	-.032	-.624	-.056	-1.126	.004	.120	-.013	-.369	-.020	-.632	.009	.434
소셜미디어 사용강도	.094	2.399 *	.136	3.586 ***	.123	4.571 ***	.072	2.696 **	.084	3.435 **	.010	.605
소셜미디어 네트워크	.052	1.864 +	.072	2.653 **	.049	2.516 **	.077	4.009 ***	.080	4.508 ***	-.005	-.451
모형설명력	Adj R²=.016 F=3.003 (**) D-W계수=2.127		Adj R²=.061 F=8.999 (***) D-W계수=2.052		Adj R²=.052 F=7.759 (***) D-W계수=1.989		Adj R²=.048 F=7.259 (***) D-W계수=1.993		Adj R²=.051 F=7.699 (***) D-W계수=2.107		Adj R²=.019 F=3.363 (**) D-W계수=2.106	

주: + $p<.1$, * $p<.05$, ** $p<.01$, *** $p<.001$

〈표 6-6〉 소셜미디어 사용자의 온라인 정치참여 유형별 결정요인

	정치관심형 Political interest		온라인 의사소통형 Online communication		온라인-오프라인 연계형 Online-Offline Linkage	
	B	*t*	B	*t*	B	*t*
상수	1.950	7.260 ***	1.502	5.781 ***	1.110	6.084 ***
성	.054	.795	-.137	-2.076 *	-.057	-1.223
연령	.024	.949	.059	2.405 *	.022	1.262
학력	.117	2.025 *	-.012	-.213	-.011	-.281
가구소득	.032	1.054	.047	-1.584	-.002	-.107
도시규모	-.001	-.011	-.055	-1.012	-.005	-.127
소셜미디어 사용강도	-.002	-.056	.162	3.909 ***	.117	4.007 ***
소셜미디어 네트워크	.094	3.110 **	.106	3.554 ***	.047	2.271 *
모형설명력	*Adj* R^2=0.012 *F*=2.566 (*) *D-W*계수=2.087		*Adj* R^2=0.049 *F*=7.355 (***) *D-W*계수=2.123		*Adj* R^2=0.057 *F*=4.486 (***) *D-W*계수=1.988	

주: † $p<.1$, * $p<.05$, ** $p<.01$, *** $p<.001$

V. 토론과 연구의 함의

선행연구를 평가한다면, 소셜미디어는 ICT 발전에 따른 두 번째 전자민주주의 물결을 촉진했다는 평가가 있지만, 반대로 여전히 공론장 왜곡이나 가짜뉴스 등의 문제로 인한 정치참여를 왜곡할 것이란 평가도 있다(Loader and Mercea 2012; Mounk 2018; Williams 2018). 그런 맥락에서 이 연구는 한국의 ICT 발전과 정치참여의 특성을 파악하는 연구 시도라고 할

수 있다.

분석결과를 요약하면 첫째, 소셜미디어 사용자들은 오프라인 정치
참여와 온라인 정치참여 모두 강한 것으로 나타났다. 둘째, 소셜미디어
사용자들만을 2차 표본 추출하여 정치참여를 결정하는 변인을 분석한
결과 오프라인과 온라인 정치참여 모두 소셜미디어 사용강도가 강하고,
네트워크가 많을수록 적극적이라는 점을 확인했다. 셋째, 소셜미디어
사용자의 오프라인 정치참여에서 중요한 사회경제변인은 연령이었다.
넷째, 특히 온라인-오프라인 연계형 정치참여의 경우 소셜미디어 변인
이 주요한 원인으로 나타나 소셜미디어 사용자의 정치참여 행태가 강한
것으로 나타났다.

〈표 6-7〉분석의 요약

구 분	세부 항목		분석결과
소셜미디어 사용과 정치참여	오프라인 정치참여	항의형	소셜미디어 사용자 강함($p < .01$)
		지역사회 활동형	소셜미디어 사용자 강함($p < .001$)
		정당·선거운동원형	소셜미디어 사용자 강함($p < .05$)
		의사소통형	소셜미디어 사용자 강함($p < .01$)
		공직자 접촉형	소셜미디어 사용자 강함($p < .01$)
		투표자형	통계적 유의성 없음
	온라인 정치참여	정치관심형	소셜미디어 사용자 강함($p < .001$)
		온라인 의사소통형	소셜미디어 사용자 강함($p < .001$)
		온라인-오프라인 연계형	소셜미디어 사용자 강함($p < .01$)
정치참여 유형별 결정요인	오프라인 정치참여	항의형	소셜미디어 사용강도($p < .05$) 소셜미디어 네트워크($p < .1$)

		지역사회 활동형	연령($p<.001$) 소셜미디어 사용강도($p<.001$) 소셜미디어 네트워크($p<.01$)
		정당·선거운동원형	연령($p<.001$) 소셜미디어 사용강도($p<.001$) 소셜미디어 네트워크($p<.01$)
		의사소통형	연령($p<.001$) 소셜미디어 사용강도($p<.01$) 소셜미디어 네트워크($p<.001$)
		공직자 접촉형	연령($p<.01$) 학력($p<.05$) 소셜미디어 사용강도($p<.01$) 소셜미디어 네트워크($p<.001$)
		투표자형	성($p<.01$) 연령($p<.01$) 학력($p<.1$)
온라인 정치참여		정치관심형	학력($p<.05$) 소셜미디어 네트워크($p<.01$)
		온라인 의사소통형	성($p<.05$) 연령($p<.05$) 소셜미디어 사용강도($p<.001$) 소셜미디어 네트워크($p<.001$)
		온라인-오프라인 연계형	소셜미디어 사용강도($p<.001$) 소셜미디어 네트워크($p<.05$)

이상 한국의 소셜미디어 사용과 정치참여 유형과의 분석 결과 몇 가지 정치적 함의(implications)를 도출할 수 있다. 첫째, 한국의 소셜미디어 사용에 따라 정치참여가 강한 인과성이 있는 것으로 나타났다. 이는 오프라인과 온라인 정치참여 변인 모두 동일하게 나타난다. 연구 결과는 한국의 경우 ICT 정치참여 강화론자들이 강조하는 바와 같이 소셜미디어 사용이 온라인과 오프라인 정치참여를 강화하는 변인으로서 의미가 있는 것으로 해석할 수 있다(장우영·송경재 2017; 조희정 2017; 하승태 2012). 특히 소셜미디어 사용에 따른 온라인만이 아니라 오프라인 정치참여 5개 유형(투표참여 제외)이 비사용자보다 높다는 것은 소셜미디어 사용에

따른 정치참여가 증가할 가능성이 있음을 추론할 수 있다.

둘째, 우리가 주목할 것은 소셜미디어 사용자들의 온라인 참여가 오프라인 참여로 연계된다는 결과이다. 소셜미디어 사용이 온라인 내에서만의 키보드 워리어(keyboard warrior)가 아니라 오프라인 정치참여까지 확장된다는 점에서 의미 있다.[3] 그동안 다수 연구에서는 온라인 정치참여가 오프라인 정치참여와의 연계 고리가 불명확했지만, 이번 연구에서 소셜미디어 사용자의 온라인과 오프라인 연계가 가능하고 그 특성이 확인되었다. 소셜미디어를 사용하는 사람들은 네트워크 연계성으로 온라인 정치참여와 함께 오프라인 정치참여도 활발하다.

셋째, 소셜미디어 사용자들의 오프라인 참여를 결정하는 요인은 연령과 소셜미디어 사용강도, 소셜미디어 네트워크 크기(size)가 주요한 변인으로 확인되었다. 무엇보다 소셜미디어 사용자들 중에서 오프라인 정치참여는 고연령층일수록 활발한 것으로 나타났다. 그리고 소셜미디어 사용강도와 네트워크 크기가 클수록 오프라인 정치참여가 활발하다는 것은 앞서 해석과 연계하여 소셜미디어 사용자는 온라인 내에서의 활동만이 아니라 오프라인 정치적 행동주의(political activism)에도 적극적임을 확인할 수 있었다(Sinclair 2012; Tapscott 2009).

넷째, 소셜미디어 사용자들의 온라인 정치참여를 결정하는 요인 중에서 중요한 변인은 소셜미디어의 사용강도와 네트워크 크기이다. 역

---

3   키보드 워리어는 인터넷 온라인 공간에서만 정치적 행동이나 사회문제에 대해 말을 거침없이 하는 사람들을 일컫는 말로서 온라인 공간에서는 활발한 정치사회 활동을 하지만, 오프라인에서는 행동하지 않는 집단을 지칭하는 용어이다.

시 소셜미디어 사용자들은 사용시간과 네트워크 연계성이 강할수록 다수의 정치정보를 얻고, 인터넷 뉴스를 읽거나, 토론에 참여하고 나아가 오프라인 정치참여까지 발전하는 것으로 나타났다. 이러한 특징은 과거 카스텔(Castells 2009)이 제시한 바와 같이, ICT 사용강도와 네트워크 규모에 따른 정치참여의 강화와 비슷한 현상이 한국에서 발견된다. 그리고 장우영·송경재(2017) 역시 소셜미디어 사용자들의 네트워크 사용강도와 규모에 따라 정치참여가 강한 인과성이 있다는 것을 밝힌 바 있다. 이번 연구에서도 기존 연구와 동일한 결과가 도출되었다.

다섯째, 한국의 소셜미디어 사용자들은 이른바 '참여의 다층화 또는 다층적 참여(multi-layered participation)'가 보편화되었다. 다층적 참여는 과거와 같은 일방향적인 참여 또는 한 가지 방식의 정치참여가 아니라 오프라인과 온라인 공간에서 다층적 참여가 동시에 나타난다. 첫째, 온라인과 오프라인의 다층적 참여가 동시에 나타난다는 것은 시민의 참여채널이 다양화되면서 나타난 현상이다. 둘째, 시민의 정치참여 방식의 다층화는 정치참여가 한 가지 방식으로 제한되는 것이 아니라, 다양한 유형이 중첩적으로 진화하고 있음을 알려준다. 연구에서도 소셜미디어 사용자들은 정치적인 관심을 가지고 뉴스를 공유하고 상호 토론을 하면서 오프라인의 집회에 참여하거나 오프라인의 정치참여 행위로 나아가고 있다는 점을 명확히 파악할 수 있었다.

그렇다면 다음 단계로 이번 연구에서 규명된 '다층적 참여 시민'이 어떻게 민주주의 발전 내지는 공고화에 기여할 수 있을지에 대한 고민이 필요하다. 시민들의 다층적 정치참여에 대응할 수 있는 정치적 반응으로서의 다층적 통치성(govermentality) 내지는 다층적 참여의 제도화가 필요한 대목이다. 라인골드(Rheingold 2002)는 사회운동 차원에서 ICT 활용의 참여 시민을 참여군중(또는 smart mobs)으로 규정했고 그의 연구는 사회운동에서 ICT와 시민의 결합에 대한 고찰로 학계에 많은 반향을 불러일으켰다. 그렇지만 라인골드는 특정한 이슈나 사회적 관심사가 제기될 때 등장한 이슈지향적 ICT 시민운동을 분석하는 데 머물렀다. 이번 연구에서는 시민이 소셜미디어를 이용하여 일상적으로도 정치 관심을 가지고, 다층적으로 참여하고 온라인과 오프라인에서의 행동주의로 진화했음을 확인할 수 있다. 그렇다면 다음 단계는 다층적 참여 시민의 정치적 관심을 수렴할 수 있는 창구가 필요할 것이다.

그런 맥락에서 기존 정치학에서는 통치성을 지나치게 경직되게 해석하여 국가-시민이라는 이분법적인 구조의 틀에 머물렀다. 다양한 층위에서의 참여를 지향하는 다층적 참여 시민의 등장은 정부의 반응방식도 다르게 고려해야 할 것이다. 즉, 다층적 참여 시민을 아우를 수 있는 보다 포괄적이고 다차원적인 국가의 통치성을 고민해야 할 것이다. 이를 통해 ICT를 활용하는 다층적 참여의 제도화와 대의민주주의의 틀 내에서 수렴할 수 있는 방식을 고민해야 할 것이다. 이것이 바로 다층적 통치성에 기반을 둔 대의민주주의와 참여·직접·전자민주주의의 결합이라고 할 수 있다. 푸코(Foucault 2007)는 통치성이 제공하는 허구적 자유 상태를 시민들 스스로 벗어나기 어렵고, 시민들은 항상 권력과 통치성의 대상이 된다는 비관적 전망을 하였다. 그렇지만 푸코의 국가 통치성의 허구에 관한 비관적 전망에도 불구하고, 민주주의가 지향할 방향으로서의 시민의 정치참여와 통치성의 재정립은 중요하다. 시민의 지지를 받고 자유로운 참여 열기를 제도화하는 것은 이른바 민주주의 국가에서 통치성의 정당화 차원에서 중요하다. 그런 차원에서 이 연구는 소셜미디어 사용자의 오프라인 정치참여와 온라인 정치참여의 확대라는 단순 해석을 넘어, 다층적 참여 시민의 정치적 의지를 수렴하여 통치의 정당성으로 발전시키고, 시민의 다층성에 대응할 다층적 통치성 정립이 필요함을 강조했다.

실제로 ICT가 발전함에 따라 시민의 정치참여는 다층적으로 나타나지만, 이를 수렴할 수 있는 정치제도적 채널은 거의 전무하다. 한국에서도 문재인 정부에서 온라인 〈청와대 국민청원〉이 오픈되었지만 제도화되지 못하고, 청원의 대상과 해결 방식의 현실적 한계가 드러났다. 그리고 문제점은 학계에서도 많이 논의되었다.[4] 제도적으로 《청원법》은 존재하지만 순수한 국민청원이 아닌 국회의원 1명의 참여가 필요한 방식이라는 점에서 어려움이 있다. 한국은 2018년 UN 193개 회원국 전자정부 평가에서 온라인 참여지수가 세계 1위라는 평가에도 불구하고, 제도화된 정치참여의 방식은 오히려 제한적이다. 전자정부 온라인 참여지수는 시민참여 채널에만 한정되었고 정치문화·제도적인 차원에서의 고려는 부족하기 때문이다. 이런 한계로, ICT로 무장한 다층적 참여 시민의 요구를 수렴할 방법의 모색은 민주주의 공고화에서 중요하다.

몇 가지 부족한 부분에도 불구하고 이 연구에서는 ICT 환경에서 소셜미디어 사용에 따른 오프라인과 온라인 정치참여의 차이점과 특성을 파악하는 데 도움이 되었다. 그리고 이를 바탕으로 참여의 유형도 다층

---

4   청와대 국민청원의 문제점에 대해서는 다수의 학자가 많은 지적을 하였다. 이에 대한 세부적인 논의는 임혁백 외(2019)를 참조.

화되었고, 이러한 다층적 참여 시민의 등장은 정치제도 그리고 문화적 차원에서 큰 전환점이 될 것이다.

참고문헌

김용철·윤성이. 2005.『전자 민주주의』. 서울: 오름.

김용호·박성우. 2005.『정보화시대의 전자민주주의 거버넌스』. 과천: 정보통신 정책연구원.

김은이·정선영·문원기. 2015. "SNS, 사회자본 네트워크 유형, 그리고 정치참여: SNS(트위터와 페이스북)의 유형별 비교를 중심으로." 『사회과학연구』 39권 1호, 175-200.

민정식. 2012. "트위터(Twitter) 이용과 정치 참여: 트위터 이용 형태를 중심으로." 『언론과학연구』 12권 2호, 274-303.

박동진. 2000.『전자민주주의가 오고 있다』. 서울: 책세상.

서복경. 2018.『2018년 '혜화역 시위'에 대한 해석』. 서울: 서강대학교 산학협력단.

송경재. 2011. "소셜 네트워크 세대의 정치참여." 『한국과 국제정치』 27권 2호, 57-88.

송경재. 2014. "소셜 네트워크 서비스(SNS) 사용자는 참여적인가?: 미국의 정치 참여 유형과 SNS." 『한국과 국제정치』 30권 3호, 59-94.

송경재. 2015. "네트워크 사회의 시민참여 변화: 바텀업과 탑다운의 상호작용적 시민참여를 중심으로." 『시민사회와 NGO』 13권 1호, 231-262.

송경재. 2019.『민주주의 기술의 현실과 미래: 직접·참여·심의민주주의 플랫폼』. 대구: 한국정보화진흥원.

오대영. 2018. "유튜브 정치동영상 이용이 정치사회화에 미치는 학습효과: 정치효능감, 정치관심도, 정치참여를 중심으로." 『교육문화연구』 24권 1호, 97-115.

이승종·김혜정. 2011.『시민참여론』. 서울: 박영사.

임혁백·송경재·장우영. 2017.『빅데이터 기반 헤테라키(융합) 민주주의: 현황과 전망』. 대구: 한국정보화진흥원.

임혁백·김범수·송경재·장우영. 2019.『4차 산업혁명시대 온라인 시민참여정 책 플랫폼 혁신방안: 국내외 입법부와 행정부의 비교와 정책 과제』. 서울: 국회사무처.

장우영·송경재. 2017. "SNS 사용자집단의 네트워크 특성과 정치참여인식에 관 한 연구: 네트워크 사용강도, 규모, 활동을 중심으로."『세계지역연구논 총』35권 3호, 353-376.

전진오·김선우·김형지·Xiong Shuangling·김성태. 2019. "소셜미디어 이용이 오프라인 정치 참여에 미치는 영향 연구: 촛불집회 SNS 읽기-쓰기의 매 개 효과에 주목하며."『평화연구』27권 제1호, 169-205.

정한울·송경재·허석재. 2019.『사회적 갈등의 경로 분석과 사전 예방에 관한 연 구』. 세종: 행정안전부.

조영임·송경재·이형호·윤익수·서교리·박재표·최대규. 2018.『블록체인기술 을 활용한 전자정부사업 추진전략 수립 연구』. 대구: 한국정보화진흥원.

조진만. 2011. "정보화가 정치참여에 미치는 효과."『한국정치학회보』45집 5호, 273-296.

조희정. 2011. "2011년 중동의 시민혁명과 SNS의 정치적 매개역할."『한국정치 연구』20권 2호, 309-338.

조희정. 2017.『시민기술, 네트워크 사회의 공유경제와 정치』. 서울: 커뮤니케이 션북스.

하승태. 2012. "소셜 네트워크 서비스(SNS) 이용이 수용자의 정치사회적 태도에 미치는 영향."『언론과학연구』12권 4호, 575-606.

한국정보통신기술협회. 2017.『IT용어사전』. 성남: 한국정보통신기술협회.

Arnstein, Sherry. 1969. "A Ladder of Citizen Participation." *Journal of the American Institute of Planners* 35(4): 216-224.

Barabási, Albert-László. 2002. *Linked: The New Science of Networks*. Cambridge, MA: Perseus.

Barlow, John Perry. 1996. "A Declaration of the Independence of Cyberspace." *Electronic Frontier Foundation* (February 8), https://www.eff.org/cyberspace-independence(검색일: 2019년 11월 10일).

Barnes, Samuel H. and Max Kaase. 1979. *Political Action: Mass Participation in Five Western Democracies*. Beverly Hills: Sage Publications.

Castells, Manuel. 2009. *Communication Power*. Oxford: Oxford University Press.

Chadwick, Andrew. 2006. *Internet Politics: States, Citizens, and New Communication Technologies*. Oxford: Oxford University Press.

Dahlberg, Lincoln. 2001. "Democracy via Cyberspace: Mapping the Rhetoric and Practices of Three Prominent Camps." *New Media and Society* 3(2): 157-177.

Dalton, Russell J. 2009. *The Good Citizen: How a Younger Generation Is Reshaping American Politics*. Washington, D.C.: CQ Press.

Diamond, Larry and Marc F. Plattner. 2012. *Liberation Technology: Social Media and the Struggle for Democracy*. Baltimore: Johns Hopkins University Press.

Foucault, Michel. 2007. *Security, Territory, Population: Lectures at the College de France 1977-1978*. New York: Palgrave Macmillan.

Han, Jongwoo. 2012. *Networked Information Technologies, Elections, and Politics: Korea and the United States*. Maryland: Lexington Books.

Harari, Yuval N. 저·정현옥 역. 2018. "인류는 어떤 운명을 맞이할 것인가." 大野和基(오노 가즈모토) 편. 2018. 『초예측: 세계 석학 8인에게 인류의 미래를 묻다』, 12-57. 파주: 웅진지식하우스.

Heeks, Richard. 2001. *Understanding e-Governance for Development.* i-Government Working Paper Series No. 11.

Hill, Kevin A. and John E. Hughes. 1998. *Cyberpolitics: Citizen Activism in the Age of the Internet.* Maryland: Rowman and Littlefield Publishers.

Howard, Philip N. 2011. *The Digital Origins of Dictatorship and Democracy: Information Technology and Political Islam.* New York, NY: Oxford University Press.

Loader, Brian D. 2007. *Young Citizens in the Digital Age: Political Engagement, Young People and New Media.* London: Routledge.

Loader, D. Brian and Dan Mercea. 2012. *Social Media and Democrcy: Innovations in Participatory Politics.* New York: Routledge.

Milbrath, Lester W. and Madan Lal Goel. 1977. *Political Participation: How and Why Do People Get Involved in Politics?.* Chicago: Rand McNally College Pub.

Morozov, Evgeny. 2012. *The Net Delusion: The Dark Side of Internet Freedom.* New York: Public Affairs.

Mounk, Yascha. 2018. *The People vs. Democracy: Why Our Freedom Is in Danger and How to Save It.* Cambridge: Harvard University Press.

Norris, Pippa. 2002. *Democratic Phoenix : Reinventing Political Activism.* New York: Cambridge University Press.

Norris, Pippa. 2011. *Democratic Deficit: Critical Citizens Revisited.* Cambridge: Cambridge University Press.

Pateman, Carole. 1970. *Participation and Democratic Theory.* Cambridge: Cambridge University Press.

Rheingold, Howard. 2002. *Smart Mobs: The Next Social Revolution.* MA: Perseus.

Shaper, Nick 저·CC Korea 자원봉사활동가 역. 2012. "창조적 도발: 미국 공화당의 소셜 미디어 사용기." Tim O'Reilly, Daniel Lathrop, and Laurel Ruma 편. 『열린 정부 만들기』, 277-289. 의왕: 에이콘.

Shirky, Clay. 2008. *Here Comes Everybody: The Power of Organizing Without Organizations.* New York: Penguin Press.

Shirky, Clay. 2010. "The Political Power of Social Media: Technology, the Public Sphere, and Political Change." *Foreign Affairs* (December 20), http://www.foreignaffairs.com/articles/67038/clay-shirky/the-political-power-of-social-media(검색일: 2019년 6월 14일).

Sinclair, Betsy. 2012. *The Social Citizen: Peer Networks and Political Behavior.* Chicago: The University of Chicago Press.

Sunstein, Cass R. 2007. *Republic.com 2.0.* Princeton: Princeton University Press.

Tapscott, Don. 2009. *Growing Up Digital: The Rise of the Net Generation.* New York: McGraw-Hill.

Toffler, Alvin. 1980. *The Third Wave.* New York: Bantam Books.

Tsagarousianou, Roza, Damian Tambini, and Cathy Bryan. 1998. *Cyberdemocracy: Technology, Cities and Civic Networks.* London: Routledge.

Verba, Sidney and Norman H. Nie. 1974. *Participation in America: Political Democracy and Social Equality.* New York: Harper and Row.

Williams, Joan. C. 저·정현옥 역. 2018. "무엇이 민주주의를 위협하는가." 大野和基(오노 가즈모토) 편. 『초예측: 세계 석학 8인에게 인류의 미래를 묻다』, 164-185. 파주: 웅진지식하우스.

7장 '제국의 통합성' 관념의 균열과 우경화된 이민정치: 영국의 사례*

한준성

I. 들어가는 말

논쟁적이겠지만 브렉시트는 영국에서 우경화된 이민정치에 대한 방벽이 무너졌음을 웅변적으로 보여준 일대 사건이다. 여러 요인이 복합적으로 맞물려 작용한 결과였으나, 기성 정당정치가 시민들에게 실효적인 대안들을 제시해 주지 못한 것이 주된 요인 가운데 하나였다. 즉, 정당정치의 협소화된 이념적 스펙트럼이 크게 보수당과 노동당의 경합으

---

* 이 글은 2024년 6월『정치와 공론』34집에 게재된 "영국 이민정책의 역사(19세기 말-1971년): '제국의 통합성' 관념의 균열과 우경화된 이민정치"를 수정·보완한 것이다.

로 대변되는 영국 정당정치의 선택지와 효능감을 줄이는 데 일조했고 그 틈새로 영국독립당(UKIP)을 비롯한 극우세력의 주장이 힘을 얻을 수 있었다. 그렇지만 이러한 모습이 브렉시트가 일어난 그 당대의 현상으로 국한되어 설명되어선 안 된다. 그것은 적어도 19세기 말부터 이어져 온 영국 이민정치의 역사에 그 뿌리를 두고 있는 것이기도 하다. 그렇기에 영국 이민정치에 대한 비판적 인식과 새로운 전망은 이러한 역사에 대한 이해를 바탕으로 한 것이어야만 한다. 이 글은 이러한 문제의식을 토대로 법과 정치의 관점에서 영국의 현대 이민정책에 관한 하나의 '기원적 서사'를 제시하고자 한다.

시기적으로는 초기적 형태의 이민정책으로 '유색인' 선원 규제가 본격화한 19세기 말부터 영국 현대 이민정책의 역사에서 가장 결정적인 국면들 가운데 하나로 평가되는 이민법(1971) 채택까지를 아우른다. 이민법(1971)까지의 역사를 살펴보기로 한 까닭은, 논쟁적일 수 있겠으나 이민법(1971)이 채택된 시점의 정책적 틀과 정책 태도가 오늘날 영국 이민정치의 기본적인 토대의 중요한 일부를 형성하고 있다고 판단했기 때문이다. 영국 정부는 이민법(1971)을 통해 신연방(New Commonwealth) 출신의 (주로 '유색인') 이민자의 대규모 유입의 종식을 선언했을 뿐만 아니라 이들에 대한 이민 통제를 위한 체계적인 시스템을 갖추게 되었다. 이에 더하여 이를 기점으로 영국 사회에서 '유색인' 이민자에 대한 법적, 행정적 통제가 강화되었고 이를 바탕으로 경찰 등 공권력의 제도적 인종주의가 본격화했으며 시민사회 수준에서도 '유색인'에 대한 인종차별이 고착되기 시작했다.

또한 이 연구는 연방 출신 '유색인' 이민자에 대한 정책에 초점을 두고 영국 보수당이 극우적 입장을 일정 부분 수용하고 노동당이 딜레마 속에서 이민정책에 대한 우경화된 입장을 택하게 된 경위를 살펴보면서 이민정책 영역에서의 정당정치가 이념적 스펙트럼을 가로질러 전반적으로 우경화되었음을 비판적으로 성찰한다. 이러한 내용을 담은 본 연구는 영국 이민사 연구가 제국주의 역사의 일부로 취급되어 독자적인 연구 분야로 발전하지 못했다는 지적에 비춰볼 때(정희라 2009, 386), 그러한 공백을 메우는 연구사적 의의를 지니게 될 것이다.

II. 전쟁과 이민, 그리고 '제국의 통합성' 관념에 기반한 '영국국적법(1948)' 제정

1. 19세기 말-20세기 초 영국의 이민 규제

18세기 영국에서 '유색인'의 다수는 아메리카 대륙, 서인도제도, 인도 아대륙 출신의 선원으로 대체로 항구 지역에 체류했다. 그렇지만 만 명 정도에 불과하여 영국 인구에서 차지하는 비율은 극히 미미했다(Royle 1997, 76). 19세기 초에 노예무역이 폐지되면서부터 '유색인'의 영국 이주는 더욱 줄었다. 그렇지만 이들의 출입국·체류에 관한 규제법이 없지는 않았다. 당시 이들 다수가 선원이었기 때문에 규제는 '상선법'에 기초해 이루어졌다. 이를테면 '상선법(Merchant Shipping Act, 1823)'에 따라 선주는 아시아인[1] 선원 명단을 당국에 의무 제출하게 되었다. 이는 이들

선원이 '영국 신민(British subjects)'의 신분에도 불구하고 '백인' 선원과 비교해서 차별적인 대우를 받게 되었음을 뜻하는 것이기도 하다. 이에 더해 동 법은 인도 아대륙 출신 선원의 영국 입국을 더욱 어렵게 만들었는데 이에 따라 이들의 노임 수준도 덩달아 낮아졌다(Gordon 1985, 5).

이후 19세기 후반에는 '유색인' 선원 규모가 점차 커지면서 이들에 대한 입국 규제가 이전에 비해 더욱 체계화되었다. 먼저 유입 규모가 증대한 까닭은 영국의 조선업과 석탄 무역이 큰 규모로 팽창했기 때문이다. 산업의 부흥으로 인력에 대한 수요가 증대하면서 아프리카, 인도 내륙, 중국, 중동, 서인도제도, 말레이 지역 등으로부터 많은 수의 단기 선원이 고용될 수 있었다. 자연스럽게 영국 내 이들이 형성한 공동체의 규모도 커지게 되었다. 그렇지만 이렇게 이들의 사회적 존재가 가시화되자 영국은 이들에 대한 관리를 한층 더 체계화했다. 예컨대 '무역위원회(Board of Trade)'는 주요 항구에 '선원 관리 공무원(Lascar Transfer Officer)'을 두어 수적으로 증가하는 '유색인' 선원의 출입을 체계적으로 관리, 통제하고자 했다. 또한 1894년에 통과한 '상선법(Merchant Shipping Act, 1894)'은 이들에 대한 규제를 한층 더 강화하는 내용을 담았다. '유색인' 선원(주로 인도 내륙 출신)은 근무를 마친 후 모국으로 돌아간다는 서명을 해야 했고, 입국 후 6개월 이내에 공적 기금을 받거나 부랑죄를 범했을 경우 선

---

1   이 글에서는 별도의 설명이 없는 경우 '아시아(Asia)'를 오늘날 인도, 파키스탄, 방글라데시 지역을 칭하는 용어로 쓴다. 엄밀하게는 이 지역 출신자를 아우르는 용어로 '남아시아인(South Asian)'이 정확하겠지만, 이 말은 영국 내에서 일반적으로 쓰이지 않는 용어이다(Spencer 1997, Preface xv).

주에게 30파운드의 벌금을 물도록 했다. 여기에 더해 동 법은 관련 부처 장관에게 빈곤층 선원(주로 인도 출신)을 본국으로 귀국시킬 수 있는 권한을 부여했다.[2] 결국 이러한 규제 강화로 '유색인' 선원 고용은 더욱 어렵게 되었다.

영국 현대 이민정책의 역사가 '유색인' 선원에 대한 규제에서 출발했다면, 본격적인 이민정책을 촉발한 계기는 19세기 말 유대인의 대규모 이주였다. 1880-1890년대에 걸쳐 수많은 유대인이 영국(특히 런던)을 찾았다. 추정컨대 1870-1914년에 약 12만 명의 유대인이 러시아와 동유럽 지역을 떠나 영국으로 이주했다. 이들의 규모는 아일랜드 출신 인구에 비해 상대적으로 작은 수에 불과했지만, 집단적 거주 형태와 이에 따른 위생·보건 문제 및 이들의 사회경제적 빈곤이 이들의 사회적 존재감을 키웠다(Royle 1997, 74-76).

상원의원 솔즈베리(Salisbury)가 1894년에 '외국인법안(Aliens bill)'을 제출하게 된 것은 바로 이런 맥락에서였다. 이 법안은 제2독회 후 통과가 저지되었다. 하지만 법안 발의는 '외국인 정책'의 본격적인 신호탄이 되었고, 이후 이민제한법 채택을 위한 시도가 줄기차게 이어졌다. 그런 가운데 1905년, 마침내 영국 사상 최초의 근대적 이민법으로 평가받는 '외국인법(Aliens Act, 1905)'이 제정되었다. 통제되지 않은 이민에 대한 경각심의 발로였던 이 법은 특히 유대인 이민을 겨냥한 것이었다. 유대인 이민자들이 밀집한 런던 이스트 엔드(East End) 지역에 기반을 둔 정치인

---

2 이 권한은 1970년 채택된 '상선법(Merchant Shipping Act, 1970)'으로 폐기될 때까지 장기존속했다.

윌리엄 에반스-고든(William Evans-Gordon)과 연합당(Unionist Party)이 법안 통과를 위한 의회 안팎의 움직임을 주도했다(Royle 1997, 76). 이 법의 시행으로 영국 취업을 원하는 이민자에게는 고용허가시스템(system of work permits)이 적용되었다. 그렇지만 영국 정부는 '제국의 통합성'을 유지하기 위한 차원에서 영제국 출신자들은 적용 대상에서 제외했다.

여기서 '제국의 통합성' 관념은 기본적으로 영국의 정치 엘리트 집단이 지닌 제국적 질서관을 뜻한다. 이 관념은 그 기저에 오랜 기간 제국을 경영해 온 과거에 대한 자부심과 향수를 깔고 있다. 하지만 이것이 다가 아니다. 제국 통합성 관념은 불안과 초조의 심리를 동시에 수반한다. 전후 탈식민화 과정에서 제국 질서가 급격히 흔들리는 가운데 국제정치적 패권과 경제적 이익을 유지하는 일이 무척 힘든 과제였기 때문이다. 이처럼 '제국 통합성' 관념은 자부심과 향수 그리고 신경쇠약적인 심리가 복합적으로 얽힌 관념이다.

2. 제1차 세계대전 – 전간기의 영국 이민정책

이후 발발한 제1차 세계대전(1914-1919)은 영제국 출신 이민자 인구에 대한 노동시장 수요 증대와 '적국 외국인(enemy aliens)'에 대한 경계심 고조로 이어지면서 외국인 정책의 규제 요소를 한층 더 강화하게 된다. 이 과정을 설명하면, 먼저 전쟁으로 영국 노동시장에서 '유색인'에 대한 수요가 크게 늘었다. 영국인의 참전이 광산업 분야의 인력난으로 이어지면서 이 공백을 '유색인' 이주노동자가 메운 것이다. 더욱이 '적국 외국인'으로 간주된 이주노동자들이 실직하게 됨에 따라 영제국 출신 '유색인'에 대한 노동 수요는 가일층 높아졌다. 이들은 맨체스터를 비롯해 영국 내 여러 지역에 소재한 군수, 화학 공장에서 일했다.

전쟁이 일으킨 이민 물결은 이내 이민 제한을 목적으로 한 두 개 법안의 의회 통과로 이어졌다. 먼저 전쟁 첫날 의회에서 전쟁 수행을 위한 긴급조치로 재빨리 통과된 '외국인규제법(Aliens Restriction Act, 1914)'이다. 이로써 당국은 이민자의 영국으로의 출국 제한, 강제추방, 특정 지역 거주 지정 및 경찰서 등록에 관한 명령 권한을 갖게 되었다. 정부가 '적국 외국인'에 대한 대응이라는 미명하에 자의적이고 특권적인 이민행정의 길을 내어준 셈이다. 동 법은 이후 1919년에 통과된 또 다른 '외국인규제법(Aliens Restriction Act, 1919)'과 함께 사실상 기존의 '외국인법(1905)'을 대체했다.[3]

그렇다면 전후 상황은 어땠을까. 무엇보다도 수많은 군인이 사회로 복귀해 구직 활동에 나서면서 실업이 심각한 사회 문제로 대두되었다. 설상가상으로 영국 조선업이 장기침체로 빠져들었고, 석탄에서 석유로 주 전력원이 변하는 등 산업 환경이 바뀜에 따라 노동시장 상황은 더욱 열악해졌다. 이러한 사회경제적 배경 속에서 1919년에 들어서 '인종 폭력' 사건이 연이어 발생했다. 글래스고(1월)에서 시작된 폭력 사태는 이후 사우스실즈(1~2월), 런던(4월), 리버풀(6월), 카디프(6월), 배리(6월), 뉴

---

3   이를 기점으로 그간 입국금지조항 적용을 면제받았던 난민도 강화된 이민 규제로 인해 그러한 권리를 박탈당하게 되었다. 이 규제는 1993년 '망명 및 이민 항소법(Asylum and Immigration Appeals Act, 1993)'이 채택될 때까지 지속되었다.

포트(6월)로 이어졌다.

　재클린 젠킨슨(Jacqueline Jenkinson)은 당시 폭력 사태의 배경 요인을 잘 짚고 있다(Jenkinson 1985, 44-46). 그에 따르면, 먼저 수만 명의 참전 군인의 동시 소집해제를 제대로 관리하지 못한 정부의 정책 실패가 사태를 악화시켰다.[4] 특히 종전 후 군수물자에 대한 수요 급감이 관련 산업의 위축으로 이어지면서 노동시장에서의 구직 경쟁은 극심해졌다. 또한 당시 흑인 선원이 밀집해 있던 항구 지역은 당국의 감시가 느슨한 상태에 있는 경우가 태반이었다. 설상가상으로 이런 상황에서 '백인 여성을 빼앗아 가는 흑인 선원' 식의 혐오 담론이 만들어져 유포되고 있었다. 결국 극심한 구직난에 따른 사회적 불만과 치안 부재가 맞물리면서 불안정한 상황은 이내 폭력 사태로 치닫고 말았다. 이러한 설명에서 알 수 있는 사실은, 당시 폭력 사태의 근본 원인은 인종적 편견이 아닌 경제 상황과 이를

4　정부의 미온적 대응은 1919년 1월 30일 내각 회의록에서도 확인된다(CAB/23/9). 회의록을 보면, 글래스고 지역 프로보스트(Provost) 상원의원으로부터 글래스고의 많은 노동자와 시민들이 징집 해제된 군인들을 위한 일자리를 마련하기 위하여 급여의 삭감 없이 현행 주 노동시간을 줄여 달라고 요청하고 있다는 내용을 담은 전보가 수상 앞으로 도착했다. 전보에는 만일 정부가 고용주를 통해 이 문제를 적극적으로 해결하지 않을 시 파업 등 보다 강경한 행동에 임할 수 있다는 내용도 포함되었다. 하지만 내각이 마련한 답장 초안 내용에 따르면, 정부는 개입할 의사가 없었다. 정부는 현재 노동조합과 고용주 간 논의가 진행되는 상황에서 정부가 개입하는 것은 노동자들을 대표하는 조합의 권위를 침해하는 것인 동시에 진행되고 있는 노사 간 협력 시도를 악화시킬 수 있다는 이유를 들어 개입하지 않을 것이라는 입장을 밝혔다. 그러나 이 같은 정부의 미온적인 태도는 전쟁 직후 나타난 심각한 고용의 문제를 적극적으로 대처하지 못함으로써 상황을 더욱 악화시켰고, 이는 폭력 사태의 배경 요인이 되었다.

관리하지 못한 정책 실패에 있었다는 점이다. 물론 당시 언론보도에는 흑인에 대한 인종적 편견을 반영, 조장하는 기사들이 많이 실렸는데[5] 사실 이러한 인종차별 담론의 기저에는 사회경제적 문제에 대한 노동자 계층의 불만이 자리하고 있었다.

하지만 영국 정부는 정책 실패를 인정하고 사회정책의 공백을 메우기 위한 행보에 힘을 쏟기보다는 사회적 불만에 편승하여 이민에 대한 규제를 더욱 강화했다. 대표적으로 이듬해인 1920년, '외국인규제법 (1914)'에 근거해 '외국인령(Aliens Order, 1920)'을 시행했다. 이에 따라 내무장관(Home Secretary)은 공공선에 기여하지 않는다고 판단한 외국인을 추방할 수 있는 (자의적) 권한을 행사할 수 있게 되었다. 이는 출입국공무원의 이민통제 권한에 더 큰 힘이 실렸음을 뜻한다. 이제 '유색인' 선원은 자신이 '영국 신민'이라는 사실, 영국 항구에서 다시 본국으로 귀환할 것임을 서명했다는 사실 혹은 영국 영주 거주자라는 사실을 증명하지 못하는 한 출입국공무원에 의해 입국이 불허될 수 있다. 또한 기존의 '외국인법(1905)' 하에서는 입국이 거절된 자에게만 퇴거 조치를 집행할 수 있는데 '외국인령(1920)' 시행으로 조사, 심문 절차를 거치지 않은 상황에서도 유사 조치를 집행할 수 있게 되었다(Gordon 1985, 10). 더욱이 이 권한은 애초에는 입국 후, 한 달 이내에만 행사될 수 있었는데 1923년에는 그 기

---

5 당시 한 신문의 기사 내용이다. "흑인 남성에 대한 평가는 다음과 같았다. '조용하고 겉으로는 공격적이지 않아 보이는 깜둥이(nigger)가 권총이나 면도칼로 무장할 때는 악마가 되어 자기 피부를 지키고 자신의 적을 재빨리 이기는 방법 이외에는 아무것도 개의치 않는다.'"(Jenkinson 1985, 48 재인용)

간이 두 달로 연장되었다.

이민에 대한 제한은 여기서 멈추지 않았다. 1925년에는 '특별제한령(Special Restriction Order, 1925)'이 시행되었다. '유색인' 선원들로부터 '영국인 일자리(British jobs)'를 지켜내자는 국수주의적 캠페인이 배경이 되어 채택된 법령이다. 법령 채택 과정에서 특히 영국 내 선원 노동조합이 이를 강력히 지지하고 나섰다. '특별제한령(1925)'은 모든 선원을 '외국인령(1920)'의 적용 대상자로 만드는 효과를 가졌다. 수많은 '유색인' 선원은 이제 자신이 '영국 신민'임에도 불구하고 시민권이나 국적과 무관하게 법적 '외국인'과 마찬가지로 의무 등록 절차를 밟아야 했고, 관할 경찰서에 정기적으로 보고해야만 했으며, 외국인 선원 등록 확인서를 소지하고 다녀야만 했다.

그러다 보니 규제를 악용하는 사례들도 여러 건 발생했다. 예컨대 카디프에서는 경찰이 정부가 발행한 여권이나 국적 증명서를 없애는 방식으로 이러한 증명서를 소지할 수 있는 이민자인데도 '외국인' 신분으로 등록하도록 유도하는 일이 있었다(Gordon 1985, 8). 무엇보다도 1930년에는 카디프와 사우스실즈에서 또다시 '인종 폭력'이 발생했는데 이는 '특별제한령(1925)'을 비롯한 강화된 이민 규제 조치들과 무관하지 않았다. 그런데도 인종차별적 성격의 이민 규제는 여기서 멈추지 않았다. 1935년에 채택된 '영국선박지원법(British Shipping Act, 1935)'에 따라 정부는 '영국인' 선원을 고용한 선박 회사에 보조금을 지원하게 되었는데, 이는 사실상 '유색인' 선원의 고용을 어렵게 만들고자 하는 의중을 반영한 것이었다.

3. 제2차 세계대전에서 '영국국적법(1948)' 채택까지

제2차 세계대전은 제1차 세계대전과 마찬가지로 아시아계와 흑인 이민자의 유입을 촉진했다. 이들은 주로 벵골의 실헤티(Sylhetties), 인도 북서부의 무슬림, 서인도제도와 서아프리카 출신이었다.[6] 이들은 영국인 선원의 대규모 해군 입대로 발생한 인력 수급의 공백을 메웠다. 그러면서 영국 내 '유색인' 인구는 다시금 늘기 시작했다. 리버풀에는 이 시기에 서인도제도 출신 이민자들이 대거 유입되면서 500여 명에 불과하던 흑인 남성의 수가 3,500여 명으로 단기간에 급증했다(Waller 1981). 이러한 이민의 물결 속에서 소규모의 한시적이고 주변부적이었던 영국 내 '유색인' 이민자의 존재 양태는 확고하면서도 영구적인 것으로 바뀌기 시작했다. 특히 이들은 항구 지역에만 머물지 않고 내륙 도시나 산업 중심지로 진입하면서 점차 도심지 인구로 변모했다. 이처럼 '유색인' 이민자가 대거 입국해 정주함에 따라 전후, 특히 1950년대 중반 이후로 영국인들 사이에서 이들의 존재는 뚜렷하게 인지되었다(Peach 1968, xiv).

한편 전쟁 직후인 1945년 7월에 실시된 총선에서 승리한 노동당의

---

6 인도 대륙, 서인도제도, 아프리카 출신 이민자를 일컫는 용어는 시기마다 조금씩 달랐다. 1950년대에는 '유색인 이민(coloured immigration)'이 흔하게 쓰였고 이는 1960년대까지 통용되었다. 1960-1970년대에는 완화된 뉘앙스로 '신연방 이민(New Commonwealth immigration)'이라는 용어가 쓰였다. 1970년대 중반에 이르면 'black'이 '유색인' 이민자를 집단화하여 칭하는 말로 널리 쓰였다. 'black and Asian'이라는 말도 사용되었는데, 이에 대해서 인도 대륙 출신 이민자들은 자신이 '흑인'으로 규정되는 것을 거부했다(Spencer 1997, Preface xiii, xv).

클레멘트 아틀리(Clement Attlee) 정부 시기에는 '제국'의 식민지들이 연이어 독립했다. 영국은 1946년에 트랜스요르단에서, 1948년에는 실론 지역에서 철수했다. 1947년 8월에는 인도와 파키스탄이 신생독립국이 되었다. 이후 영국은 1948년 1월에는 버마의 독립을 인정했고, 같은 해 5월에는 팔레스타인으로부터 철수했다. 이러한 탈식민화에 따라 영국 제국주의와 관련된 표현에도 변화가 나타났다. 영국 정치권은 공적 담론에서 '영연방(British Commonwealth)'이라는 표현 대신 '연방(Commonwealth)'이라는 말을 본격적으로 사용하기 시작했다. 또한 '자치령(Dominion)'과 '자치령 정부(Dominion government)'를 '연방 회원국(Commonwealth member)'이라는 표현으로 대체했다(Hollowell 2003, 100). 이에 더하여 (곧 설명하겠지만) 영국으로부터 독립한 신생국들은 자국 시민권에 관한 법률을 도입하게 되는데, 이에 따라 영국 정부는 처음으로 영국 시민권을 법적으로 규정하려는 동기를 갖게 되었다. 그리고 이는 1948년의 '영국국적법(British Nationality Act, 1948)' 제정으로 이어진다.

이처럼 전후 탈식민화 과정에서 영국과 구 식민지 간의 관계가 새로운 형태로 재정립되어 가는 과정에서도 이민 물결은 지속되었다. 상징적인 사건은 1948년 6월 22일 '윈드러시(Windrush)호'의 입항이었다. 윈드러시호는 대부분이 자메이카 출신인 492명의 이민자를 태우고 런던 동부 틸버리 선착장에 도착했다.[7] 이 소식은 당시 영국에서 널리 보도

---

[7] 당시 자메이카에는 충분한 일자리가 제공되지 않았기에 해외 취업을 통해 가족을 돌보려는 유인이 강했다(Cook and Stevenson 2000). 그렇지만 이게 다가 아니었다. 캐리비언 지역의 물가 상승과 실업문제가 배출 요인이었던 것은 분명하지만, 여기에

되었다. 전후 신연방(New Commonwealth) 지역 출신 '유색인' 이민자의 대거 유입을 알리는 신호탄으로 받아들여졌기 때문이다(Cook and Stevenson 2000).

정부는 사회적 관심사가 된 '유색인' 이민 물결에 정책적인 관심을 두고 나름의 대응 방식을 모색하기 시작했다. 식민성(Colonial Office)의 주도하에 부처 간 실무위원회가 꾸려져 식민지 출신 '유색인'의 영국 고용에 관한 문제를 다루었다. 그러나 이러한 논의가 이민 규제 법안의 채택으로 이어지지는 않았다. 이는 그러한 법안이 채택될 시 뒤따르는 기회비용을 고려하지 않을 수 없었기 때문이다. 당시 영국 정부는 다른 연방국들과의 원만한 관계가 훼손됨으로써 발생할 국제적 위신 추락과 신연방 회원국(특히 인도와 파키스탄)의 보복 조치를 우려했다. 아틀리 수상의 다음 발언은 이러한 우려를 고스란히 드러내 보인다. "대영국에 대한 식민국의 선의와 충성을 약화할 수 있는 조치를 취한다면 커다란 실수가 될 것입니다."(Phillips and Phillips 1998, 70 재인용) 박은재(2011, 269)의 지적처럼, 전후 영국 정부는 영제국 및 영연방의 유대와 결속을 다지고 영국의 국제정치적 패권과 경제 이권을 지키는 데 힘을 쏟고 있었다.

1948년 7월 30일 제정된 '영국국적법(1948)'도 결국은 이 같은 '제국의 통합성'에 대한 신념을 재확인하는 의미를 내포했다. 영국 정부는 이

더해 영국국적법(1948) 시행에 따른 영국 시민권 획득에 대한 기대감이 동시에 작용했다(Royle 1997, 78). 관련하여 윈드러시호를 탔던 자메이카 출신의 한 승객의 증언에 의하면, 탑승자들 가운데 약 3/4이 숙련 기술자였고 소득 수준도 평균 이상이었다. 이 같은 증언은, 탑승객 가운데 다수가 미숙련노동자이고 재정 상태도 열악한 편이라는 당국의 견해와는 상반된 것이었다(Phillips and Phillips 1998, 60, 68).

법을 통해서 영국 제국 및 연방을 구성하는 지역, 즉 영국 본국과 식민지 및 독립 연방국의 모든 시민에게 '영국 신민(British subjects)'의 지위를 부여했다. '영국 신민' 가운데 영국 본국과 식민지 출생자이거나 출생 시 부친이 영국 본국과 식민지 시민이었던 사람에게는 '영국-식민지 시민권(Citizenship of the United Kingdom and Colonies, CUKC)'이 자동 부여되었다. 다만, 연방국과[8] 아일랜드의 시민에게는 영국 본국과 식민지에서 일 년간 일상적으로 거주한 뒤 CUKC 자격을 신청할 수 있도록 했다. '영국 신민', '영국 보호령 사람들(British Protected Persons)', 아일랜드 시민을 제외한 자는 법적으로 '외국인(Alien)'으로 규정되었다. 이처럼 영국국적법(1948)은 '영국 신민'과 '영국 및 식민지 시민권(CUKC)'이라는 법적 지위를 통해 제국의 통합성을 기했지만, 유색인에 대한 차별 요소를 담고 있다는 점 때문에 비판을 받기도 했다. 대표적으로 국적법 26조는 '유색인' 영국 신민에 대한 입국 심사에서 내무장관, 식민지 총독(the Governor), 고등판무관(the High Commissioner)이 자신의 판정에 대한 이유를 제시할 의무가 없음을 명기하고 있을 뿐 아니라 이에 대한 재심이나 항소 절차를 인정하지 않았다.

---

8 캐나다, 뉴펀들랜드, 호주, 뉴질랜드, 인도, 파키스탄, 실론, 남아프리카 연방, 남로디지아.

Ⅲ. '제국의 통합성' 관념의 균열과 '영연방이민법(1962)' 제정

국적법(1948)이 채택된 다음 날인 1948년 7월 31일부터 8월 2일 사이에 리버풀에서는 또다시 폭력 사태가 발생하였다. 제1차 세계대전 직후의 상황과 비슷하게 참전 군인들이 일거에 사회로 복귀함에 따라 발생한 구직 경쟁의 여파로 '유색인' 고용이 불안정하게 된 것이 배경 요인이었다. 이듬해에도 유사한 폭력 사태가 발생했다. 1949년 7월 18일에는 뎁트퍼드에서, 8월 6~8일에는 버밍햄에서 비슷한 유형의 폭력 사태가 일어났다. 정부는 문제의 심각성을 인지하고 부처 간 위원회를 발족시켜 '유색인' 인구와 관련된 문제를 논의했다. 영국 내각은 '분산'과 '동화' 방식의 정책적 대응이 효과적이지 않다는 판단하에 '억제' 정책의 도입을 논의했다. 하지만 유관 부처 장관들로 구성된 위원회에서는 논의 끝에 이민자 문제가 당장에 풀어야 할 시급한 정책 이슈가 아니며 오랫동안 '영국 신민'의 자유로운 입국을 허용해 온 '문호 개방' 정책을 이어가는 것이 낫다는 결론을 내렸다. 이후 수년간 이민은 영국 내각 회의에서 주요 정책 이슈가 아니었다.

상황이 조금씩 바뀌기 시작한 계기는 윈스턴 처칠이 이끄는 보수당이 1951년 10월 총선에서 승리하면서부터였다. 당시에는 서인도제도를 비롯해 신연방·식민지 출신 '유색인' 이민이 급증하고 있었다. 자메이카 출신 이민자 규모를 보면 1953년에 1,750명에서 1954년에 8,775명으로, 1955년에는 다시 17,895명으로 격증하고 있었다(Peach 1968, 11). 카리브해 지역의 경제난, 영국에서의 취업에 대한 기대, 출국 관리에 관한 카리브해 국가들의 비협조가 맞물리면서 나타난 현상이었다. 내무장관을 의장으로 하는 부처 간 위원회는 이에 대응하기 위해 1953년 12월 '영국 내 유색인 고용에 관한 실무위원회'를 설치하고 보고서를 제출하도록 했다. 같은 달 마련된 보고서는 1954–1955년도 내각 회의에서 이주 통제에 관한 논의를 위한 주요 참고 자료로 활용되었다. 이후 치러진 1955년 5월 총선에서 보수당은 또다시 승리했다. 이에 따라 의회 내에서 인종주의 색채를 띤 로비는 더욱 활성화되었다(Steel 1969, 30). 같은 해 식민성은 이민 제한 방안을 담은 백서를 발간했고, 부처 간 위원회는 연방 출신 '유색인' 이민과 관련된 경제적, 사회적 문제를 다룬 보고서를 준비했다.

그렇지만 점차 우경화되는 정책 담론이 구체적인 이민 제한 법안 추진으로 이어지지는 않았다. 내각 정치 엘리트의 통념이 그러한 절제의 요인이었다. 예컨대 1955년 11월 내각 회의에서 앤서니 이든(Anthony Eden) 총리는 이민 제한법을 도입하려는 시도를 거부했다. 또한 식민성 장관 앨런 레녹스-보이드(Alan Lennox-Boyd)는 아일랜드인이 이민자의 다수를 차지하고 있기에 서인도제도 출신 이민자를 겨냥한 이민 통제법은 인종차별적 요소를 반영할 수밖에 없다는 점을 분명히 했다. 결국 내각은 이민 통제법을 채택하지 않기로 했다. 다만, 격증하는 '유색인' 이민에 대한 정책적, 법적 대응의 필요성을 지속 논의한다는 취지에서 '식민지 출신 이민자 문제에 관한 내각 위원회'를 발족시켰다.[9]

---

9   1959년에 '연방 이민자 위원회(Commonwealth Immigrants Committee)'로 명칭을 바꾸었고 1962년까지 활동을 이어갔다.

그렇지만 시민사회 수준에서 '유색인' 이민과 '인종' 문제에 관한 논쟁과 불만은 확산하고 있었다. 특히 1958년 여름이 분기점이 되었다. 1958년 8월 23일–9월 2일에 노팅엄과 런던 노팅힐 거리에서 '인종 폭력'이 발생했다. 당시 노팅엄은 침체 상태에 있었고 도심지는 거대한 슬럼가로 변모한 상태였다. 여기에 당국의 치안 관리도 허술하였기에 길거리에 혼자 다니는 '유색인'은 백인 홀리건이나 테디 보이(Teddy Boy)[10]의 테러 대상이 되기 십상이었다. 그런 가운데 노팅엄 거리 난투를 다룬 뉴스 기사가 삽시간에 지역 전체로 퍼져 나갔다. 미디어는 이 사건을 영국 삶의 기저에 잠재한 인종적 분노가 표출된 사건으로 보도했다. 그렇지만 당시 사태는 백인 노동 계층과 청년이 겪고 있던 사회적 배제와 박탈감을 배경으로 한 것이었다는 점에서 이러한 미디어 보도는 어느 정도 왜곡, 과장된 것이었다(Phillips and Phillips 1998, 166-171). 폭력에 가담한 백인은 대체로 젊은 층이었는데 적지 않은 수가 극우 단체의 영향을 받은 것으로 드러났다. 노팅힐에서는 극우 성향의 '연맹운동(Union Movement)'이[11] 사태가 발생하기 한 달 전부터 전단을 배포하고 수많은 지지

---

10 1953년 *Daily Express*지에 등장한 신조어로 1950년대 중반 노동자들의 근로 태만 혹은 직무 불이행, 혹은 단지 불량스럽게 보이는 젊은 노동자들을 일반적으로 지칭하는 말이다. '테디'라는 이름이 붙게 된 것은, 이들이 에드워드식 복장(무릎까지 내려오는 긴 재킷, 발목까지 내려오는 꽉 달라붙는 바지, 가늘고 짧은 넥타이, 끝이 뾰족한 구두 등)을 착용했기 때문이다(Phillips and Phillips 1998, 161).

11 오스왈드 모슬리(Oswald Mosley)의 주도하에 1948년 런던에서 51개 단체가 합쳐져서 만들어진 단체다. 이 단체는 주간지 *Union*을 발간했는데 이후 이를 대체한 월간지 *Action*을 발간했다. 1950년대 중반에는 모슬리의 아내가 편집인을 맡은 새 월간지 *The European*이 창간되어 1959년까지 발행되었다. 연맹운동의 발간물에는 모슬

자를 동원해 거리에서 토론을 진행하는 등의 적극적 행보를 보였다(Steel 1969, 32).

　당시 폭력 사태에 대해 정부가 보여준 대응은 미온적인 수준에 그쳤다. 사건이 발생한 지 나흘이 되어서야 공식 입장을 냈고, 폭력 사태가 던진 충격을 언급하면서도 정작 적극적인 행정의 필요성을 느끼지는 못했다(Steel 1969, 34). 의회는 이러한 정부 대응을 비판하면서도 정작 사태의 원인 규명과 대처 방안 마련에 있어서는 차별화된 모습을 보여주지 못했다. 지역 관할 판사들은 사안의 근본 원인을 규명하려 하지 않은 채 '법과 질서'의 보수적 틀 속에서만 판단했다(The Times 58/09/02). 1958년 여름의 폭력 사태는 '인종 갈등' 문제만이 아니었다. 근원적으로는 백인 노동자 계층이 겪고 있던 열악한 삶의 조건과 사회적 배제에 기인한 것이었다. 그렇지만 이때를 기점으로 영국 도심지 사회문제에 관한 정치토론이 열릴 때면 '인종' 이슈가 크게 대두되었다. 그리고 이러한 추세는 10여 년의 시간을 지나 '파웰주의(Powellism)'로 이어지게 된다.

　한편 1958년 폭력 사태가 불러일으킨 커다란 사회적 반향에도 불구하고 정작 정치권에서의 영향은 미미해 보였다. 1959년 10월 총선에서 '인종'과 '이민'은 여전히 주요 이슈가 아니었다.[12] 인종과 이민이 크게 정

　리를 비롯한 많은 극우, 보수 성향 인사의 글이 실렸다.

12 노팅힐이 있는 런던의 북부 켄싱턴(North Kensington) 지역에서는 오스왈드 모슬리가 선거에 참여하여 자신이 조직한 '연맹운동'의 지지자들과 '백인수호연맹(White Defence League)'의 적극적인 지지 속에서 '유색인' 이민의 문제를 유세에 적극 활용했다. 그러나 2,821표를 얻는 데 그쳐 3,118표를 획득한 자유당 후보 히들맨(Hydle-man)에게 졌다(Steel 1969, 38). 덧붙여 설명하면, 1900년 이래 보수당의 총선 공약을

치화되지 않았던 것은 다른 무엇보다도 집권 보수당이 경제가 부흥하고 있는 와중에 부정적인 이슈를 제기할 필요가 없다고 판단한 데 기인한 것이었다. 1950년대에는 1인당 실질 GDP 수준이 계속해서 상승하고 있었고, 실업률도 낮은 편이었다(Hicks and Allen 1999, 21-24). 보수당은 '이토록 좋은 적은 없었다(You've Never Had It So Good)'는 구호로 유세했고 압도적 승리를 거두었다.[13]

하지만 경기 호황은 예기치 않은 방식으로 영국 이민정치의 무게추를 이민 제한으로 옮긴 배경 요인이기도 했다. 경기 호황이 '유색인' 이민을 더욱 부추긴 것이다.[14] 당시 한 일간지에 실린 기사 내용을 발췌해 말하자면 "서인도제도 사람들에게 영국은 모든 남성과 여성이 직업을 가지고 넉넉한 임금을 받는 풍요의 땅"으로 보였다(The Times 54/10/14, 4). 이것은 이민이 선거의 주요 이슈는 아니었지만 총선 뒤 의회정치에서 반이민 로비가 더욱 활성화된 까닭이기도 했다. 결국 이러한 상황 속에서 '문호 개방' 정책을 지탱해 온 인도주의적이고 전통주의적인 사고는 점차 퇴색하기 시작했고, 그 틈새로 이민 제한법에 대한 요구가 고개를 치켜

살펴보면 '이민(immigration)'이라는 단어가 처음으로 등장한 것은 1964년 선거였는데, 이는 그 이전까지 영국 총선에서 인종과 이민이 주된 정치적 관심의 대상이 아니었음을 말해준다.

13 보수당은 45.30%를 득표해 334개(53.02%) 의석을 확보했다. 반면 노동당은 43.68% 득표에도 불구하고 소선거구제하에서 전체 의석의 40.95%인 258석을 획득하는 데 그쳤다. 잉글랜드 지역에서는 보수당과 노동당의 의석 비율 격차는 더욱 크게 나타났다(보수당 302석 59.10%, 노동당 193석 37.77%).

14 당시 인도, 파키스탄, 서인도제도 출신 이민자 유입 규모는 아래와 같다(Hicks and Allen 1999, 56).

들었다(Steel 1969, 38-39).

전술한 흐름 속에서 시민사회 수준에서는 (주로 '유색인') 이민을 반대하는 단체들이 연이어 출현했다. 1960년 설립된 '버밍엄이민통제협회(Birmingham Immigration Control Association, BICA)'와 '사우스올주민협회(Southall Residents' Association)'가 대표적인 사례다. 이 단체들은 정치 캠페인, 거짓 정보 유포, 선동적 언어 구사 등 갖가지 방법을 동원해 이민 반대 운동을 주도했다. BICA는 1961년 반이민 청원 캠페인에서 55,000명의 서명을 받고 대대적인 엽서 보내기 운동을 벌이기도 했다(Karapin 1999, 431). 이들은 서신, 탄원, 전화 등의 다양한 수단을 활용해 보수당 의원과 정부를 상대로 자신의 의견을 끈질기게 개진함으로써 이민통제에 대한 대중의 광범위한 지지가 있다는 인상을 심어주려 했다(Steel 1969, 41).

아래로부터의 제한주의적인 이민정치는 이내 내각의 이민정책 논의에도 영향을 미쳤다. 정부 내에서는 1960-1961년에 걸쳐 이민에 대한 집중적인 토론이 이루어졌다. 내각 위원회는 1961년 5월에 영국 출생 내지는 거주 사실을 입증하는 방식으로 시민권을 요구할 수 없는 모든 '영국 신민'을 대상으로 이민 관련 법을 제정해 적용한다는 데 합의했다(Spencer 1997, 122). 그리고 곧이어 9월 29일에 재소집된 내각 위원회는 관련 법률을 제정할 것을 의결했고, 이 결정은 10월 10일 전체 내각 회의에서 확정되었다. 또한 같은 달 열린 보수당 대회에서는 법안 통과를 위한 결의가 있었다. 자유당 의원 데이비드 스틸(David Steel)은 정부의 이러한 행보를 '영연방이민법(Commonwealth Immigrants Act, 1962)' 제정에 이르는 과정에서 마치 "댐에 발생한 치명적인 균열(the major breach in the dam)"

과 같았다고 묘사하기도 했다(Steel 1969, 42). 물론 법안 통과 과정에서 논란과 논쟁이 없지는 않았다. 법안 내용이 아일랜드인을 적용 대상에서 제외하고 있다는 점이 지적되었고 법안 통과 시 다른 연방 회원국과의 관계 악화와 영국의 국제적 위신 추락에 대한 우려가 있었다. 하지만 법률안은 1962년 2월 27일 하원에서 별다른 수정 없이 거의 본안의 내용 그대로 통과되었다. 마침내 4월 18일, 국적법(1948) 채택 이후 14년 만에 '영연방이민법(1962)'이 채택되었고, 6월 1일 황실의 최종 승인이 이루어졌다.

이로써 1962년 7월 1일 이후 정주를 목적으로 영국에 입국한 모든 연방국 및 식민지 시민(학생, 방문객, 피부양자 제외)은 영국 본토 출생자이거나 영국 정부가 발행한 여권을 소지한 CUKC이거나 영국이나 아일랜드 공화국에서 발행된 영국 여권 소지자이거나 이상의 조건을 충족한 자의 여권에 포함된 자가 아닌 경우 모두 '영연방이민법(1962)'의 적용을 받게 되었다. 그런 점에서 이 법은 박은재가 지적한 것처럼 "1948년 영국국적법이 규정한 동일한 시민권의 틀"을 그대로 두면서도 "그러한 틀 안에서 (중략) 동일한 법적 지위를 지닌 사람들 사이에 차등적인 권리를 명시한 것"이었다(박은재 2011, 271). 특히 동 법은 영국 신민을 '직업이 있는 자'(A), '숙련 노동자 및 영국에 이득이 될 수 있는 자'(B), '비숙련 노동자'(C)의 세 그룹으로 구분했다. 영국 정부는 각 그룹에 할당된 복지 서비스 이용권(voucher)을 발급해 주었는데 그 수를 제한하는 방식으로 이민을 통제할 수 있는 권한을 확보하고자 했다. 특히 C그룹의 바우처를 통제함으로써 사실상 '유색인' 이민을 감소시킬 수 있었다. 이처럼 '영연방이민법(1962)'은 그간 이민자들이 영국 경제에 보탬이 되어 온 사실과 당시 영국 경제가 보여준 높은 수준의 고용률에 비춰볼 때 이민 제한의 수단으로 도입된 것임이 분명했다(Steel 1969, 47).

그렇다면 당시 이민 제한 요소가 다분한 '영연방이민법(1962)'은 어떻게 도입이 될 수 있었던 것일까. 앞서 이민 문제에 관해 우경화된 시민사회 단체들의 압박과 이에 대한 정부의 대응을 간략히 언급했지만, 입법 요인은 복합적이었다. 이는 네 가지로 압출된다. 첫째, 1959년 총선 이후 보수당과 시민사회 내 반이민 단체들의 협력 구도가 형성되고 강화되었다. 제한 요소가 다분한 입법에 우호적 환경이 조성된 것이다. 다만 내각은 직접적으로 이민 제한의 필요성을 역설하기보다는, 법안 도입이 인구과잉과 실업과 같은 사회문제를 풀고 '인종 간 평화(racial harmony)'를 도모하기 위한 것임을 강조했다(Hussain 2001, 23). 둘째, 1950년대 말 무렵 경제 호황의 추세가 꺾이는 가운데 치러진 중간선거에서 노동당이 승리함에 따라 집권 보수당이 국면 전환을 위한 카드로 이민 이슈를 정치화하는 흐름이 나타났다(Steel 1969, 45). 예컨대 The Times가 "법안의 건설자" 내지는 "법안의 영혼"으로 묘사한 보수 성향 정치인 시릴 오스본(Cyril Osborne)은 유력 일간지에 '유색인' 이민의 문제점과 이민통제의 필요성을 주장하는 글을 끊임없이 기고했다. 셋째, 이민행정의 미비에 따른 입법적 뒷받침의 필요성이다. 식민성 장관은 의회에 출석해 행정 조치들이 제대로 작동하지 않고 있는 상황에서 행정 조치 외에도 유관 법률 제정을 검토해야 한다고 주장했다(Hansard House of Commons 60/12/01, Vol. 631 cc. 585-586). 마지막으로 자메이카의 국민투표(1961.9) 결과도 법안 통과를 촉진한 요인이었다. 자메이카가 서인도제도 연방(West Indies Federation)에 가입하지 않고 독립국이 되기로 한 것이다(단, 독립 후 연방 회원국으로 남기로 했다). 그 결과 영국 정부는 더 이상 자메이카 사태를 주시하면서 법안 통과를 지연시킬 필요를 느끼지 않았다.

이렇게 도입된 '영연방이민법(1962)'은 영국 정당정치의 역사에서도 중요한 분기점이었다. 이를 기점으로 영국 정당정치가 이민 문제와 관련해서 이념적 스펙트럼을 가로질러 우경화되기 시작했기 때문이다. 먼저 보수당은 극우 성향 사회단체들의 요구를 부분적으로 수용하면서 이민 문제에 더욱 강경한 태도를 보였다. 물론 시릴 오스본과 같은 극우 성향 인사의 입장이 당내 주류인 것은 아니었지만, 법안 통과를 기점으로 '유색인' 이민에 대한 제한주의적 태도가 당내 전반으로 확산되었다. 이에 반이민 성향 사회단체 회원들이 대거 보수당에 가입하기도 했다(Steel 1969, 50). 노동당은 이런 모습에 대립각을 세우기는커녕 어느 정도 동조화되는 모습을 보였다. 이는 노동당 유력 정치인의 발언에서도 확인된다. 노동당 당수 해롤드 윌슨(Harold Wilson)은 1963년 11월 하원에 출석해 1962년 법안이 적지 않은 문제점을 안고 있다는 점을 인정하면서도 "이 나라로 몰려드는 이민자들에 대한 통제의 필요성에 대해 의문을 제기하지 않는다"는 입장을 밝혔다. 노동당 하원의원 프랭크 맥리비(Frank McLeavy) 역시 이렇게 말했다. "이민에 대한 통제는 해외에서 영국으로 오려는 자들과 우리 국가의 이익 모두에 부합한다. … 우리는 연방 전체를 포괄하는 복지국가가 될 여력이 없다"(Steel 1969, 55 재인용 및 필자 강조).

IV. '영연방주의' 쇠퇴와 '유럽 중심주의' 부상, 그리고 '이민법(1971)' 제정

1. 신생독립국의 배타적 성원권 정치와 '영연방이민법(1968)'

영연방이민법(1962) 채택을 전후로 한 시기에 아프리카 지역에서는 탈식민화가 집중적으로 이루어지고 있었다. 영국으로부터 독립해 신생독립국이 된 잔지바르, 케냐, 말라위, 잠비아, 감비아, 로디지아, 보츠와나, 레소토, 스와질란드는 영연방 회원국으로 가입했다. 이 국가들은 식민통치 시기의 해방 투쟁을 밑거름 삼아 독립 이후 독자적인 시민권 제도를 갖추기 시작했다. 하지만 예기치 않은 문제가 발생했다. 민족 담론에 기반한 성원권 제도가 식민지 시기부터 이 국가들에 정주해 온 아시아계 주민에게 큰 타격을 입힌 것이다. 신생독립국에서는 이들에 대한 인종적인 멸시가 유행되었을 만큼 이들에 대한 부정적 태도가 만연했다.[15] 주로 인도 대륙 출신으로 영연방 시민이기도 한 이들의 엑소더스

---

15 이러한 태도는 신생독립국 케냐의 초대 대통령인 조모 케냐타(Jomo Kenyatta)의 발언에서도 확인된다. "아시아 상인은 자신들의 부(wealth) 때문에 일반 아프리카인들을 존중하려는 모습을 보이지 않습니다. … 이들 가운데 일부는 지금 변화된 상황을 아직도 깨닫지 못하고 있습니다. 이것은 그들에 대한 최종적인 경고이며 이들이 자신들의 방식을 바꾸지 않는 한, 이들의 비상식적인 행태를 다루기 위한 정부의 어떠한 조치에 대해서도 비난해서는 안 될 것입니다"(Steel 1969, 123 재인용). 이러한 발언에서 우리는 식민통치 시기 '해방'과 '투쟁' 담론이었던 민족이 '억압'과 '차별'의 기

가 예견됨에 따라 영국 정부는 비상한 관심을 쏟기 시작한다.

관심의 중심에서는 케냐가 있었다. 케냐 정부의 '케냐화(Kenyanisa-tion)' 정책은 인구의 2%에도 못 미치는 아시아계 주민을 궁지로 몰았다. 대표적으로 '케냐 이민법(Kenya Immigration Act)'과 '교역허가법(Trading Licensing Act)'을 꼽을 수 있다. 전자는 자국민이 아닌 자가 케냐에 머물기 위해서는 당국으로부터 노동 허가를 받아야 한다는 규정을 담고 있었다. 후자의 경우 여러 지역을 케냐 국민만이 상점을 운영하거나 사업을 할 수 있는 곳으로 지정하고, 특정 교역 품목은 케냐 국민만이 판매할 수 있도록 했다(Steel 1969, 130). 결국 1967년 늦여름에서 초가을에 걸쳐 엑소더스가 발생했다. 케냐가 독립한 해에 영국 정부는 '케냐 독립법(Kenya Independence Act, 1963)'을 채택해 케냐에 거주하는 아시아계 주민에게 영연방이민법(1962)에 구속됨 없이 입국할 기회를 부여했다. 그렇지만 1967년에 대량 이주 사태가 발생하자 1963년 법 반영된 자유주의적, 인도주의적 접근을 완전히 뒤집었다. 이듬해 3월 영국 의회는 사실상 아프리카 구식민국에 거주하는 아시아인의 영국 이민을 어렵게 한 '영연방이민법(1968)'을 통과시켰다.

'영연방이민법(1968)'에 따르면 본인이 영국에서 태어난 경우, 부모 가운데 한 명 이상 혹은 조부모 가운데 한 명 이상이 영국 태생인 경우, 본인이 영국 가정으로 입양되거나 영국 시민권을 취득한 경우를 제외한 모든 영국 여권 소지자는 이 법에 따라 이민통제의 대상이 되었다. 입법

제가 된 역사적 아이러니를 마주하게 된다.

과정에서 정치인과 관료는 법안에서 어떠한 인종주의적 요소도 없다고
강변했다. 하지만 법률 도입의 주된 목적이 동아프리카 아시아인에 대
한 이민 통제였음은 부인할 수 없는 사실이다(Macdonald and Toal 2010, 9).
영국 시민권을 유지하려는 동아프리카 구 식민지 아시아인에게 발행했
던 여권은 이제 무용하게 되었다. 영국에 자유 입국할 수 있는 보통법상
권리가 크게 훼손된 것이다. 이제 이들의 운명은 당국의 재량권이 큰 '특
별 바우처(special voucher)', 즉 노동 연계형 이민 루트에 의존하게 되었다.

　이에 국제사회는 인종차별적인 요소를 지적하면서 영연방이민법
(1968)을 강하게 비판했다. 예컨대 국제법률가위원회(International Com-
mission of Jurists)는 이미 입법 과정에서 법안 채택이 국제법 위반이라는
점을 분명히 했다. 위원회는 법안 내용의 일견 중립적 표현에도 불구하
고 실제로는 인종차별적인 동기를 갖고 특정 인종 집단을 표적 대상으
로 하고 있다는 점, 법의 집행 과정에서 인종차별이 충분히 예견된다는
점 등을 들어 1968년 법이 "모멸적인 조치(degrading treatment)"가 될 것임
을 날 서게 지적했다(Macdonald and Toal 2010, 10). 하지만 이게 다가 아니
었다. 당시 사태에 대한 영국 정부의 이민 제한 입법은 1966년부터 내무
장관 로이 젠킨스(Roy Jenkins)를 필두로 하여 영국 이민-인종정책에서 자
유주의 원칙을 고무해 오던 흐름을 일거에 역진시켰다(박은재 2011, 280-
285).

2. EEC 가입과 '영연방 중심주의' 쇠퇴

한편 1960년대 영국 식민지의 연이은 독립은 영국이 점차 '연방(the Commonwealth)'에 대한 정치적·경제적·외교적 의존도를 낮추면서 '유럽 통합'에 관심을 기울이게 한 배경 요인이기도 했다. 이는 전후 약 12년간 영국의 주권이 유럽 연합체의 권위에 종속될지 모른다는 우려로 유럽의 초국적 협력 체제에 대해서 특별한 관심을 기울이기는커녕 냉담한 반응을 보였던 모습과 크게 대비된다(Hollowell 2003, 65). 당시 상황을 살펴보면, '연방'에 속한 탈식민화된 국가들은 '제3세계'의 위상과 정체성을 바탕으로 결속하는 모습을 보였다. 그렇지만 영국 정부는 신생독립국 연합에서 자국의 국제적 역량과 위상을 높이는 데 별다른 이용 가치를 찾지 못했다. 그런 가운데 영국 전체 교역량에서 연방 내 무역이 차지하는 비중은 해마다 줄어드는 반면, 유럽경제공동체(EEC) 회원국과의 무역은 증대하고 있었다. 관련 통계를 살펴보면, 1952년 이후 10년간 영국 수출 시장에서 연방 회원국이 차지하는 비중은 50%에서 40%로 줄어든 반면, 서유럽이 차지하는 비율은 25%에서 30%로 증가했다(Minet 1962, 27).

이러한 추세 속에서 영국 정치권과 관료 집단에서는 영국을 제외한 유럽경제공동체의 지속적인 발전이 영국의 경제와 국제 위상에 부정적인 영향을 미치게 될 것이라는 인식이 힘을 얻었다. 특히 미국이 유럽에서 영국을 주변화하고 EEC를 주 협력 파트너로 삼을지도 모른다는 우려는 영국 정책 엘리트에게 실존적 위기의식을 심어주었다. 이에 보수당 출신의 해롤드 맥밀란(Harold Macmillan) 수상은 프랭크 리 경(Sir Frank Lee)을 의장으로 하는 부처 간 위원회를 발족시켜 EEC-영국 관계 및 영국의 EEC 가입에 따른 효과를 검토하도록 지시했다. 또한 1960년 여름 내각 인사 교체를 통해 주요 자리를 친유럽적 견해를 가진 인사로 채웠다(Hollowell 2003, 70). 이듬해 8월 9일에는 처음으로 EEC 가입 신청을 했다. 이처럼 1960년대에 들어서면서 영국은 변화된 대외 환경 속에서 점차 정치·경제·외교 정책의 무게추를 기존 '연방 중심주의'에서 '유럽 중심주의'로 옮겨갔다. 결국 이러한 행보는 1972년 1월 22일 영국의 EEC 가입 조약 서명으로 이어졌다. 영국은 이듬해 1월 1일 EEC 가입국이 되었다. 그런데 이날은 연방 출신 이민자에 대한 통제를 한층 강화한 '영국 이민법(1971)'이 시행된 날이기도 했다. 이는 '영연방 중심주의'가 쇠퇴하는 가운데 '유럽 중심주의'가 힘을 얻어가던 당시 영국 대외정책의 흐름을 상징적으로 보여준다.

영국의 EEC 가입은 이민 패턴에 실질적인 영향을 미쳤다. 이제 EEC 회원국 시민은 자유롭게 영국을 오갈 수 있었고 정주도 할 수 있게 되었다. 실제로 1970-1980년대에 걸쳐 독일, 이탈리아, 스페인, 그리스 등 여러 유럽 국가로부터 많은 이민자가 영국으로 건너갔다. 그런데 유럽 시민에 대한 '특혜'로 비춰 보이는 이 같은 조치는 연방 출신 '유색인' 이민자에 대한 '차별'을 수반했다. 이 점은 조약 원문의 부록에서 확인된다. 첫 번째 부록을 보면, 회원국 시민의 EEC 노동시장 내 자유 이동에 관한 내용이 담겨 있다. 그런데 여기에는 한 가지 유보조항을 따라붙었다. EEC 확대와 역내 자유로운 노동 이주로 인해 회원국 사회에 특정한 문제가 발생한다면 이 문제를 유럽 공동체의 공식 제도 차원에서 다룰 수 있도록 한다는 내용이었다. 그런데 이것은 사실상 '유색인'을 겨냥한 측면을 내포했다. EEC 성원권 문제를 다룬 두 번째 부록은 사실상 영국에 정착한 연방 출신 '유색인' 시민 다수를 배제하는 내용을 담고 있다. 더욱이 동아프리카 출신 영국 여권 소지자도 영국에서 5년 이상 거주하지 않는 한 제외 대상이 된다(Gordon 1985, 28). 이처럼 영국의 EEC 가입은 '유색인' 이민자에 대한 차별이라는 부수적 결과를 낳았다.

3. 이민-인종 문제에 대한 시민사회의 분화와 파월주의(Powellism)의 부상: '인종관계법(1965)'에서 '영국이민법(1971)'까지

전술했듯이 영국사회에서 '유색인' 이민자의 수는 지속해서 증가해 왔다. 하지만 1960년대에 이르러서도 이들의 비율은 낮은 수준에 머물렀다. 1964년 기준 80만여 명으로 영국 인구의 약 1.5%를 차지할 뿐이었다. 하지만 이들이 특정 지역에 밀집 거주함에 따라 이들의 사회적 존재감은 이전에 비해 보다 확실해졌다. 당시 '유색인' 이민자가 3,000명 이상 거주하는 도시는 약 30개, 그리고 1,000명 이상 거주하는 지역은 80~100곳으로 추정되었다(Steel 1969, 65). 이러한 밀집 지역에서는 '백인' 주민 사이에서 우려가 퍼지고 있었고 반이민 사회세력은 이러한 분위기를 자신들의 활동을 위한 자원으로 동원할 수 있었다.

1960년 무렵에는 '국민노동당(National Labour Party)', '백인수호연맹(White Defence League)', '영국국민당(British National Party)'을 비롯해 이민 제한을 주장하는 극우 사회단체들이 설립되어 왕성한 활동을 이어가고 있었다. 이후 1965년에는 서식스에서 '인종보존협회(Racial Preservation Society)'가 창립되었고, 1967년 2월에는 극우당인 '국민전선(National Front)'

이 등장했다. 그렇지만 같은 시기에 이러한 우경화된 흐름과 대립각을 세우며 인종 평등과 시민적 권리를 내건 인권 단체들도 등장했다. 1961년에는 '인종차별반대조정위원회(Coordinating Committee Against Racial Discrimination, CCARD)'가 설립되어 이민 통제 법안 반대 운동을 펼쳤다. 1964년 12월에는 '인종차별반대운동(Campaign Against Racial Discrimination, CARD)'이 출범해 1968년까지 활동을 이어갔다(Steel 1969, 106). 1965년 2월에는 맬컴 엑스의 영국 방문을 계기로 '인종문제조정행동협회(Racial Adjustment Action Society)'가 설립되었다. 1967년에 오비 에그부나(Obi Egbuna)의 주도하에 설립된 '세계유색인협회(Universal Coloured People's Association)'는 영국 사상 최초의 공인된 흑인 파워그룹으로 평가된다. 이처럼 이 시기에는 이민-인종 문제에 대하여 시민사회 내 분화가 본격적으로 이루어지기 시작했다.

이러한 국면에서 열린 1964년 10월 총선에서는 영국 사상 최초로 '이민'이 선거의 주요 이슈로 부상했다. 이민자 밀집 지역을 중심으로 극우세력이 이민을 정치적 이슈로 제기하기 시작한 것이다. 이들은 이민자 수가 급증하면서 주택 문제, 구직 경쟁 심화, 인종 관계 악화 등 여러 사회문제가 발생했고, 이를 해소하기 위해 이민통제를 강화해야 한다고 주장했다. 선거를 석 달 앞둔 시점에서 실시한 갤럽 설문조사 결과에 따르면 대체로 이민 제한에 동조하는 가운데 10%만이 문호 개방 정책을 지지했다. 이러한 여론 지형은 노동당 주요 간부에게도 영향을 미쳤다. 노동당은 선거 전략상 이민 통제에 대한 사회적 요구를 부분적으로라도 수용해야 한다는 압박을 느꼈다(Steel 1969, 69-70). 그렇지만 실제 선거에서 '이민' 문제는 일부 지역을 제외하면 당락을 좌우하는 변수가 되지 못했다. 대다수 후보는 이민에 관해 거의 언급하지 않았다. 반면 교육이나 주택 문제는 정치 이념을 가로질러 후보 대다수가 언급했다(Steel 1969, 72). 다만, 예외적으로 버밍엄의 선거구 스메드위크(Smethwick)에서는 보수당 후보가 노동당 출신 유력 정치인을 제치고 당선되는 이변을 낳았는데, 이는 이민자 밀집 지역에서는 이민 이슈가 무시할 수 없는 정치적 효과를 가진다는 점을 웅변적으로 보여주었다.

결국 1964년 총선에서 노동당이 승리했다. 선거 과정에서 '이민'이 정책 우선순위에서 교육, 주택을 비롯한 다른 이슈에 밀렸고 노동당이 보수당의 13년간 장기 집권에 이어 간신히 정권 교체를 이루었다는 사실만 놓고 볼 때, 노동당 정부에서 이민 제한을 강화하는 정책을 추진할 것을 예견하기는 어려워 보였다. 하지만 현실은 달랐다. 노동당의 전반적인 이민정책 기조가 보수당과 질적으로 크게 다르지 않음이 곧 드러났다.

노동당 정부는 집권 후 1965년 8월에 이민 규제를 강화하는 내용을 담은 백서『연방으로부터의 이민(Immigration from the Commonwealth)』을 발간했다. 백서에는 세 가지 일자리 바우처 유형 가운데 '직업이 있는 자'(A 그룹)와 '숙련 노동자 및 영국에 이득이 될 수 있는 자'(B 그룹)를 제외한 '비숙련 노동자들'(C 그룹)에 대한 바우처를 공식 폐지한다는 내용이 담겼다(사실 1964년 9월 이래로 이들에 대한 바우처 발급은 이미 중단된 상태였다). 또한 전체 노동 허가 발급 규모를 대폭 하향 조정하고, 특정 국가에 쿼터의 15% 이상이 배정되지 않도록 한다는 내용도 담겼다. 이 밖에도 피부양자 입국 제한 수준도 높였다(Hansard House of Commons 65/08/02, vol. 717 cc. 1057-1068). 노동당은 전당대회에서 이처럼 이민 제한 요소가 다분한 백서의 권고 내용을 승인하게 된다. 더욱이 당시 노동당 정부가 추진한 정책 적용 대상에는 아일랜드인이 빠져 있었는데, 한 연구자는 이를 두고 '유색인' 이민에 대한 체계적이면서도 효과적인 통제는 첫 영연방이민법이 채택된 1962년이 아닌 1965년에 시작된 것으로 볼 수 있다는 분석을 내놓기도 했다(Spencer 1997, 136). 결국 백서는 이민-인종 문제에 관한 보수당과 노동당의 입장을 수렴하게 만든 토대 문건이 되었다.

이런 흐름에서 노동당 집권기에 채택된 '인종관계법(1965)'과 1966년 2월에 발족한 '인종관계심의회(Race Relations Board)'는 이민 문제에 관한 비교적 강경한 정책적 대응을 완화하는 듯 보였다. 특히 '인종관계법(1965)'은 이민자 처우를 개선하고 인종 갈등을 예방하기 위해 정부가 도입한 최초의 법으로, 인종차별과 폭력 문제를 시민사회의 자발적 행동에만 기대서는 해결할 수 없다는 인식이 반영된 조치였다(Steel 1969, 107). 하지만 인종관계법(1965)은 두 가지 점에서 한계를 안고 있었다. 첫째, 법 적용 영역이 제한적이었다. 이민자의 삶에 있어 가장 중요한 영역이면서 인종차별이 가장 빈번하게 발생하는 영역인 '고용'과 '주택'이 법률이 적용되는 '공공장소' 범주에서 제외된 것이다. 이것은 법안 통과가 비교적 수월했던 까닭이기도 했다. 더욱이 인종 문제와 관련하여 시민사회 수준에서 차별적 태도가 상당히 만연해 있었기에 '유색인' 이민자는 인종차별로 인한 고충을 법적으로 해결하려 해도 이 때문에 발생할 고용상의 불이익 등 또 다른 차별을 우려해야만 했다(Steel 1969, 100-102). 둘째, '이민 제한'과 '이주민 통합'을 절충적인 방식으로 결합한 조치였다는 점이다. 다시 말해서 노동당 정부가 이민 제한법을 추진하는 가운데 이민-인종 문제에 관련된 논란을 잠재우기 위한 수단으로 '인종관계법'을 도입한 것이다. 그런 만큼 '인종관계법(1965)'은 기껏해야 엘리트 중심의 온정주의의 발로였고, 자유주의적 색채는 엷을 수밖에 없었다(박은재 2011; 정희라 2009, 393). '반차별'의 자유주의 이념이 '법과 질서'라는 통치의 목적으로 흡수되어 버린 셈이다.

전술한 설명에서 짐작할 수 있듯이 노동당은 이민정책과 관련해 딜레마에 처해 있었다. 우경화된 시민사회의 여론을 의식해 이민 제한을 강화해야 한다는 압박을 받는 동시에 정당정치 관점에서는 보수당과의 정책 차별성을 보여줘야만 했다. 그런 가운데 1966년 3월 총선 승리로 집권 연장을 이룬 노동당 윌슨 정부는 집권 1기에 비해 보다 자유주의적 색채를 띤 이민-인종정책을 추진함으로써 노동당의 정체성을 재확인하고자 했다. 대표적으로 '이민항소법(Immigration Appeals Act, 1969)' 도입으로 연방 시민은 출입국공무원의 결정에 대한 항소권을 행사할 수 있게 되었다. 또한 1968년 10월 '인종관계법(1968)' 채택으로 고용, 주택, 교육 및 서비스 영역에서도 인종차별이 '불법'으로 규정되었다. 또한 인종 간 화해를 촉진하기 위한 목적으로 '커뮤니티관계개선위원회(Community Relations Commission)'가 설립되었다.

그렇지만 이를 과대 해석해선 안 된다. '이민항소법(1969)'은 기본 취지에도 불구하고 이민에 대한 통제를 강화하는 효과를 가졌다. 이민자에게 출국 전 입국허가 획득을 의무화했을 뿐만 아니라 내무장관에게 입국허가 조건을 위반한 것으로 판단한 이민자를 비교적 손쉽게 추방할 수 있는 권한을 부여했다(Gordon 1985, 16). 또한 내각 재편으로 인종-이민정책을 진두지휘해 온 젠킨스가 재무부로 자리를 옮겼고, 앞서 설명한 케냐 사태가 자유주의적 이민정책의 흐름을 크게 역진시켰다. 그렇지만 결정적인 것은 노동당의 일견 진보적인 이민 관련 정책 도입이 갖는 상징정치적 효과였다. '파월주의'의 역풍을 맞은 것이다. 1968년 4월 20일 보수당 출신 정치인 이녹 파월(Enoch Powell)은 버밍엄의 한 보수협회 모임에 참석해 '유색인' 이민을 강력히 반대하는 연설을 했다. 그는 '피의 강(Rivers of Blood)'으로 불리는 악명 높은 연설[16]로 보수당 당수인 에드워드 히스(Edward Heath)에 의해 예비 내각에서 쫓겨났다. 하지만 이 사건을 계기로 '인종' 문제는 단숨에 영국 공론장에서 핵심 이슈로 부상했다. '파월주의'는 이민에 적대적인 사회 여론과 이민에 대한 강력한 통제를 지지하는 정치적 운동의 대명사가 되었다.

결국 파월주의는 1960년대에 전개된 시민사회 내 반이민 세력의 조직화와 진보 정치세력의 자유주의적 통솔력 결핍과 맞물리면서 1970년 6월 총선에서 보수당 승리로 이어졌다. 나아가 보수당이 재집권한 1971년에는 연방 출신 이민자에 대한 강력한 이민 제한을 골자로 하는 '이민법(Immigration Act, 1971)'이 도입되었다. '이민법(1971)'은 영국 이민 정책 역사에서 가장 결정적 국면들 가운데 하나로 평가된다. '신연방(new Commonwealth)' 출신으로 영국에서 정주하려는 '유색인'의 대량 이민에

---

16 연설 내용 일부를 옮기면 다음과 같다. "15년에서 20년이 지나고 나면 흑인들이 백인들을 좌지우지할 것입니다. … 잉글랜드 전역은 … 이민자들과 그들의 자손들에 의해 점유될 것입니다. … 해마다 50,000명의 이민자 피부양인의 입국을 허가하다니 우리는 말 그대로 미친 것임이 틀림없습니다. … 마치 자신의 장례식에 쓸 화장용 장작더미를 불로 데우는 데 분주한 국가를 지켜보는 것 같습니다. … 다른 모든 조치는 불충분하며 오직 정주를 위한 모든 이민자의 유입을 즉시 무시할 수 있는 수준으로 낮춰야 합니다. 그리고 지체없이 필요한 법적, 행정적 조치를 취해야 합니다. … 조금만 앞을 내다보면 저는 불길한 예감에 사로잡히게 됩니다. 옛 로마인들처럼 저는 '티베르강이 피로 넘쳐흐르는 것'을 보는 것 같습니다"(Telegraph 2007 필자 번역).

종식을 선언한 것이다(Macdonald and Toal 2010, 10). 또한 기존 이민 관련 입법이 임시방편에 가까웠다면 이제 영국은 '이민법(1971)' 채택으로 이민 통제를 위한 체계적인 시스템을 갖추게 되었다.

이민법(1971) 적용 대상 분류 방식은 인종차별적 요소가 다분했다. 영국의 이민정책은 전통적으로 '영국 신민(British subject)'과 '외국인(alien)' 개념을 구분해 왔다. 영국에서 권리와 특권을 누릴 수 있는 제국/연방 출신 이민자와 이에 해당하지 않는 외국인을 구분해 온 것이다. '본국인(patrials)' 개념에 기초해 설정된 이민법(1971)은 바로 이러한 전통적인 분류 방식을 근본적으로 뒤바꾸어 놓았다. 법에 따르면 '본국인'의 조건은 (A) 영국 영토에서 태어났거나 영국으로 입양된, 또는 정식으로 귀화한 대영제국 시민, (B) 부모나 조부모가 위의 범주에 속하는 사람, (C) 적법한 절차를 거쳐 영국에서 5년 이상 거주하고, 그 기간 동안 이민 규제와 관련한 위법 행위를 하지 않은 사람, (D) 부모 중의 한 명이 태어날 때부터 대영제국 시민인 영연방 시민, (E) '본국인'과 결혼한 여성, 이렇게 다섯 가지다. '본국인'은 '영국에서 거주할 권리(right to abode)'를 갖지만 '비본국인'은 '영국에서 거주할 권리'가 자동 부여되지 않으며 취업 허가증을 받고 영국에 입국해야 한다(염운옥 2012).

이러한 규정으로 인해 '신연방' 출신 이민자 가운데 상당수는 일순간 '외국인'이나 다름없는 상태에 놓이게 되었다. 이들은 거주권이 없었고 가족을 동반할 수도 없었다. 영국 취업을 하려면 12개월짜리 단기 노동 허가를 획득해야만 했다. 또한 이민법(1971)은 내무장관에게 '불법' 입국한 것으로 판단한 자를 추방할 수 있는 권한을 부여했다. 더욱이 이민 당국에 대한 항소권 행사마저도 출국한 후에야 가능하게 했으며 이민 당국과 법원은 이민법(1971) 조항에 대한 해석에 있어 광범위한 재량권을 갖게 되었다(Gordon 1985, 17, 19). 이처럼 이민통제 요소가 다분한 입법으로 수많은 연방 시민의 지위가 일순간 이주노동자와 다르지 않게 되었고, 이민통제를 위한 행정당국과 사법기관의 공조 시스템에서 이들의 입지는 더욱 좁아질 수밖에 없었다.

V. 나가는 말

영국 이민정치의 한계를 비판적으로 검토하는 방식은 크게 두 가지로 압축된다. 하나는 이민자 당사자의 위치에서 이민정책의 모순과 반자유주의적 요소를 선명하게 드러내는 방식이다. 이것이 '위치성' 접근이라면, 다른 하나는 '기원적 서사'를 통해 문제를 탐색하는 방식이다. 본 연구는 후자의 접근을 택했다. 이는 오늘날 영국 이민정치의 특징과 한계가 그것의 오랜 역사에 착근되어 있다는 문제의식을 반영한다. 물론 19세기 말부터 1971년 이민법 도입까지의 긴 시간에 걸친 영국 이민정책의 역사를 일관된 방식으로 정리하기는 힘들다. 이에 이 글은 이 역사를 서사화하기 위한 테마로 '제국의 통합성' 관념에 주목했다. 오랜 제국 경영의 경험을 가진 영국의 이민정책 역사를 이 관념의 유지와 균열의 긴장, 지속과 단절의 역동으로 풀어볼 수 있다고 판단했다. 물론 이 서사가 얼마나 타당한 것인지는 논쟁적이다. 하지만 이 연구는 서두에서 밝혔듯이 그간 영국 이민사가 제국주의 역사의 일부로 취급되어 독자적인 연구 분야로 자리 잡지 못했다는 점에서 연구적 공백을 메우면서 동시에 기원적 서사에 관한 풍성한 논의를 촉발하는 데 도움이 될 것이다.

이하에서는 본문에서 설명한 복잡다단한 논의를 압축적으로 정리한 뒤 영국 이민정치에 대한 비판적, 역사적인 검토의 중요성을 강조하며 글을 맺고자 한다. 영국 현대 이민정책 역사는 '대영제국' 출신 '유색인' 선원에 대한 규제에서 시작되었다. 영국의 역사에서 최초의 근대적 이민법으로 평가받는 '외국인법(1905)' 제정 이후 두 차례 세계대전을 거치면서 이민정책의 제한적 요소를 더욱 강화하는 일련의 입법을 추진했다. 이 과정에서 영국 정부는 자신의 정책적 실패를 인정하기보다는 사회적 불만에 편승하여 이민에 대한 규제를 더욱 강화했다. 전후에는 '윈드러시호' 입항(1948)을 신호탄으로 하여 신연방 출신 '유색인' 이민자가 대거 유입했다. 하지만 이에 대한 우려가 이민 규제 법안의 채택으로 이어지지는 않았다. 이는 다른 연방국과의 관계 훼손이 초래할 국제 위신 추락과 연방국의 보복을 우려했기 때문이다. 이 같은 '제국의 통합성'에 대한 신념은 '영국국적법(1948)'에서 재확인되었다. 이후에도 이민에 관한 담론이 우경화되는 흐름에도 불구하고 내각 정치 엘리트의 제국적 질서관이 이민 제한 법안 추진을 통제했다.

그렇지만 시민사회 수준에서는 (1958년 여름에 발생한 폭력 사태를 기점으로) '유색인' 이민과 '인종' 문제에 대한 불만이 확산하고 있었다. 그러면서 점차 '문호 개방' 정책을 지탱해 온 인도주의적이고 전통주의적인 사고가 퇴색해 갔다. 결국 아래로부터의 이민 제한 요구가 내각의 이민정책 논의에도 영향을 미쳤다. '유색인' 이민을 제한하는 성격이 다분한 '영연방 이민법(1962)'이 제정된 것이다. 1959년 총선 이후 나타난 보수당과 시민사회 내 반이민 단체들의 협력 구도와 1950년대 말 경제 호황 추세가 주춤한 가운데 치러진 중간선거에서 노동당이 승리함에 따라 집권 보수당이 국면 전환을 위한 카드로 이민 이슈를 정치화하는 흐름이 배경이 되었다. 나아가 1960년대에 들어서면서 영국은 대외 환경의 변화 속에서 정치·경제·외교 정책의 무게추를 '연방 중심주의'에서 '유럽 중심주의'로 옮겨갔다. '제국의 통합성' 관념에 균열이 발생한 것이다. 영국의 EEC 가입은 이를 여실히 보여주었다.

또한 같은 시기에 이민-인종 문제에 대하여 시민사회 내 분화가 본격화되었고, 1964년 10월 총선에서는 영국 사상 최초로 '이민'이 선거의 주요 이슈로 부상했다. 이러한 분위기 속에서 집권한 노동당 정부는 집권 후 1965년 8월 백서『연방으로부터의 이민』을 발간했다. 이민 제한 요소가 다분한 백서는 이민-인종 문제에 관한 보수당과 노동당의 입장이 수렴되고 있음을 방증한다. 물론 '인종관계법(1965)'을 비롯한 일견 자유주의적인 법령을 도입하기도 했으나, 이는 노동당 정부가 이민 제한법을 추진하는 가운데 불거진 이민-인종 문제에 관한 논란을 잠재우기 위한 수단으로 전용한 측면이 다분했다. 결국 시민사회 내 반이민 세력의 조직화와 진보 정치세력의 자유주의적 통솔력 결핍이 맞물리면서 1970년 6월 총선에서 보수당 승리하게 된다. 그리고 이듬해 인종차별적 요소가 다분한 '이민법(1971)'이 도입되었다. 이로써 신연방 출신 이민자 상당수는 일순간 '외국인'이나 다름없는 상태에 놓이게 되었다. '제국의 통합성' 관념에 난 균열이 더욱 벌어진 것이다. 무엇보다도 이후로 정도의 차이는 있으나 이민정책 분야에서 정당정치가 이념 스펙트럼을 가로질러 전반적으로 우경화된 흐름에 결정적인 변화가 나타나지는 않은 것으로 보인다. 영국 이민정치의 패턴은 기성의 진보-보수의 인식 틀로 간명히 재단할 수 없다. 이것은 그런 만큼 결정적인 모멘텀이 없이는 영국 이민 정책의 자유주의적 선회를 기대하기가 난망함을 뜻하는 것이기도 하다. 하지만 이 점은 또한 바로 그 틈새의 변화 가능성을 찾기 위해서라도 지 난 이민정치의 역사를 더욱 세밀하게 들여야 봐야 함을 일깨워 주는 대 목이기도 하다.

참고문헌

박은재. 2011. "영국 노동당 정부(1964-70)의 이민-인종정책." 『영국 연구』 26호, 263-294.

염운옥. 2012. "1960-70년대 이민법과 이민 정책의 인종화." https://db. history.go.kr/diachronic/level.do?levelId=oksr_016_0010_0020(검색일: 2024년 4월 24일).

정희라. 2009. "영국: 자유방임식 다문화주의." 박단 편. 『현대 서양사회와 이주민: 갈등과 통합 사이에서』, 383-414. 서울: 한성대학교출판부.

CAB/23/9 (30 January 1919) "Strike Situation in Glasgow."

Cook, Christ and John Stevenson. 2000. *The Longman Companion to Britain since 1945* (2nd ed.). London: Routledge.

Gordon, Paul. 1985. *Policing Immigration*. London: Pluto Press.

Hansard House of Commons 1960/12/01 vol. 631 cc.

Hansard House of Commons 1965/08/02 vol. 717 cc.

Hicks, Joe and Grahame Allen. 1999. "A Century of Change: Trends in UK Statistics since 1900." House of Commons Library Research Paper 99/111 (21 December).

Hollowell, Jonathan. 2003. "From Commonwealth to European Integration." In *Britain Since 1945*, edited by Jonathan Hollowell, 59-108. Oxford: Blackwell Publishing Ltd.

Hussain, Asifa Maaria. 2001. *British Immigration Policy under the Conservative Government*. Aldershot: Ashgate.

Jenkinson, Jacqueline. 1985. "The Glasgow Race Disturbances 1919." *Immigrants and Minorities* 4(2): 43-67.

Karapin, Roger. 1999. "The Politics of Immigration Control in Britain and Germany: Subnational Politicians and Social Movement." *Comparative Politics* 31(4): 423-444.

Macdonald, Ian A. and Ronan Toal. 2010. *Immigration Law and Practice in the United Kingdom* Volume I & II (8th ed.). London: Lexis Nexis.

Minet, Paul. 1962. *Full Text of the Rome Treaty and an ABC of the Common Market*. London: Christopher Johnson.

Peach, Ceri. 1968. *West Indian Migration to Britain: A Social Geography*. Oxford: University Press.

Phillips, Mike and Trevor Phillips. 1998. *Windrush: The Irresistible Rise of Multi-Racial Britain*. London: Harper Collins Publishers.

Royle, Edward. 1997. *Modern Britain: A Social History 1750-1985*. London: Arnold.

Spencer, Ian R. G. 1997. *British Immigration Policy Since 1939: The Making of Multi-Racial Britain*. London: Routledge.

Steel, David. 1969. *No Entry: The Background and Implications of the Commonwealth Immigrants Act, 1968*. London: C. Hurst & Company.

Telegraph. 2007. "Enoch Powell's 'Rivers of Blood' Speech." (December 12), http://www.telegraph.co.uk/comment/3643826/Enoch-Powells-Rivers-of-Blood-speech.html(검색일: 2024년 4월 27일).

The Times. 1954. "West Indians in Britain." (October 14), 4.

The Times. 1958. "Prison Sentences for Five Nottingham 'Rowdies'." (September 2).

Waller, Philip. 1981. "Liverpool: Why the Clue to Violence is Economic Not Racial." *The Times* (July 7).

8장 다문화주의에서 민주주의로*

이화용

I. 들어가는 말

다문화사회란 한 국가 안에 다양한 인종, 문화가 공존하는 것을 말하는데, 특히 전체 인구의 5% 이상이 다른 문화권의 사람들로 구성되었을 때 이를 다문화사회라 부른다. 한국은 88올림픽 이후 산업 현장의 인력난에 따른 동남아시아 저개발국가의 노동력 유입과 농촌총각 결혼 등의 이유로 이주노동자와 결혼이민자여성들의 유입이 증가하기 시작하였다. 1990년대 초 들어, 한국은 이전 서독, 미국, 중동 등으로 나가는 인

---

*   이 글은 2022년 12월 『한국과 국제사회』 6권 6호에 게재된 "다문화주의에서 민주주
    의로: 다문화사회의 공존을 위한 하나의 단상"을 수정·보완한 것이다.

구가 더 많던 이민 송출국에서 동남아시아 지역에서 들어오는 인구가 더 많은 이민 유입국으로 전환되었다. 2006년에 한국은 정부에 의해 다문화사회로의 전환이 공식 선언되었고, 그 전후로 다문화사회에 대한 활발한 담론과 정책 논의가 나왔다(이혜경 2011). 한국은 다문화사회로의 전환 선언 후 급격하게 쏟아졌던 정부 주도 지원과 시민사회의 관심 등으로 다문화사회의 여정에 비해 비교적 빠르게 다문화 관련 법과 정책이 제정되고 시행되었다.[1]

단일 민족, 단일 문화의 자긍심을 내세웠던 한국도 다문화사회로 진입하고 있다. 〈표 8-1〉에서 보듯이, 2019년 12월 법무부 출입국자료에 의하면 한국의 체류외국인 인구는 2,524,656명으로 우리나라 전체 인구의 4.87%를 차지하였다. 2019년까지 지속적으로 증가하던 체류외국인의 수는 코로나로 인해 주춤하다가 2023년 12월 현재 그 숫자가 2,507,584명으로 감소하여 총인구의 약 4.89%에 이른다. 앞으로도 한국으로 유입되는 다른 문화권의 인구수는 계속 증가할 것으로 보인다. 최근 우크라이나 사태 등으로 인해 신냉전체제의 전환에 대한 논란이 있음에도, 지난 20여 년간 진행되어 온 세계화로 인해 다양한 문화권의 유

---

1   2006년 다문화사회로의 공식적 전환이 이루어졌을 때 사용되던 다문화정책은 오늘날 이민정책이라는 용어로 바뀌어 가고 있다. 동일 대상이라 할지라도, 중앙정부는 '다문화정책', 법무부는 '외국인정책'으로 사용한다. 김태환은 외국인 정책이나 다문화정책은 국경을 넘어 한국으로 이주해 오는 이민자들을 담아내기엔 한계가 있는 용어라 지적한 바 있다(김태환 2022, 78). 그러나 이 글은 한국 이민자 중 외국국적동포, 북한이탈주민을 제외한 다른 문화권의 사람들에 대한 논의에 초점을 맞추고 있기에 이민정책 대신 다문화정책의 용어를 사용하고자 한다.

입과 동질적 국민국가의 분화는 지구적 현상이 되어가고 있다.

<표 8-1> 한국 이주민 현황   단위: 명

구 분	2019.12.	2023.12.
체류외국인 인구	2,524,656	2,507,584
이주 노동자	567,261	522,571
결혼 이민 혼인 귀화자	307,798	336,252
	결혼이민자: 166,025 혼인귀화자: 135,056	결혼이민자: 174,895 혼인귀화자: 161,357
이주민 자녀	264,626 (행정안전부 2020)	299,440 (행정안전부 2023)
전체 인구 비율	4.87%	4.89%

출처: 법무부 출입국·외국인정책본부(2020; 2023), 행정안전부 사회통합지원과(2020; 2023) 자료를 기반으로 저자 재구성

다문화사회가 일찍이 자리 잡았던 구미에 비해, 한국은 다문화의 경험은 짧으나 다문화사회로의 이행은 피할 수 없는 과정이 되어가고 있다. 선발 다문화국가는 여러 시행착오를 통해 다양한 문화권으로부터 온 사람들을 통합시킬 수 있는 방법을 정착시켰다. 그 결과 영국, 프랑스, 미국, 독일 등에서 전개된 다문화국가의 사회통합과 공공정책의 틀은 다문화주의, 동화주의, 차별적 배제 등 몇 가지로 유형화된다. 각 유형은 국가의 정치, 경제, 사회적 맥락에 따라 각각의 정당화 논리를 갖고 행해졌으나, 위 유형 중 다문화주의가 다문화사회의 규범으로 인식되고 있다.[2] 그러나 다문화사회를 포괄적으로 아우르기에 다문화주의는 정치 현실에서는 갈등을, 담론에서는 논쟁을 생산하고 있으며 다문화주의의 실제 효과에 대한 평가도 동일하지 않다. 뿐만 아니라, 다문화주의는 기

존 국가에서 다양한 문화권이 통합되는 방식을 기존 주류 문화권의 우월적 지배를 전제로 하고 있어 유입 문화권을 관리와 통제의 대상으로 본다는 비판을 받고 있다. 주류 문화권의 지배를 유지하면서 다양한 문화권의 인정(recognition)을 주장한다면, 과연 다문화사회의 통합 혹은 공존이 가능한가.

이 글은 다문화사회의 사회통합 주요 유형이 유입 문화권에 대한 관리와 통제라는 지배논리에 머물러 있다는 문제 인식 속에서, 다문화사회 모든 구성원의 공존을 위해 어떠한 이념적, 논리적 정당화가 필요한지를 모색하고자 한다. 서로 다른 인종, 문화, 종교 등을 갖는 문화권이 함께 존재하는 다문화사회에서 특정 집단이 차별받지 않고, 차이에 근거한 사회, 정치, 경제적 갈등을 해소하고자 하는 시도는 매우 어려운 과제이다. 평화롭게 공존하는 공동체를 만들고자 보편적 인권과 다문화주의 규범 등에 근거한 법과 정책 등이 마련되어 왔으나, 문화권 간의 갈등과 차별은 줄어들지 않고 있다. 인권 규범은 소수자 집단의 권리가 보편적 인권 속에 포함되어 있다는 인식으로 문화권 갈등에 대한 적극적인 대응을 보이는 데 안이했고, 다문화주의는 다양성에 대한 인식에도 불구하고 지배

---

2   김남국은 다문화주의를 크게 두 가지 의미로 정의한다. 첫째, 서술적 의미로서, 자본과 노동의 세계화로 새로운 인종과 종교, 문화가 유입되고 그로 인해 동질적이었던 국민국가가 다양한 기준에 의해 분화되어 가는 현상이다. 둘째, 규범적 의미로서, 다문화사회에서 소수집단이 요구하는 공공 영역에서의 문화적 인정과 문화적 생존의 적극적인 수용을 위해 정체성의 정치를 지지하는 것이다(김남국 2019, 25-26). 이 글에서 사용하는 다문화주의 의미는 후자이다. 전자의 의미로는 다문화사회와 다문화주의의 구별이 애매하고, 이 글은 사회통합 유형의 규범적 의미로서의 다문화주의에 대한 이해와 비판을 목적으로 하기 때문이다.

의 정치에서 벗어나지 못하는 한계를 보여주었다. 특히, 다문화사회의 사회통합 규범으로 간주하는 다문화주의조차 관리와 통제의 틀에 머물러 있어 사회통합을 위한 공존 기제가 되지 못하고 있다. 이러한 문제 제기 속에서, 이 글은 다문화사회의 공존을 위한 정당화 혹은 규범을 궁구하고, 다문화사회의 전 구성원을 아우를 수 있는 공존 논리로 민주주의에 대한 확장된 인식의 필요성을 주장하고자 한다.

II. 다문화사회: 지배에서 공존으로

1. 사회통합과 그 유형

인종, 종교, 문화적으로 다양한 집단들이 유입되면, 기존 국가의 정체성과 문화는 영향을 받지 않을 수 없기에 다문화사회에서 국가의 정체성 유지와 새로운 문화권의 수용 간에는 긴장이 생기기 마련이다. 이러한 긴장은 새로운 문화권의 유입으로 인해서만 생기는 것이 아니라, 이미 국가에 존재하는 정치적 이념, 종교, 지역, 세대 등 간 갈등과 얽혀 가속화되기 마련이다. 사회통합정책은 "전체 구성원들 간의 이질적 요소들로 인한 갈등을 제도적, 정책적 접근을 통해 완화하고자 하는 정부의 개입"을 말한다(이혜경 2021, 281). 일반적인 사회통합의 대상은 국민 전체이나, 다문화사회에서 사회통합 정책의 초점은 새로운 문화권에서 유입된 이민자들에게 맞추어진다. 역사적으로 일찍이 다문화사회로 자리 잡은 서구 국가들은 이민자 혹은 타문화권으로부터 유입된 사람들을 편입 혹은 통합시키는 정책을 다양하게 전개해왔다. 사회통합정책은 다음의 4가지로 유형화된다: 차별적 배제주의, 상호문화주의, 동화주의, 다문화주의.

차별적 배제주의(differential exclusion)는 국가가 특정 경제영역, 주로 노동시장에서만 이민을 받아들이는 배타적 유입을 의미한다. 이 방식은 이민자를 해당 사회의 주체로 수용하지 않으며 주민들로부터 철저하게 구분하고, 공식적으로나 비공식적으로 이민자를 수용하지 않는다. 설사 노동력으로 수용한다 해도 교체순환 원칙을 유지하여 외국인 노동력의 정착이나 정주를 허용하지 않는다. 상호문화주의(interculturalism)는 주류 문화의 지배 없이 상대방의 문화를 이해하고 존중하며, 문화권 간의 차별을 해소하는 개방적 태도의 사회통합 유형이다. 상호문화주의는 서로 다른 문화를 가진 개인들의 만남과 의사소통 그리고 이를 위한 공적 공간의 활성화를 강조한다(한건수 2016, 195). 이는 가장 이상적인 유형이나 현실적으로 쉽지 않은 이념형에 가깝다 할 수 있다. 다문화사회에서 주로 채택하는 통합 유형은 동화주의와 다문화주의이다.

동화주의(cultural assimilation)는 유입된 이민자들의 이전 문화권을 인정하지 않고 유입국 사회의 전통과 정치적 이상을 수용할 것을 요구하는 방식이다. 소수자 집단의 다양한 문화는 다수자인 주류문화에 통합되어, 전자의 문화 정체성은 포기된다. 이는 이민자들을 수용하는 유입국의 배타적 입장이라 할 수 있는데, 프랑스가 대표적 국가이다. 프랑스는 동화주의를 취하는 나름의 명분을 갖는데, 프랑스 혁명의 가치인 자유, 평화, 박애를 지향하는 공화주의는 특정 종교나 개인에 의해 와해될 수 없는 보편적 이념이기에 이민자들이 이를 수용해야 한다는 것이다(박단 2018, 72). 즉 다른 문화권의 이민자 유입은 이들이 프랑스의 가치를 받아들인다는 전제 하에서 가능하다. 한국도 동화주의 기조의 다문화정책을 전개하고 있다. 한국 다문화정책은 그 유형에 있어서 동화주의와 특정 경제영역에서만 외국인 이민자를 받아들이는 차별적 배제주의 특성을 갖는다. 배제와 동화의 이중성은 각기 이주노동자와 결혼이민여성을 대상으로 한다(김태환 2022, 78-79). 이주노동자의 경우 한국 노동력의 대체 차원에서 유입되었음에도 국내 기업과 국내 노동자 보호를 위해 경제적 통제와 관리의 대상이다. 한편, 결혼이민여성은 농촌총각 결혼과 2세대 출산이라는 점에서 동화주의에 기반한 사회적 포용과 지원을 받는다. 어느 경우이든, 한국의 다문화정책은 이민자의 입장에서 인권 보호 차원의 정책이라기보다 유입국인 한국사회의 동화 혹은 추종을 요구하는 정책이다.[3]

다문화사회에서 사회통합의 대표적 유형으로 다문화주의(multiculturalism)가 있다. 다문화주의는 이민자들이 집단적으로 자신들의 문화를 유지하면서 동등한 권리와 참여를 보장받는 방식이다. 다문화주의는 다양한 인종, 문화, 종교를 갖는 사회구성원들이 요구하는 문화적인 인정과 생존 요구를 수용하는 정체성의 정치(identity politics)를 지지하여 사회

---

3   한국의 이러한 사회통합정책은 다문화사회의 담론 편향과 경험의 부족, 혈연주의, 단일 민족의 정체성 등의 여러 이유에서 비롯된다. 한국 다문화정책의 문제를 보완하고자 인권 침해 방지, 교육, 예산 증가 등의 지원이 이루어지고 있으나, 다문화정책 한계와 그 이유에 대한 지속적인 탐색은 학문적 과제이기도 하다.

내 다양성을 인정한다(김남국 2019, 26; 김비환 2007, 323). 이로써 주류집단과 이민자, 소수자 집단의 공존 가능성을 모색하고자 한다. 다문화주의는 영국, 캐나다에서 다문화정책의 기조로 선택되고 있는데, 특히 캐나다는 다문화주의를 이민자 편입뿐만 아니라 국가 공공정책의 원리와 가치로 선언한 대표국가이다(한건수 2016, 201-202). 다문화주의 정책은 집단 정체성에 근거한 권리 주장을 인정함으로써 이민자들의 기존 집단 정체성을 토대로 소수자 집단 형성과 독립적인 공동체 의식을 강화한다.

다문화사회에서 다문화주의는 다른 문화권에서 유입된 이민자들을 위한 사회통합의 규범으로 인식되는 경향이 있다. 그러나 다문화주의가 진정 다문화사회 사회통합의 기조가 될 수 있느냐는 매우 논쟁적인 이슈이다. 다문화주의 정책을 채택하고 있는 국가에서도 기존 구성원과 이민자의 갈등이 끊이지 않아 통합의 실제 효과에 갑론을박이 이루어질 뿐만 아니라, 다문화주의 담론 내에서도 개인과 집단의 관계, 문화의 역할, 사회통합 등에 관한 이해가 동일하지 않다. 규범으로서의 다문화주의 문제점을 현실 사례와 담론의 차원에서 고찰한다.

2. 다문화주의: 몇 가지 쟁점들

오랜 기간 다문화주의를 사회통합의 방향으로 삼은 대표적인 국가로 영국이 있다. 영국은 1962년 영연방 이민법 제정 이전까지 영연방 출신 이민자들을 영국 시민으로 인정하였다. 그 수가 점점 늘어남에 따라, 영국 정부는 이민자 통합방식을 찾았고 영제국의 간접통치의 경험, 문화적 다양성에 대한 관용, 종교적 자유주의의 영향 등으로 다문화주의를 이민자 통합모델로 삼고자 하였다. 영국에서 다문화주의는 '통합이란 서로를 관용하면서 다양한 문화가 동반되는 동등한 기회'라는 주장과 함께[4] 사회적 합의 속에 비교적 잘 진행되는 듯하였다(정희라 2009). 그러나 영국은 1970년대 이후 정당에 따른 이민정책의 변화와 비일관성, 경제 위기로 인한 이민자의 처우 변화, 내부의 적으로 지명되는 비백인 이민자 등으로 인해 이민자 관리를 강화하였다. 더욱이, 9.11사태와 2005년 런던 테러 이후 무슬림 이민자에 대한 위기감이 증대되고 다문화주의 정책에 대한 불만이 수면으로 올라왔다. 다문화주의 정책을 기반으로 이민자들의 종교, 문화적 관습이 허용되고 다문화주의 비판이 금기시되었던 사회적 분위기로부터 이민 세대들에 의한 테러로 인해 이들을 영국 사회에 대한 도전이자 위협으로 간주하는 상황으로 바뀌어 갔다. 여전히 영국의 사회통합 정책은 다문화주의를 지향하나, 반다문화주의 정치 담론의 등장(육주원·신지원 2012)과 2020년 브렉시트(Brexit) 단행은 영국 다문화사회가 안고 있는 그간의 문제들을 가감 없이 보여주는 사례라 할 수 있다.

실제 다문화주의가 공공정책의 원리로 채택되고 이민자와 소수자 집단의 권리 보장을 위한 정책 기반으로 수용된다 할지라도, 이는 소수 문화권에 대한 차별과 주류 문화권과의 괴리 등으로 인해 지배 문화권의 통치로부터 자유롭지 못하다. 영국에서 소수자 집단을 고려한 다문화주

---

4   이는 1966년 노동당정부의 내무장관 로이젠킨스 발언이다.

의 논의가 국가 차원에서 주요 의제로 다루어져 왔으나, 이민자, 특히 비백인 이민자들은 사회적 불안을 가져올 가능성이 크다는 이유로 완전한 영국 시민으로 평등하게 인정되지 못하였다. 예컨대, 교육과 종교 분야에서 국교회를 비롯한 그리스도교 관련 지원은 일찍이 이루어졌던 반면, 이슬람 관련 지원은 1998년 인권법과 2000년 인종관계법 개정 후에야 가능했다(육주원·신지원 2012, 119-120). 이러한 영국 사례가 보여주듯이, 다문화주의 선언에도 불구하고 다문화주의는 현실적으로 주류 문화권의 지배와 이민자의 주변화라는 비판에서 벗어나기 어렵다.

다문화주의는 담론의 차원에서도 논쟁적이다. 현실 차원에서 다양한 문화권의 수평적 관계와 권리 보호를 위한 정책과 법의 기조 논리로 작동하는 다문화주의는 담론 차원에서 몇 가지 쟁점이 있다. 다문화주의 담론은 개인과 문화의 관계를 규정함에 있어 개인은 문화적 맥락 속에서 규정되며, 문화는 개인적 자유의 핵심적 조건으로 보는 공통점을 갖는다. 그러나 다문화주의 담론은 공동체 구성원, 특히 소수자 집단의 권리 보호에 관하여 이견을 보인다. 다문화주의 담론 논쟁을 살펴보면서, 다문화주의가 다문화사회의 공존을 위한 통일된 해법이 되기 어려움을 밝히고자 한다.

다문화주의는 다양한 문화권이 존재하고 이들의 집단 권리를 추구한다는 이유에서 공동체주의로 이해되는 경향이 있다. 다문화주의 담론의 초기에는(1970-1980년대), 다문화주의를 개인 중심의 자유주의에 대한 거부로 보는 공동체주의적 인식이 대세를 이루었다. 그러나 집단의 정체성 인정이라는 초기 공동체주의 주장만으로 다문화주의를 설명하기엔 부족하다. 공동체주의자들은 다문화주의 인식을 좀 더 확장하여, 다문화주의가 개인과 국가의 이분법 속에서 소외된 인종적 집단 혹은 소수자 집단 권리를 보호해 줄 뿐만 아니라, 개인적 자율성의 강조로 침해된 공동체를 보호하고 공동체의 가치를 수호하는 적절한 방법이라 주장하였다. 마이클 샌델(Michael J. Sandel)은 자유주의가 무시해 온 개인의 정체성 형성을 위한 문화 공동체 역할 회복에 주목하고(Sandel 1984), 찰스 테일러(Charles Taylor)는 차이의 정치를 역설하며 주류 문화권의 정체성 지배에 눌려온 개인과 집단의 정체성을 찾아 그들의 문화적 생존을 고무시킬 것을 요구한다(Taylor 1992). 샌델과 테일러에게 다문화주의는 소수자 권리를 보호하기 위한 자신들 공동체주의 철학의 한 표현이었다. 지배의 문화권이 제시해 온 보편적 가치에 대항하는 개인과 집단의 정체성을 인정하는 이들의 입장을 넘어, 자유주의적 다문화주의 이론가 윌 킴리카(Will Kymlicka)는 다문화주의 아젠다에 대한 보다 구체적인 논의를 전개한다.[5]

현실에서 다문화주의 규범 혹은 정책을 통해 집단의 정체성을 인정하는 것만으로 사회통합이 이루어지지 않는다. 한 국가에서 고립을 선택한 특정 집단, 특히 종교 집단의 문화권에 대한 이해는 일면 공동체주의로 설명이 가능하다. 그러나 많은 소수 민족, 예컨대 퀘벡인, 카탈로니아인들은 자신들이 속한 주류 문화권에 대해서는 자신들의 정체성을 인정받는 공동체주의 성향을 보이지만, 인정을 받은 후 그들이 취하는 방향은 자유주의적이다. 다시 말해 소수자 권리 요구 집단들은 자신들 정

---

5 다문화주의 쟁점에 관한 킴리카와 베리의 이해는 한준성(2022, 307-342)을 참고.

체성의 공적 인정과 함께 개인적 자율성을 보장받기를 원한다. 킴리카는 이러한 점을 주목하며 자유주의적 다문화주의를 전개한다. 킴리카에 의하면 문화는 개인의 자율적 삶을 영위케 하는 핵심이다. 개인 자유권의 보편적 권리도 공동체의 문화라는 특수성을 전제로 실현 가능하다. 공동체의 문화적 환경을 통해 개인의 자유가 형성된다고 본 킴리카는 개인과 집단의 대척적인 구분 대신 국가와 소수자 집단의 관계에 주목한다. 소수자 집단의 특화된 권리를 인정함으로써 주류집단 혹은 국가에 대한 소수자 집단의 취약성이 완화되고 집단 간의 형평성이 제고될 수 있다. 종족문화적 소수집단에 대한 인정은 국가와 소수자 집단 간의 정치적 관계를 보다 동등하게 만들며 이로써 개인 자유권 등이 보호되고 촉진된다고 본다(Kymlicka 2017, 104-133).

자유주의적 다문화주의 입장의 킴리카와 대조적으로, 브라이언 베리(Brian Barry)는 다문화주의가 갖는 문화상대주의 속성을 비판하며 다문화주의 정책이 개인을 집단의 특수한 문화권에 의해 구속한다고 주장한다. 베리에 의하면, 다문화주의는 개인 역량을 제한시킬 뿐만 아니라 다양한 집단의 인정이라는 구실 하에 집단들 간의 차이를 영속화한다고 한다. 베리의 다문화주의 비판은 평등에 초점을 두며, 다문화주의가 문화권, 집단의 인정에 치중함으로써 사회통합의 필수조건인 불평등을 완화하는 재분배 문제를 도외시해왔다고 한다. 베리는 종족문화적 차이의 인정보다 평등한 권리의 확보가 이루어져야 하며 이것이 가능하지 않을 때 집단 간 연대감의 약화와 민주주의의 사회적 토대가 와해될 수 있음을 경고한다. 베리는 권리와 자원의 평등한 분배에 주목하며, 기존 다문화주의 담론의 한계를 지적하고 다인종 사회의 민주적 통치를 위한 재분배 기제로서 다문화주의의 역할을 역설한다. 이에 대해 킴리카는 다문화주의가 사회적 연대와 시민권을 약화시키는 것이 아니라 지배 문화의 존재가 사회통합을 저해시키고 있음을 주장한다(Barry 2001). 킴리카는 인정과 재분배 문제의 상호연결성을 인정하나, 경제적 위계구조와 신분 위계구조는 서로 환원될 수 없는 개별적인 것이고 구분되어야 한다고 말한다(Kymlicka 2006, 463). 그는 소수자 집단의 정체성 인정은 단지 상징적인 것이 아니며 이를 중심으로 한 공공제도 수립을 통해 경제적 기회, 정치권력 및 사회적 지위의 원천과 재분배의 기틀이 마련될 수 있다고 보았다(Kymlicka 2017, 128-129).

다문화주의 실제와 담론 논의에서 보듯이, 사회통합 유형이자 규범으로서 다문화주의의 역할, 기대와 평가는 상이하다. 다문화주의의 구체적 전개와 결과는 공동체가 처하고 있는 상황과 맥락에 따라 다를 수 있다. 베리의 질문, "좋은 삶의 방식에 대해 서로 다른 생각을 지닌 개인들 혹은 집단들이 어떻게 공존할 수 있는가"(Barry 1995, 72)에 대한 답은 단일하지도 간단하지도 않다. 다양한 문화권이 모여있는 다문화사회에서 답은 더욱 그러할 것이다. 사회통합 유형의 규범으로 제시되는 다문화주의는 비주류, 소수자 집단의 정체성을 존중하고 수용하는 문화 다양성의 가치를 보여주는 한편, 그것이 갖는 한계 또한 분명하다. 킴리카가 지적하듯이, 지배의 문화가 존재하는 한 다문화주의는 공존의 답이 되기 힘들고, 베리가 주장하듯이 인정에만 머물러 재분배에 성공하지 못한 다문화사회에서 공존은 도달하기 어려운 목표이다. 다양한 문화권에 대한 인정과 재분배는 동전의 양면이다. 자기 문화권의 정체성에 대한 이해와 정치·경제의 권리 확보는 결코 분리되거나 별개의 것이 아니다.

필자는 다문화사회에서 인정과 재분배의 문제는 동시적인 것으로 양자는 다문화사회의 민주주의와 밀접하게 연결되어 있음을 주장하고자 한다. 그러나 여기서 민주주의는 국가 경계 내의 공식적 구성원에만 한정된 근대 민주주의를 뜻하지 않는다. 이는 타자화시킨 문화권에 대한 차별 없이, 공동체를 구성하고 있는 모든 사람이 동등한 구성원이 될 수 있다는 공감과 연대를 갖는 확장된 의미의 민주주의를 말한다. 민주주의에 대한 확장된 이해 속에서, 다문화사회 구성원의 권리는 국민국가의 배타적 시민권과는 달라야 한다. 베리의 공존에 대한 질문과 답은 이제 다문화주의를 넘어선다. 다문화사회와 민주주의가 연결되는 지점이다.

Ⅲ. 다문화주의에서 민주주의로

1. 인권, 다문화주의, 그리고 민주주의

1948년 국제연합(UN) 총회에서 채택된『세계인권선언(*The Universal Declaration of Human Rights*)』은 인간이라는 이유로 성, 인종, 국적, 경제적 배경에 관계없이 누구나 평등하게 갖는 권리, 즉 인권의 보편성을 주창하였다. 『세계인권선언』은 인간의 존엄성을 전제로 시민적 자유, 정치적, 사회적, 경제적 평등과 공동체적 유대 권리를 제시한다(Ishay 2005, 36). 유엔의『세계인권선언』이후 국제사회에서는 인권 중심의 국제규범이 지배적이었다. 『세계인권선언』의 인권 규범 프레임 하에서는 소수자 권리가 보편 인권으로 흡수되었고, 소수집단의 권리와 정체성 보호 대신에 소수자는 기본적 시민권, 정치적 권리와 시민적 자유 등의 기본 인권을 개별이 아닌 집단을 통해 간접적으로 권리를 보장받을 수 있다고 보았다(김남국 2019, 109-112). 그러나『세계인권선언』에서 제시된 인권이 소수자를 포함한 포괄적 인권을 의미함에도 불구하고, 보편적 인권 규범으로는 소수자의 권리가 실제적으로 보장받을 수 없고 묻혀버리기 쉬운 상황이 된다. 탈냉전 이후 특히 1990년대 들어 구소련, 발칸반도, 아프리카 등에서 일어났던 문화권의 갈등과 인종 분쟁은『세계인권선언』의 인권 규범의 한계를 절실히 보여주었다.

1992년 UN 총회에서 제정된 '민족적, 인종적, 종교적, 언어적 소수자에 속한 사람들의 권리에 관한 선언(Declaration on the Rights of Persons Belonging to National or Ethnic, Religious and Linguistic Minorities)'을 시작으로, UN 산하 위원회와 전문기구(UNBESCO, ILO 등)도 소수자나 원주민의 권리들에 관한 표준과 협약문을 만들어 소수자 권리선언의 국제규범화를 마련하였다(Kymlicka 2017, 62-68). 국제기구들의 선언문과 협약이 법적 구속력을 갖고 있지는 않으나, 이들을 통한 소수자 집단에 대한 인식은 발전된 인권 규범의 예라 볼 수 있다. 그럼에도『세계인권선언』의 규범 프레임은 소수자 집단 혹은 인종적 소수자(ethnic minorities)에게 그리 적극적인 대응을 보여주지 못했다. 이는『세계인권선언』에서 인권이 개별성에 대한 이해보다 보편주의 속에서 이루어지기 때문이다. 인권 규범의 보편성은 개별성을 내포한 것이지 배제한 것이 아님에도 국제사회의 현실은 이를 따라가지 못했다.[6] 그러나 필자는 소수자 집단이나 소수민족에 대한 인권 규범의 확장이 적극적으로 이루어지지 못한 근본적인 이유는 국민국가의 베스트팔리안 체제의 특성에 있다고 본다. 베스트팔리안 체제하에서 소수 민족은 국민국가 건설을 위한 사회통합의 대상이었기에 그들의 주체성, 문화적 정체성을 인정하는 정체성의 정치, 차이의 정치가 등장하기 전까지 그들의 자리는 있지 않았다.

소수자 집단에 대한 이해와 현실적인 수용이 부족했던 인권 프레임에서 벗어나고자 다문화주의 규범이 새롭게 등장하였다. 앞 장에서 살펴보았듯이, 다문화주의 정책과 법, 활발한 담론 등을 통해 소수자 집단에 대한 관심과 인정이 제고되어 왔다. 그러나 다양한 문화권의 정체성 수용이라는 다문화주의의 규범성에도 불구하고 공동체 내 갈등은 지속적이고 때론 더욱 격화되고 있다. 인권 규범의 한계를 넘어서고자 했던 다문화주의는 다음과 같은 점에서 규범의 빈곤함을 지적받고 있다. 첫째, 다문화주의의 규범 형성과정에서 유럽과 영미 국가들의 지배적인 영향력이 행사된 서구 중심의 사회통합 유형이다. 둘째, 다문화주의는 유입된 다른 문화권을 결핍된 존재로 전제하며 인종집단 간의 위계 강화를 가져온다. 셋째, 지나친 문화의 자아 규정성이다. 다문화주의는 집단의 문화가 문화권의 전체 구성원 정체성을 모두 결정한다고 보나, 개인이 반드시 단일화된 문화에 의해 포괄적으로 규정될 수 없다. 마지막으로, 다문화주의는 지배적인 주류 문화로서 오히려 지배를 고착화한다(한준성 2010, 295).

---

6   그럼에도 유엔의 소수 민족 권리에 대한 다문화주의 인식이 유엔의 보편적 인권선언과 대치되는 문화적 상대주의라는 핀키엘크라우트(Finkielkraut) 주장은 『세계인권선언』 이해의 빈곤함에서 나온 결과일 뿐이다(Kymlicka 2017, 18).

위의 비판에 더하여, 필자는 인권 규범과 마찬가지로, 다문화주의 규범도 국민국가의 프레임에서 벗어나지 못할 때 그 문제점을 계속 노정할 수밖에 없다고 본다. 국민국가는 특정 영토 내에서 구성원에 대한 주권을 행사하고 구성원에 대한 권리를 확보해주는 비인격적 질서체이다. 베스트팔리안 체제의 국민국가 틀에서는 안과 밖의 구분이 명확하여 안의 구성원은 권리와 자유를 보장받을 수 있는 법적, 제도적 기제를 갖고 있으나 밖의 이방인은 그렇지 못하다. 안과 밖의 경계에서 자유로워진다면, 다양한 문화권의 공존이 보다 안정적이고 성공적일 수 있다. 이런 맥락에서, 다문화사회의 새로운 규범으로 탈경계의 민주주의, 탈경계의 인민을 논의하고자 한다.

2. 탈경계 이전: 경계의 인민(the bordered people)

민주주의는 국민국가의 통치 형태에 관한 규범으로 확고한 자리를 잡고 있다. 민주주의, 간단히 말해 인민(people)에 의한 통치는 정치공동체의 모든 구성원이 집단적인 구속력을 갖는 규제와 정책을 통제하는 의사결정 양식이다.[7] 민주주의를 통해 국가의 구성원들은 주권자로서 평

7 　민주주의에 대한 많은 이론과 접근법을 인정하면서, 로버트 달(Robert Dahl)은 민주주의를 크게 두 가지 개념으로 정리하였다. 하나는 정부 혹은 통치의 대중적 통제 시스템으로서의 민주주의이며, 다른 하나는 자유, 재산, 평등과 같은 기본적 권리 시스템으로서의 민주주의이다(Dahl 2003, 530-531). 필자가 이 글에서 사용하는 민주주의 개념은 전자의 의미로 인민에 의한 지배로 요약될 수 있다.

등한 권리를 행사할 수 있는 통치 기제를 갖는다(Beetham 1992, 40). 인민이 갖는 주권으로 인해 국가는 인민을 위한 통치성을 확보할 수 있고, 그 기제로 인해 인민은 국가 안에서 그들의 권리를 누리는 삶을 보장받을 수 있다. 민주주의와 그것의 요체인 인민은 영토에 기반한 국민국가를 전제로 발전해 온 정치적 패키지이다.

특정 영토 내 구성원을 보호하는 근대 국민국가의 이론적 합리화에 사회계약론자로 명명되는 홉즈와 로크가 기여한 바 크다. 홉즈와 로크의 사회계약론에서 상정하고 있는 자연상태의 개인은 이성적이다. 홉즈에 의하면, 이성적인 개인이라도 공통권력을 만들지 않는다면 개인들은 만인의 만인에 의한 전쟁상태가 되고, "고독하고, 가난하고, 잔인하고 단명한다"고 한다. 반면, 로크는 이성적인 개인에게 공통권력이 절대적으로 필요한 것은 아니나, 여러 불편함으로 인해 국가를 만든다고 주장하였다(Hobbes 2000; Locke 2000). 어떤 연유에서든 자연상태의 개인이 국가라는 공통권력을 만들기 위해서는 개인의 동의가 있어야 한다. 그렇게 형성된 국가는 정치적, 경제적으로 개인을 보호할 의무가 있는 반면, 개인은 자신의 본래적 권력을 국가에 이양하게 된다. 홉스와 로크에 의해 대표되는 사회계약론은 개인의 동의에 근거한 정치적 권위와 통치의 정당성을 주장하면서 국민국가 인민주권론의 기틀을 마련하였고, 나아가 민주주의의 이론적 토대를 제공하였다. 동의 이후 형성된 국가에서 자연상태의 개인은 정치적 권위의 정당성을 부여하는 주권을 가진 인민으로 자리매김된다. 주권자로서의 인민이 국가의 법과 제도를 만드는 최고 권위를 갖는 동시에, 국가의 질서에 따르는 권리와 복종의 평등성이 작동할 수 있도록 한 정치형태이자 기제가 민주주의이다.

민주주의의 이론적 요체인 인민은 17, 18세기의 사회계약론 이전에도 등장했던 정치적 구성체이다. 고대 아테네 도시국가에서 인민은 입법적 권력을 갖고 있었지만, 이들의 주권은 단일하지 않고 인구를 구성하는 계급에 따라 달랐다고 한다(Urbinati 2019, 80). 서양 중세 후기 등장하는 인민주권 담론의 인민도 황제와 귀족에 대한 도전으로 등장하나 보편적 인민이라기보다 특정 부류를 제외하고 있다는 점에서 계급적이다(Marsilius 1980). 근대 사회계약론자들이 주장하는 인민의 특성은 서양 고대와 중세의 인민에 비해 포괄적이고 평등하나, 국가라는 경계 안에 있는 구성원을 가리킨다.

고대 아테네부터 근대 사회계약론에 이르기까지 인민에 대한 담론은 일인 혹은 소수 지배자 대신 다수에 의한 통치를 지향하면서 비롯되었다. 시대적, 공간적 지배체제 혹은 통치성이 달랐던 만큼 인민이라는 집단적 구성도 다르게 이루어지므로, 아테네의 인민, 서양 중세의 인민이 동일할 리 없고, 근대 사회계약론자의 인민과 오늘날 보통선거권을 행사하는 인민이 같을 수 없다. 역사적으로 볼 때, 인민도 시대적 맥락에 따라 항상 경계 지어진 집단적 구성체였다. 인민이 서 있는 시대적, 공간적 차이에도 불구하고, 인민의 구성을 통해 보여주고자 했던 바는 소수 지배체제에 대항하는 집합적 주권자(the collective sovereign)로서의 위상이라 할 수 있다. 그러나 고대, 중세, 근대의 시대적 변화에서 보듯이, 인민이라는 추상적 집합체는 변하지 않고 유지하되 그것의 구체적 구성은 사회적 혹은 문화적으로 다양하게 이루어져 왔다(Urbinati 2019, 17).

근대 인민의 구성은 권력 소재와 책임성이 일치되는 영토 기반의 근대 국민국가와 맞닿아 있다. 근대 국민국가는 보편성, 경계성, 중심성을 갖는 질서체로 형성되었고, 이에 조응하여 국민국가의 정치적 주체로 간주되는 인민 또한 단일적이고 통일되어야 했다. 이러한 지배구조 속에서 민주주의란 개별적 특성이 드러나지 않는 인민이라는 집합적 단일체에 의한 지배를 의미하였다. 더욱이, 국민국가의 경계 내에서 인민에 의한 통치 형태는 인민 주권자인 내부인과 이방인을 구분하는 것을 명확하고 용이하게 해주었다. 그러나 국가의 경계를 넘어서는 자본주의에 의해 추동되는 세계화로 인한 탈경계 시대의 인민은 이전의 구성체와 같을 수 없다. 탈경계의 인민은 누구이며 그 구성은 어떻게 이루어져야 하는가. 역사적으로 민주주의 발전은 국민국가를 단위로 이루어져 왔으나, 자본과 노동의 세계화로 국민국가의 정치적 공간이 변화되고 민주주의 또한 확장되어 논의되고 있다. 새로운 민주주의 담론의 하나로 단일화된 주권자 인민의 구성을 넘어서는 '다중'에 관한 논의를 통해 다문화사회의 공존을 위한 사유의 지평을 확대하고자 한다.

3. 탈경계의 인민: 다중

주류 문화권에 대한 지배와 소수자 집단의 관리와 통제가 지속된다면, 다문화주의는 다문화사회 공존을 위한 규범이 아니라 정치적 수사에 머무를 뿐이다. 마찬가지로, 다문화사회에서 인민을 지나치게 영토적 경계 중심으로 정의한다면, 나아가 민주주의를 경계 지워진 인민에 의한 지배로만 이해한다면, 인민은 더 이상 민주주의의 주체이자 토대가 아니라 민주주의에 대한 거친 도전 세력이 될 수도 있다. 베버에 의하면 근대

국가는 물리적 강제력을 합법적으로 독점한 단일체이다. 개별 국가와 국가의 구성원이 동일한 속성을 갖지 않고 다름에도 불구하고, 국가라는 하나의 단일체를 만들기 위해서 구성원, 즉 인민들도 동일하게 되거나 단일화되어야 필요가 있었다. 근대 국민국가의 인민주권론과 달리, 아테네의 인민은 보통 사람들을 통합한 조합체(corporate body)가 아니었다. 그들에게 인민에 의한 지배, 즉 민주주의는 자치(autonomia), 자기결정 능력을 의미했다. 이에 비해, 로마의 인민은 조합적 성격의 정치적 단위였다. 이들이 집합적 성격을 갖게 된 것은 원로원이나 소수 귀족들에 비해 인민의 권력이 약했기 때문이라 한다(Urbinati 2019, 81-82). 근대의 인민은 국가 형태를 유지하기 위해 단일화되어야 했다. 의심할 여지없이, 국가는 여전히 가장 강력하고 중요한 정치단위이자 권력이지만, 급속한 세계의 변화로 인해 더 이상 국가가 정치공동체의 전범(典範)이자 유일한 정치적 단위라 말하기는 어렵다. 그럼에도 근대 이래 주도되어 온 국가 중심의 정치는 다문화사회의 등장으로 인한 인민의 범주와 특성의 변화에 대해 매우 둔탁하고 획일적인 인식과 정책을 보일 뿐이다. 세계화 시대, 새로운 인민의 구성을 고민하고, 새로운 통치성의 가능성을 열어야 할 시점이다. 이런 맥락에서, 필자는 근대국가의 인민을 대체할 수 있는 새로운 인민, 다문화사회라는 새로운 구성체의 구성원으로 네그리(Antonio Negri)와 하트(Michael Hardt)의 다중에 주목하고자 한다. 이들의 다중의 인식은 미래 정치에 시사하는 바가 크고, 선구적인 정치적 상상력을 제공한다.

네그리와 하트의 다중에 대한 개념은 그들의 저서 『제국(*Empire*)』과 『다중(*Multitude*)』에서 잘 설명되고 있다. 출판 후 폭발적 반응을 받았던 그들의 '제국'은 21세기 들어 세계질서의 지배구조를 규명하고, 다분히 규범적 차원에서 미래의 전망을 제시한다. 필자는 국민국가의 주권을 토대로 하는 베스트팔리안 체제의 수정 혹은 퇴각이 설득력을 갖고 있는 시점에서, 근대 국민국가의 보편적 단일체로 상정되어 온 인민보다는 다양성과 탈보편성을 지향하는 네그리와 하트의 다중론이 상당히 유의미하다고 본다.

일반적으로 제국의 특성은 하나의 정치 조직과 그 정치 조직 밖에 존재하는 다른 영토들 사이의 지배 혹은 종속 관계라 할 수 있다(Abernethy 2002, 18). 반면, 네그리와 하트의 '제국'은 국민국가 쇠퇴와 지구화의 전개로 인해 등장하며, 이전 자본주의 체계와 단절된 새로운 질서로의 이행을 전제로 한다. 과연 이 가설이 타당한가 하는 문제 혹은 '제국'의 존재 혹은 실체 논쟁은 접어두고, 필자는 네그리와 하트의 '제국'의 핵심이 주권의 탈영토화에 있음을 언급하며 '제국'의 이론적 요체인 다중을 규명하고자 한다.

영토적 경계가 권력 중심의 한계를 정하는 국민국가에 인민이 있듯이, 네그리와 하트의 '제국'에는 다중이 있다. 국민국가에서 인민은 영토에 기반한 하나의 동일체였으나, 다중은 지구적 영역 전체를 통합하는 탈중심적이고 탈영토화된 지배구조인 '제국'에서 탈중심, 탈경계의 구성원이다. 새로운 지배구조인 '제국'은 단일성, 정체성 확립을 위해 경계 밖의 이방인을 배제해 온 배타적 정치권력인 주권국가와 다른 권력이다. '제국'적 주권도 구성원과 의존 혹은 관계성을 갖기에, 새로운 '제국'을 구성하는 주체도 이전의 인민과 다를 수밖에 없다. 국민국가의 인민은 단일한 의지와 행동을 취하는 단일체이자 배타성을 가진 통일체이므로 경계와 단일체를 와해시킬 수 있는 타인, 이방인에 대한 수용을 허락하지 않는다. 그리하여 인민이 주권자인 국민국가에서 다문화사회의 형성과 수용은 유연성 있게 이루어질 수 없다. 그러나 네그리와 하트의 다중은 다르다.

　탈영토의 '제국'에서 다중은 전세계적으로 네트워크되어 있는 지구적 구성원이다. 다중은 인민처럼 획일화되거나 경계 지어진 구성원이 아니라 독특한 개인과 집단 간의 차이를 인정하며 개별적인 특성을 갖는 능동적인 주체이다. 다중은 열려 있는 구성체이기에, 서로 다른 문화, 인종, 성별, 삶의 방식과 세계관을 가진 다양한 사람들과 아우르며 살 수 있다. 네그리와 하트의 다중은 물질적 생산뿐만 아니라 소통, 정보, 관계 등 비물질적 생산에 참여하는 모든 주체들로 구성된다(Negri and Hardt 2008, 148, 158) 다중은 개인의 경제적 여건보다는 특이성과 개별성이 강조되는, 즉 계급적으로 구성되지 않고 네트워크를 통해 개별적으로 상호작용하는 구성원이다. 네그리와 하트에 의하면, 다중에게 공통된 것이란 개별적으로 특이함을 의미한다. 요컨대, 다중은 공통적인 삶을 생산하는 특이성들의 분산된 집합이다(이화용 2014, 20; Negri and Hardt 2008, 458).

　그렇다면, 특정 세력에 의해 주도되지 않는 다중의 구성은 어떻게 가능한가. 다중은 성, 연령, 정체성과 이해관계의 다양함과 특이성을 그대로 받아들이는 공통성을 가질 수 있는가. 과연 다중의 존재는 가능한 것인가. '제국'의 다중이 다양성을 인정하고 경계에 구속되지 않는 구성체라면, 인민에서 다중으로 변환을 가능하게 하는 계기는 무엇일까. 이것을 현실적으로 가능케 하는 동력 혹은 견인차는 무엇인가. 다중은 자연

발생적이지 않다. 어제의 인민이 어떤 계기 없이 오늘의 다중이 될 수는 없다. 네그리와 하트는 다중 구성을 위해서 정치적 기획이 필요하다고 말한다. 필자는 그 정치적 기획이 다름 아닌 국민국가 내 민주주의의 확장과 포괄성에 있다고 본다. 민주주의는 인민주권론의 핵심만을 갖고 있는 것이 아니라, 관계적인 공동체적인 삶을 만드는 통치성이기 때문이다.

국가가 구성한 '주권적 인민'이 아닌, "국가적인 방식으로, 공식적 인민으로 실존하지 않는" 많은 인민이 존재한다(Badiou 2014). 국민국가의 권력이 배타적 단일체인 인민에 의해 독점되고, 소수 지배자에 대한 권력의 도전으로 등장했던 인민이 국가 틀 밖의 구성원을 배제한다면, 민주주의 또한 위기이다. 인민에 의한 지배라는 민주주의의 의미가 인민 자체가 아니라 인민의 본질인 집합적 의사결정으로 이해하는 것이 맞다면, 인민보다 포괄적인 다른 주체에 대한 고찰이 필요하다. 인민의 이름으로 이루어진 동일성, 단일성 정치에 대한 도전, 이것이 네그리와 하트의 다중이 존재하는 이유이다. 민주주의는 불변의 정치 형태가 아니라 정치 공동체의 공통적인 것을 찾아가는 정치적 실천을 뜻한다. 민주주의는 지금도 현재 진행형이다.

IV. 맺음말

자본주의의 지구적 확장은 근대 국가 중심으로 이루어지던 삶에 큰 영향을 미치고 있다. 근대 국민국가에서는 국가 구성원들의 선택으로 정부가 구성되고, 한 나라의 모든 경제활동이 연결되는 국민경제(national economy)를 이루며 자신들의 문화 정체성을 지키며 살아가는 모습이었다. 그러나 세계화의 진행에 따라 국가 구성원의 범주가 확대되고, 국가 밖과 차단된 국민경제는 불가능하고, 지켜왔던 문화 정체성도 다원화 과정을 겪고 있다. 이 글은 여러 변화 가운데 다문화사회로의 이행에 주목하며, 다문화사회의 사회통합 유형을 설명하였다. 다문화주의는 다문화사회의 사회통합 규범으로 간주되나, 이것이 갖는 문제점과 한계를 사례와 담론 차원에서 고찰하였다. 개별적 인식과 실행이 부족한 보편 인권 규범에서 발전한 다문화주의 규범은 이민자, 소수자 집단에 대한 인정과 권리 확보의 기제라는 긍정적 평가를 받는다. 그러나 유입 문화권, 소수자 집단의 문화권을 결핍의 존재로 인식하고 이들을 관리와 통제의 대상으로 삼으며 주류 문화권의 지배를 지속시킨다는 점에서 비판을 받았다.

그러나 필자는 다문화주의 규범의 한계를 가져오는 보다 근본적인 이유는 안과 밖의 구분이 명확한 국민국가 체제에 있다고 주장하였다. 안과 밖, 우리와 그들의 구분에서 비롯된 다문화사회의 문제는 곳곳에서 보여지고 있다. 한국 다문화정책은 배제와 동화의 이중성을 보이는데, 일시적 노동력의 대체자인 이주노동자와 미래 구성원의 생산 역할을 담당하는 결혼이민여성에 대한 정책적 차별이 뚜렷하다. 프랑스의 동화주의 정책은 비프랑스 문화권의 인정을 수용하지 않는 동시에 무슬림 이민자 또한 프랑스 사회로의 동화에 어려움을 겪는다. 다문화주의 정책을 수용한 영국에서도 이민자와의 갈등이 야기되고 인종관계법 개정안, 국적·이민·난민법 등 일련의 법과 정책을 통해 지속적으로 이민자의 관리와 통제가 강화되는 것도 국민국가 프레임의 안과 밖의 경계가 있기 때문이다. 다문화사회에서 이민 통제·관리와 통합은 동전의 양면이다. 이민 통제·관리 없이 통합이 가능하지 않으며, 이민자를 위한 사회통합 없이 이민 통제·관리만을 얘기하면서 민주주의 국가라 말할 수 없다.

필자는 다문화주의 규범을 대체할 수 있는 새로운 규범으로 탈경계의 민주주의를 제안한다. 아울러, 민주주의의 이론적 요체가 되는 인민에 대한 확장된 해석을 통해 다문화사회의 구성원을 다중으로 확대시키고자 한다. 경계의 인민으로부터 탈중심, 탈경계의 다중으로의 전환은 다문화사회에 대한 문제 인식, 다문화주의 담론의 확장을 위한 기회를 갖기 위함이고, 보다 근본적으로는 근대 국가의 배타적 보편성에 대한 문제 제기이다. 국민국가 패러다임에서 추상화된 단일체인 인민의 개념에는 인민을 구성하는 개별적 존재 간의 차이가 배제됨을 지적하며, 필자는 다문화사회의 공존을 위해 새로운 민주주의 담론을 전개하고자 하였다.

근대 국민국가에서 사회적 약자 혹은 소수자 집단 등 유입된 영토 경계 밖의 이민자들을 국가의 구성원에 어떻게 편입시킬지는 현실 정치에서 매우 중요한 문제이다. 커헤인은 초국적 네트워크와 상호의존의 세계화 시대에 주권은 더 이상 국가의 영토적 지배와 연관되지 않는다고 주장한 바 있다(Keohane 1984). 주권은 국가 구성원으로부터 다른 타자로 확산될 수 없는가. 영토를 기반으로 하는 일국 민주주의에서 경계를 벗어난 포괄성을 기대하는 것은 무리인가. 이민자들을 관리하고 보호할 정책과 법이 있다 하더라도, 이것이 배제와 동화라는 프레임 혹은 편협한 다문화주의의 인식 속에서 이루어진다면 다문화사회의 긴장과 갈등은 근본적으로 해결하기 어려운 문제가 된다.

이 지점에서 '민주주의는 원리 실현의 역사가 아니라 자체 경험들의 전개이며, 민주주의는 정치'라는 랑시에르의 주장을 되새겨 본다면 (Rancière 2008, 136), 민주주의와 인민에 대한 인식의 확장과 실천이 불가능한 것만은 아닐 것이다. 나아가 이와 같은 확장성은 다문화주의 담론에서 제시된 시민권이 동질성에 의해서가 아니라 공통성에 의해 가능함을 시사한다. 특정 국가에서 인민이 아니라는 이유로 권리의 확장과 실현을 제한해 온 권력을 넘어설 수 있는 새로운 주권자, 다중의 존재가 가능할 때 다문화사회의 사회통합을 위한 인식과 실천의 지평도 넓혀지리라 기대한다.

참고문헌

김남국. 2019. 『문화와 민주주의』. 서울: 이학사.

김비환. 2007. "한국사회의 문화적 다양화와 사회통합: 다문화주의의 한국적 변용과 시민권 문제." 『법철학연구』 10권 2호, 317-348.

김태환. 2022. 『다문화사회와 한국 이민정책의 이해』. 서울: 집사재.

박단. 2018. "'히잡 착용 금지 논쟁'과 무슬림이민자 통합 문제: 식민주의와 공화주의의 공동유산." 『프랑스사 연구』 38호, 69-95.

법무부 출입국·외국인정책본부. 2020. 『2019 출입국·외국인정책 통계연보』.

법무부 출입국·외국인정책본부. 2023. 『2023 12월호 출입국·외국인정책 통계월보』.

육주원·신지원. 2012. "다문화주의에 대한 반격과 영국 다문화주의 정책 담론의 변화." 『EU연구』 31호, 111-139.

이혜경. 2011. "한국 이민정책사." 정기선 편. 『한국이민정책의 이해』, 19-49. 서울: 백산서당.

이혜경. 2021. "이민과 사회통합." 『이민정책론』, 277-318. 서울: 윤성사.

이화용. 2014. "네그리와 하트의 '제국'론에 대한 재성찰: 다중과 지구적 민주주의." 『국제정치논총』 54집 1호, 9-34.

정희라. 2009. "영국: 자유방임식 다문화주의." 박단 편. 『현대 서양사회와 이주민: 갈등과 통합 사이에서』, 61-91. 서울: 한성대출판부.

한건수. 2016. "이민과 사회통합." 『이민정책론』, 193-223. 서울: 박영사.

한준성. 2010. "다문화주의 논쟁: 브라이언 배리와 윌 킴리카의 비교를 중심으로." 『한국정치연구』 19권 1호, 289-316.

한준성. 2022. 『이주와 정치: 다문화사회의 이민정치와 이주평화학의 모색』. 서울: 당대.

행정안전부 사회통합지원과. 2020. 『2019 지방자치단체 외국인주민 현황』.

행정안전부 사회통합지원과. 2023. 『2022 지방자치단체 외국인주민 현황』.

Abernethy, David B. 2002. *The Dynamics of Global Dominance: European Overseas Empires 1415-1980*. New Haven: Yale University Press.

Badiou, Alain 저·서용순·임옥희·주형일 역. 2014. "'인민'이라는 말의 쓰임에 대한 스물네 개의 노트." 『인민이란 무엇인가?』, 9-28. 서울: 현실문화.

Barry, Brian M. 1995. *Justice as Impartiality*. Oxford: Clarendon Press.

Barry, Brian M. 2001. *Culture and Equality: An Egalitarian Critique of Multiculturalism*. Cambridge, MA: Harvard University Press.

Beetham, David. 1992. "Liberal Democracy and the Limits of Democratization." *Political Studies* 40(1): 40-53.

Dahl, Robert. 2003. "Can International Organizations be Democratic? A Skeptic's View." In *The Global Transformation Reader*, edited by David Held and Anthony McGrew, 530-541. Cambridge: Polity Press.

Hobbes, Thomas. 2000. *Leviathan*. Cambridge University Press.

Ishay, Micheline. 저·조효제 역. 2005. 『세계인권사상사』. 서울: 길.

Keohane, Robert. 1984. *After Hegemony: Cooperation and Discord in the World Political Economy*. Princeton: Princeton University Press.

Kymlicka, Will. 저·이유혁·진주영 역. 2017. 『다문화 오디세이』. 서울: 소명출판.

Kymlicka, Will. 저·장동진·장휘·우정열·백성욱 역. 2006. 『현대 정치철학의 이해』. 서울: 동명사.

Locke, John. 2000. *Two Treatises of Government*. Cambridge University Press.

Marsilius of Padua. 1980. *Defensor Pacis*, translated by Alan Gewirth. New York: Columbia University Press.

Negri, Antonio and Michael Hardt 저·윤수종 역. 2001. 『제국』. 서울: 이학사.

Negri, Antonio and Michael Hardt 저·조정환·정남영·서창현 역. 2008. 『다중: 제국이 지배하는 시대의 전쟁과 민주주의』. 서울: 세종서적.

Rancière, Jacques. 저·양창렬 역. 2008. 『정치적인 것의 가장자리에서』. 서울: 길.

Sandel, Michael. 1984. "The Procedural Republic and the Unencumbered Self." *Political Theory* 12(1): 81-96.

Taylor, Charles. 1992. "The Politics of Recognition." In *Multiculturalism and "The Politics of Recognition": An Essay*, edited by Amy Gutmann, 25-73. Princeton, NJ: Princeton University Press.

Urbinati, Nadia. 2019. *Me The People: How Populism Transforms Democracy*. Cambridge, MA: Harvard University Press.

저자 소개

이동수

서울대학교 정치학과에서 학사와 석사학위를 받았고, 미국 밴더빌트대학교(Vanderbilt University)에서 정치학 박사학위를 취득하였다. 대통령직속 녹색성장위원회 위원, 대통령실 정책자문위원, 경희대학교 공공대학원장과 교무처장을 역임하였고, 현재 경희대학교 공공대학원 교수로 재직 중이다. 주요 저서와 논문으로는 『시민은 누구인가』(편저), 『한국의 정치와 정치이념』(공저), *Political Phenomenology*(공저), "고대 그리스 비극에 나타난 민주주의 정신: '아테네'의 메타포를 중심으로", "네덜란드공화국 건국기의 '통합의 정치': 종교, 정치, 경제를 중심으로" 등이 있다.

김충열

한림대학교 정치외교학과를 졸업하고, 서울대학교에서 정치학 석사학위를, 네덜란드 라이덴대학교에서 한국학(정치사상사)으로 박사학위를 받았다. 현재 경희대학교 공공거버넌스연구소 학술연구교수로 재직 중이다. 주요 논문으로는 "The Origin of the Reformist Intellectuals' Self-Deprecating Mentality: Effects of the Progressive Conception of Time in Late Nineteenth-Century Korea", "The Politics of Democratic and Procedural Legitimacy: New Ideas of Legitimacy in the Independence Club Movement in Late Nineteenth-Century Korea", "정치적 필요와 윤리적 이상의 긴장: 조선시대 유교 정치사상사를 위한 분석틀의 모색", "『書經』의 통치관 속의 균형: 德 개념을 중심으로" 등이 있다.

이경민

고려대학교 정치외교학과를 졸업하고, 서울대학교에서 정치학 석사학위를,

영국 케임브리지 대학교에서 정치학 박사학위를 받았다. 경희대학교 공공거버넌스연구소 학술연구교수를 역임했으며, 현재 전북대학교 정치외교학과 교수로 재직 중이다. 주요 저서와 논문으로는 "헌법의 정치적인 의미", "존 로크의 〈인간지성론〉 독해", "'입법(making law)'의 고유성 존 로크의 입법부-우위 헌정주의에 대한 재고찰", "Questing for an Earthly Sovereign: Adjudication in Korean Political Theology", "The Fragility of Liberal Democracy: A Schmittian Response to the Constitutional Crisis in South Korea (1948-79)" 등이 있다.

김민혁

서울대학교 정치학과를 졸업하고, 동 대학원에서 정치학 석사학위를, 미국 인디애나대학교에서 정치학 박사학위를 받았다. 현재 경희대학교 공공거버넌스연구소 학술연구교수 및 서울대학교 정치외교학부 강사로 재직 중이다. 주요 논문으로는 "전후 자유주의의 反극단주의적 전통에 관한 연구: '냉전 자유주의' 담론 및 이사야 벌린의 사상을 중심으로"(공저), "개념의 의미지평에 대한 다원적 접근법", "시민 불복종과 시민성: 시민적 저항과 시민성의 더 넓은 지평"(공저), "Decisionism and Liberal Constitutionalism in Postwar Japan: Maruyama Masao's Critique of Carl Schmitt's Concept of the Political" 등이 있다.

김정부

서울대학교 정치학과를 졸업하고, 서울대학교 행정대학원에서 행정학 석사학위를, Georgia Institute of Technology 및 Georgia State University에서 정책학 박사학위를 받았다. International Budget Partnership의 예산투명성조사(Open Budget Survey) 한국 담당 연구원, 사학연금 기금운용성과평가위원회 위원, 행정안전부 정보공개심의위원회 위원 등을 역임했으며, 현재 경희대학교 행정학과 교수로 재직 중이다. 주요 논문으로는 "신자유주의 통치성과

관방주의의 재발견: 공기업·국부펀드 활용의 '공공재정'에 대한 시사점을 중심으로", "Rethinking Public Administration and the State: A Foucauldian Governmentality Perspective", "Local Elected Administrators' Career Characteristics and Revenue Diversification as a Managerial Strategy" 등이 있다.

송경재

경기대학교 경제학과에서 학사와 석사학위를, 경희대학교에서 정치학 박사학위를 받았다. 사이버커뮤니케이션학회 연구이사와 부회장, IT정치연구회 회장, 신문발전위원회 연구위원을 역임했으며, 현재 상지대학교 사회적경제학과 교수로 재직 중이다. 주요 저서와 논문으로는 『디지털 사회의 기본가치』(공저), 『디지털 파워 2021: SW가 주도하는 미래사회의 비전』(공저), "디지털 시민 정치참여의 강화와 과잉의 딜레마: 정치 팬클럽을 중심으로", "선거 이슈와 유권자 선택: 제20대 대통령선거를 중심으로" 등이 있다.

한준성

한국외국어대학교 영어과를 졸업하고, 서울대학교에서 정치학 석사학위와 박사학위를 받았다. 한양대학교 평화연구소 연구교수와 경희대학교 공공거버넌스연구소 학술연구교수를 역임했으며, 현재 강릉원주대학교 다문화학과 교수로 재직 중이다. 주요 저서와 논문으로는 『이주와 정치: 다문화사회의 이민정치와 이주평화학의 모색』, "평화의 시선에서 바라본 이주정치: '이주-평화 연계'에 기반한 이주정치의 모색", "고용허가제 이주노동자(E-9) 사업장 이동 규제의 통치성과 위헌심사의 역설", "우크라이나 난민 위기에 대한 유럽의 대응: '환대'와 '연대'에 가려진 '인종주의'와 '동맹'" 등이 있다.

이화용

이화여자대학교 정치외교학과를 졸업하고, 영국 케임브리지대학교에서 정치학 석·박사학위를 받았다. 경희대학교 공공대학원장과 한국정치사상학회 편집위원장을 역임했으며, 현재 경희대학교 공공대학원 교수로 재직 중이다. 주요 저서와 논문으로는 *Political Representation in the Later Middle Age*, "지구화시대 정치공동체의 변화: '신중세론'의 비판적 이해", "네그리와 하트의 '제국'론에 대한 재성찰: 다중과 지구적 민주주의", "국제기구와 시민사회: IMF의 민주화에 관한 시론적 고찰" 등이 있다.

근대적 통치성을 넘어서: 문화적 측면

발행일 1쇄 2024년 12월 30일

지은이 이동수 편
펴낸이 여국동

펴낸곳 도서출판 인간사랑
출판등록 1983. 1. 26. 제일-3호
주소 경기도 고양시 일산동구 백석로 108번길 60-5 2층
물류센타 경기도 고양시 일산동구 문원길 13-34(문봉동)
전화 031)901-8144(대표) | 031)907-2003(영업부)
팩스 031)905-5815
전자우편 igsr@naver.com
페이스북 http://www.facebook.com/igsrpub
블로그 http://blog.naver.com/igsr
인쇄 하정인쇄 **출력** 현대미디어 **종이** 세원지엽사

ISBN 978-89-7418-447-6   93340